KB098562

용인, 용인사람들

용인학

용인, 용인사람들

용인학

홍순석 지음

채륜
CHAE RYUN

책머리에

필자가 그동안 기웃거린 분야는 한문학 · 국문학 · 구비문학 · 민속학의 영역에 드는 것들이었다. 지난해에는 향토사와 관련한 글을 모아 《향토사연구의 이론과 실제》를 출간하였다. 향토사에까지 영역이 확대된 셈이다. 새삼스러울 것도 없이 그동안 해온 것들을 돌이켜보니 어느 하나 제대로 정리한 것이 없다. 혹평을 하면 '잡학雜學'이요, 스스로는 잡가雜家를 면하지 못할 것이다. 다행히도 그동안의 부산물이 모두 한국학의 범주에 든다. 이제는 '한국학 연구자'라고 자위할 수밖에 없다.

사실 전공분야를 공부하면서도 고집스럽게 해온 것이 향토사분야의 일이다. 1980년 전후 고향인 용인에서 교편을 잡아 후학을 가르치면서 시작한 것이 벌써 30년이 되었다. 용인토박이라는 점을 무기삼아 용인지역의 구비전승 · 민속학 · 고문헌 등을 수집하고 정리해 왔다. 조사지역도 점차 이천 · 안성 · 포천 등으로 확대되었다. 포은 정몽주 · 읍취헌 박은 · 십청헌 김세필 · 봉래 양사언에 관련한 저술은 그 대표적인 성과물이다. 향토사 분야의 일들은 필자 자신도 주변의 눈치를 보며 해온 것들이었다. 그런데 지금에 와서는 더 소중하게 생각된다.

이 책은 그동안 여러 지면에 발표한 논문 가운데 용인향토사 관련 글을 묶은 것이다. 마침 용인시 소재 대학에 '용인학' 강좌가 개설될 정도로 관심이 고조되었다. 그동안 눈치를 보며 정리해온 글이 비로소 평가를 받을 수 있을 것 같다. 용인학 연구의 성과물로는 처음 출간하는 것이기에 부족한 점이 많을 수밖에 없다. 짐짓 또다시 만용을 부려 세상에 내놓는 것은 누군가가 해야 할 일이기 때문이다. 동학들의 성과물로 보완될 것을 진심으로 기대한다.

이 책을 제일 먼저 올리고 싶은 분이 있다. 향사鄕史 박용익朴鏞益님이다. 필자와 함께 24년간 답사를 했던 분인데, 세상을 달리한 지 벌써 4년이 되었다. 용인에서 평생 후학을 가르칠 기회를 열어주신 황패강黃浿江선생님도 지난 해 세상을 달리하셨다. 두 분의 영전에 삼가 이 책을 올린다.

끝으로, 상품성이 없는 책자를 마다않고 간행해준 채륜 사장에게 감사의 예를 표한다.

경인년 정월

처인재에서

| 차례 |

2부
용인의 인물

3부
부록

용인, 용인사람들

용인, 용인사람들을 깊이 알고자 한다면 미리 알아두어야 몇 가지가 있다. 2014년이면 '용인 600주년'이 된다. 고지도와 지금의 행정지도를 펴놓고 보면 거의 변화가 없다. 조선 초기부터 지금의 서울시와 맞먹는 규모의 땅을 소유하고 있는 용인이다. 우리나라 중부지방에 위치해 있으면서 유일하게 경부고속도로와 영동고속도로가 교차하는 교통 중심지이다. 제2경부고속도로, 제2서울외곽도로 공사를 계획 중이다. 처인구에는 초등학교 분교가 있는가 하면, 수지구에는 서울 중심가에서나 볼 수 있는 백화점이 성시를 이루고 있는 도농복합도시이다. 한국민속촌·에버랜드·한택식물원·MBC 드라미아·백남준아트센타 등 문화관광시설도 전국 최고의 수준이다. 대한민국을 방문한 외국인이라면 모두가 용인을 방문했을 터이다. 세계적인 지명도知名度 역시 서울 다음일 것이다. 대학·박물관·미술관·연수원 등 문화시설이 가장 많은 곳도 용인이다. 그야말로 자연환경과 문화환경이 최고 수준인 용인이다. 이제는 용인에 산다는 것 자체가 프리미엄이다.

용인은 선사시대 남·북방식의 고인돌이 공유한 곳, 삼국시대엔 백제·신라·고구려가 점유하던 곳, 조선시대엔 유학儒學의 성지聖地요, 기호학파畿湖學派의 산실로 인식되던 곳이다. 근대시기엔 토착신앙과 천주교가 공존하던 곳, 항일抗日과 친일親日이 병존하던 곳이다. 용인은 이처럼 각 시대마다 다양한 문화여건 속에에서 경향京鄕의 다양한 문화를 수용하여 고유문화를 창출한 지역이다. 한마디로 전래의 고유성固有性을 고집하면서도 유입된 문화 여건을 적극 수용하여 발전해온 지역이다.

전국에서 가장 살기 좋은 곳_ 용인

대통령직속 지역발전위원회와 동아일보 미래전략연구소에서 공동으로 조사 평가한 자료에 의하면 용인이 전국에서 가장 살기 좋은 곳으로 발표되었다. 2009년도 전국 163개 기초생활권경쟁력 평가에서 용인시가 전 지역 1위를 차지한 것이다. 국내 인구의 53.9%가 거주하고 있는 163개 시군을 대상으로 지역경쟁력과 생활여건을 종합 분석하고 순위를 매긴 것은 이번이 처음이다. RCY(Regional Competitiveness Index)는 지역의 경쟁력을 보여주는 지역경쟁력 · 생활서비스 · 주민활력 · 공간자원의 4개 항목 31개 지표를 종합해 산출했다. 용인시는 지역경쟁력 부문 11위, 주민활력 부문 1위, 공간자원 부문 27위를 차지했다. 생활서비스 부문은 50위권 밖이다. 용인시가 1위를 차지한 주민활력부문은 인구증가율 · 출퇴근 유출 · 유입인구 · 경제활동인구 · 교육수준 등을 평가한 항목으로 지역의 인적자원 역량을 나타내는 지표다. 용인시의 인구증가율이 전국 최고인 것은 수치를 계산하지 않아도 다 아는 사실이다. 대졸 이상 인구비율이 28.0%로 과천시 다음으로 2위를 차지했다. 인구 1,000명당 박사 수는 10.8명으로 3위이다. 신도시개발, 서울 인접성 등 때문에 각종 연구소와 대학, 기업체가 많다는 점이 작용한 것이다. 공간자원의 평가지수가 27위권이라는 사실은 아직 공간자원을 충분히 활용하지 못하고 있음을 시사한다. 달리 말하면, 아직 이용 가능한 공간자원이 충분하다는 것이다. 서울시 버금가는 땅을 소유하고 있는 용인으로서는 향후에도 비전 있는 도시임이 분명하다.

필자가 용인향토사에 관심을 갖고 연구하면서 긍지를 가졌던 것도 공간자원과 인적자원이다. 용인은 지정학적으로 우수한 공간자원을 확보하고 있다. 단지 면적이 넓다는 여건만은 아니다. 전체 용지가 가용지可用地, 즉 무엇이든 사용할 수 있는 살아있는 땅이라는 점이다. 용인은 옛날부터 풍수지리적으로 적절하게 산수의 조화를 이룬 곳으로 정평이 났다. 양택陽宅이든 음택陰宅이든 명당이라는 것이다. 그 같은 공간자원을 표상하는 지명 '용인龍仁'도 가히 명품이다.

용인은 용구龍駒와 처인處仁의 지명이 합쳐진 이름

우주의 모든 사물에 이름이 있음으로써 존재한다. 미생물에게도 이름이 존재하고 지구보다 큰 별에도 각자의 이름이 있다. '용인'이란 이름에 남다른 자긍심을 갖는다. 용인에 살고 있다는 이유만은 아니다.

용인은 고구려 때는 '구성駒城', 백제 때는 '멸오滅烏', 신라 때는 '거서巨黍'라 불렀다. 각 시대마다 한자표기는 달라도 언어학자들은 '크다'는 뜻에 '성城'을 합친 이름으로 설명하고 있다. '큰 성'이라는 뜻의 각기 다른 언어 표기인 것이다. 고려 때 이름인 '용구龍駒'는 '용흥龍興' '구성駒城'을 합친 이름이다. 용흥은 지금의 기흥器興에 해당하는 지역이다. 구성은 지금까지도 같은 이름으로 불려지고 있다.

'용인龍仁'이라는 명칭은 조선 태종 14년(1414)에 용구현龍駒縣과 처인현處仁縣의 명칭에서 한 글자씩 따서 이름 지은 것이다. 처인현은 지금의 남사면 아곡리 일대에 속하는 부곡部曲이었다. '처인處仁'은 "어진 곳에 몸을 둔다"는 뜻이다. 《논어》이인里仁편에 "마을에 어진 사람이 있음을 아름답게 여기나니 어진 곳을 선택하여 몸을 두지 않는다면 어찌 안다고 할 수 있겠는가里

仁爲美 擇不處仁 焉得知"라는 구절이 있다. 지명으로 쓰인 '처인현'은 곧 "어진 사람들이 사는 마을"이라는 뜻이다. 이보다 더 좋은 이름이 있는가?

용인은 옛날부터 지금까지 중요 군사거점지역이었으며, 중요 교통로였다. 삼국시대 때 고구려·백제·신라가 모두 관할하였다는 사실이 입증한다. 고려시대 때도 중점 지역이었음이 여러 면에서 확인된다. 몽고의 침입을 저지하고 적장을 살상한 곳이 바로 '처인성處仁城'이다. 조선시대에도 용인은 낯선 지역이 아니었다. 한양 성곽 주변의 여러 마을 가운데서도 용인은 고관대작의 우거지寓居地로 각광을 받았다. 한 때 벼슬에서 물러나 전원생활을 즐기던 곳이 용인이었다. 조광조趙光祖·남구만南九萬선생이 그 대표적인 인물이다. 지금도 고관대작을 지낸 인사들이 용인에 머물며 전원생활을 누리고 있다.

낯선 사람이 집 앞을 지나가면 세숫대를 감춘다

2009년도 전국 163개 도시 RCY 평가에서 용인시는 전국 1위를 차지하였다. 그런데 생활서비스 부문은 50위권 밖이다. 결국 용인사람들의 친절도가 문제라는 이야기이다. 오래 전부터 용인사람들은 다소 배타적이라는 말을 자주 듣는다. 주로 외지인들이 그런 말을 한다. 그러면서도 한 3년 쯤 살면 그 역시도 그렇게 되고 만다. 왜 그럴까? 물이 그런가, 산이 그런가, 용인은 산수만큼은 어디 하나 흠잡을 곳이 없다. 전국에서 제일가는 명당지가 아닌가. 그 이유를 찾으려 고민한 결과, 한 가지 사실을 문헌에서 발견하였다.

〈용인신정기龍仁新亭記〉라는 글에 "용인은 작은 고을이나 서울과 인접되어 있기 때문에 밤낮 없이 폭주하는 대소의 빈려賓旅가 이곳을 경유하지 않을 수 없다. 대개 남북의 목구멍에 해당하기 때문이다."고 하였다. 용인현감은 서울을 왕래하는 빈객을 접대하는 데 여간 힘들지 않았다. 경비조달을 위해 상소하는 문건도 전한다. 주변에 사는 용인사람들 역시 따라서 고생이었을 것이다. 예나 지금이나 지방에서 서울을 올라오는 일가친척들은 용인에 사는 피붙이를 찾아서 잠시 머물고 간다. 일 년에 한두 번 적절한 정도의 방문이면 어찌 기쁜 일이 아니겠는가. 너무 빈번하다보니 짜증도 날 법한 일이다.

이런 속언俗言도 전한다. "용인 사람들은 낯선 사람이 집 앞을 지나가면 세숫대를 감춘다."고 핀잔한다. 오죽하면 세숫대를 감추겠는가. 오가는 사람들의 손에 하루도 지나지 못해서 깨지는 세숫대를 감당할 수 없었던 때문이다. 여하튼 수도권에 인접한 용인에 살다보면 번거로운 때가 적지 않다. 이런저런 여건 때문에 '짠돌이' '배타적인 놈'이 되어 버린 것이다. "용인사람이 수원 깍쟁이를 빰친다."는 말도 이런 데서 연유했을 것이다. 2009년도 RCY 평가 생활서비스 부문에서 좋은 평가를 얻지 못했음은 아직도 그 같은 폐단이 있음을 말해준다. "주머니 속에서 인심난다"고 하였다. 이제는 지역경제자립도도 전국 제일이고, 문화여건도 제일인 용인이다. 좀 더 베푸는 데 앞장설 수 있는 '마음'만 열면 이 부분에서도 전국 1위가 될 것이다.

죽어서도 용인에 살어리랏다

'용인'하면 떠오르는 말이 있다. '생거진천 사거용인生居振川 死居龍仁'이다. 언제 어떻게 해서 이 말이 생성되어 전파되었는지도 알지 못한 채 살아왔다. 토박이라고 자처하던 내가 그럴진대 외지에서 전입해온 시민들은 어떻겠는가. 진천 쪽에서 '생거진천'을 브랜드로 홍보 전략을 세우자 용인 쪽에서는 난감해졌다. '사거용인'을 브랜드로 내세우자니 선뜻 동의하는 사람들이 없다. 단지 용인지역에 묘원墓苑을 조성해서 사업하는 이들만 특허상표처럼 사용하고 있다. 용인지역에 선현의 묘역이 많다보니 문화관광부에서 〈올해의 문화인물〉로 선정한 인물의 묘역조차 향토문화재 지정을 꺼려하는 정도이다. 유희柳僖선생의 사례가 그렇다. 사주당 이씨師朱堂 李氏는 경기도의 대표적인 여성실학자로 부각되고 있음에도 묘역에 안내문조차 없다. 용인에 전입해온 시민들도 더 이상 용인이 '명당터'로 각인되는 것을 바라지 않는다. 이동면에 화장火葬 매립 공원을 조성하고 명명하면서 가장 고민이었던 것도 '용인=죽음'이라는 등식의 선입견이었다. 어떻든 용인이 '사거지死居地'로 인식되는 것을 내세울 시민은 없을 것이다.

'생거진천 사거용인'이란 말은 문헌에서는 찾아지지 않는다. 단지 세 가지의 유형의 구전자료가 전승되고 있을 뿐이다. 진천에서는 거의 채록되지 않는데 용인지역에서 널리 전파되고 있음을 전제하면 이 말의 생성지는 용인이라 할 수 있다. '생거진천 사거용인'의 전승담은 본래 부모에 대한 자식의 효성을 대표하는 의미로 전래되었다. 그런데 어느 때부터인가 용인을 풍수지리상 길지吉地로 인식하게 하는 요인으로 부각되었다. 지리적 여건상 용인이 명당이라는 사실과 전승담이 결부되어 잘못 이해하고 있는 것이다.

용인이 명당이라는 사실이 결코 부정적인 요소가 아니다. 죽어서도 살기 좋은 곳일진대 살아서는 더 말할 것이 없지 않는가. 지금은 전국에서 제일 살기 좋은 곳이 용인이다. 죽은 사람이나 산 사람이 모두 살기 좋은 곳이 용인이다.

'생거진천 사거용인'의 전승은 본래부터 '효孝'에서 파생된 것이다. '사거용인'의 의미는 '효'를 중시하던 유교적 관념에서 출발한 아름다운 이야기이다. 혐오하기보다는 '사거용인'에 담겨 있는 '효孝'의 본질적 요소를 보다 발전시켜 용인의 문화 인프라로써 가꾸어나가야 할 것이다.

1부 용인의 역사와 문화

《09공직자핵심가치공유를 위한 직급별 맞춤형교육》, 용인시, 2009

용인시 역사문화의 이해

01

1. 여는 말

"눈을 뜨고 일어나 보니 세상이 변했다."라는 옛말이 실감나는 곳이 바로 용인시이다. 전국 최대 규모의 '문화복지행정타운'이 세워져 있고, 수지·기흥구는 이제 아파트집단촌으로 낯선 사람들뿐이다. 서부권의 인구가 용인시 인구의 절반을 훨씬 넘고 있으며, 대형상가와 유통센터로 점철된 번화가로 변해져 있다. 그런 여건 속에서도, 동부권의 원삼면에는 원삼초등학교 두창분교가 있다. 세거성씨로 집성촌을 이룬 마을에서는 음력 시월 초순엔 3백여 년의 전통을 이어오는 문중들의 시제時祭가 행해진다. 적지 않은 마을에서 서낭제와 산신제山神祭가 행해지고 있다. 한 도시에서 이같이 상반된 현상을 살필 수 있다는 사실이 경이롭다.

용인시는 옛날부터 동·서부권의 이질적인 여건과 문화의 차이로 정책상의 난제로 부각되어 왔으며, 현재까지도 큰 과제로 남아 있다. 최근에 들어와서는 동·서부권의 차이가 더 현저해졌다. 이러한 문화환경 속에서 용인시는 시청사의 명칭을 과감히 '문화복지행정타운'으로 명명하였다. 모든 이에게 문화-복지-행정의 도시라는 의미를 심사숙고하게 한다. 일단은 용인시 구성원의 전문화로 가능성을 기대한다.

이 글은 '용인학-용인, 용인사람들'을 이해하기 위한 배경론적인 차원에서 정리한 것이다. 용인학의 개관이라고 보면 적절할 것이다.

2. 용인시의 역사와 환경

1) 역사

① 선사시대

용인에서는 비교적 많은 선사 유적과 유물이 발굴되고 있다. 부아산과 석성산을 축으로 하여 방사상으로 뻗어 나간 경안천·탄천·오산천·진위천 등 4개의 수계권역에서 신석기시대 또는 그 이전의 유물이 출토되고 있다. 처인구 양지면 평창리 유적은 경기도 지역에서 드물게 발견되는 구석기 유적 가운데 하나이다.

또한 용인에는 북방식 고인돌과 남방식 고인돌이 있고, 선돌도 발견된 것으로 보아, 신석기시대에 이미 많은 수의 원시인들이 유입하여 주거지가 형성되었음을 추정할 수 있다. 구성동 상하리, 모현면 왕산리, 양지면 주북리, 백암면 근삼리, 원삼면 맹리, 포곡읍 영문리의 고인돌과 남사면 창리, 원삼면 사암리, 포곡읍 유운리의 선돌은 대표적인 유적이다.

모현면 초부리에서 출토된 거푸집은 이미 기원전 1~3세기 전에 청동기를 제작하여 사용하거나 다른 지방에 보급할 수 있을 만큼 높은 문화수준을 향유한 집단이 거주하였음을 실증한다. 청동기시대의 집터가 처인구 남사면 봉명리와 수지구 죽전동 대덕골 유적에서 발굴된 바 있다. 이 같은 사실은 용인지역이 청동기시대 1천여 년 간 한반도에서 매우 중요한 위치를 차지하고 있었음을 시사한다.

② 삼국시대

삼국시대에 용인지역은 백제의 영토에 속하였다. 이 때는 멸오滅烏로 불렸으나 독립된 행정구역을 가지지 못하였다. 고구려 장수왕이 남정하여 백제의 한성漢城을 점령한 뒤, 멸오滅烏를 구성현駒城縣으로 명명하고 고구려

영토에 예속하였다. 《삼국사기》에 고구려가 이천지역에는 남천현南川縣, 용인지역에는 구성현驅城縣을 설치하였다는 기록이 있는데, 이 기록은 행정단위로서의 구성현을 설치한 것이 아니라 군사적 거점을 설치했다는 사실로 이해하여야 한다. 551년에 백제는 신라의 진흥왕과 공동으로 북벌을 실시하여 실지失地였던 용인을 수복하였다. 553년(진흥왕 14) 신라는 백제가 수복한 한강유역을 탈취하고 경기도 광주廣州 일대에 신주新州를 설치하고 아찬阿飡 김무력金武力을 군주로 삼아 새로운 점령지의 군정권軍政權을 통할하게 하였다. 용인지역도 신주의 관할이 되었다. 석성石城·할미산성·처인성·행군이토성 등은 이 때를 전후하여 축성된 것이다.

③ 통일신라시대

신라가 삼국을 통일한 후 용인지역은 685년(신문왕 9)에 한산주漢山州로 편제되었다. 통일신라의 서북단에 위치한 한산주는 당唐나라 뿐만 아니라 발해와 말갈 등의 침입에 대비하기 위해 군사적으로도 중시되었다. 지방 군사 조직인 10정은 각 주州마다 하나씩 설치되었지만 한산주에는 2개의 정이 배치되었다. 황무현(지금의 경기도 이천시)에는 남천정南川停이, 황효현(지금의 경기도 여주시)에는 골내근정骨內斤停이 배치되었다. 용인 지역은 지리적인 위치로 보아 남천정의 휘하에 있었을 것으로 추정된다.

758년(경덕왕 16)에 한산주를 한주漢州로 개칭하면서 용인지역은 거서현巨黍縣에 편제되었다. 지금의 기흥구 구성駒城 일대에 해당한다. '멸오滅烏' '구성駒城' '거서巨黍'는 한자표기는 각각 다르나 모두 '큰성大城'을 의미한다.

④ 고려시대

고려 초에 거서현을 용구현龍駒縣으로 고치고 1018년(현종 9)에 광주목廣州牧의 임내任內에 두었다. 1172년(명종 2)에 광주목에서 분리하여 감무監務를 두고 현령으로 보직하였다. 1232년(고종 19) 몽고의 제2차 침입 때 3만 대군이 아곡리의 처인성에 이르렀을 때 승장 김윤후金允候가 적장 살리타이撒禮塔를 사살하여 크게 물리쳤다.

용인에 산재하는 고려시대의 문화유적으로는 처인성지處仁城址를 비롯하여 서리 중덕마을의 고려백자 요지窯址, 수지구 신봉동의 서봉사지瑞峰寺址 등이 있다. 서봉사에서 간행하였다는 《인천안목仁天眼目》《불조삼경佛祖三經》《불설예수시왕경佛設豫修十王經》 등 10여종의 목판본은 고려 인쇄문화의 일단을 증빙하는 귀중한 자료이다. 이밖에 미평리약사여래입상·문수산마애보살상·어비리삼층석탑·공세리오층석탑 등도 고려시대의 용인을 시사하는 문화유산이다.

⑤ 조선시대

| **연혁** | 1413년(태종 13) 용구龍駒, 처인현處仁縣[1]을 합쳐 용인현龍仁縣이라 하였다. '용인龍仁'이라는 지명은 이 때부터 사용되어 거의 6백년간 이어오고 있다. 용인현은 수원진관水原鎭管 소속으로 관직은 현령縣令, 종5품으로 보하였다. 관아官衙는 지금의 기흥구 마북동에 있었다. 이와 같은 행정구역은 조선후기까지 이어졌다.

양지현陽智縣은 조선 초에 고서면 봉림산鳳林山 아래로 치소를 옮기고, 양산陽山으로 이름을 고쳤으며, 훈도관訓導官이 관장케 하였다. 이후 1470년(성종 원년)에 다시 치소를 북쪽 50리에 위치한 주동면 금박산金箔山 아래로 옮기고 추계秋溪로 개칭하였다. 이 때부터 현감을 두어 6개 면을 관할하게 하였다. 그 뒤 죽산군의 목악면·박곡면·제촌면·고안면 등 4개 면을 분할 받아 모두 10개 면의 규모가 되었다. 이후 1560년(명종 15)에 폐현되어 이천부에 통

1 처인현은 본래 수원부의 처인부곡(處仁部曲)이었는데 1397년(태조 6)에 현이 되었다.

합되었으나, 4년 후인 1564년에 복현되었다. 이 때 치소를 서쪽의 정수산定水山 아래로 옮기고 이름을 양지로 고쳤다. 《양지현읍지陽智縣邑誌》(1871년)를 살펴보면 읍내면邑內面을 신설하여 모두 11개 면을 갖추고 있다.

조선시대의 임진왜란과 병자호란 때 용인에서도 치열한 전투가 있었다. 임진왜란 때 전라순찰사 이광李洸이 이끄는 근왕병 3만이 광교산에서 패했으나, 의병장 김충수金忠守의 청룡산靑龍山싸움과 원연元埏의 햇골싸움으로 적세를 크게 꺾었다.

병자호란 때 충청감사 정세규鄭世規는 용인의 험천(현 경기도 용인시 수지구 동천동)에서 패했는데, 이 싸움에서 공주영장 최진립崔震立이 순사하였고, 용인 사람 이찬조李讚祖 등이 순절하였다. 이듬해인 1637년 1월에는 전라병사 김준룡金俊龍이 광교산에서 적을 크게 무찔렀다.

| 군사제도 | 용인은 예로부터 군사적 중요 요충지였다. 경도와 부산을 잇는 동남로의 길목에 자리 잡고 있었기 때문에 고려시대에는 몽골군의 남침 경로였으며, 임진왜란 당시에는 왜군의 북상 경로로서 주요 격전지였다. 따라서 용인 지역의 군사 기반은 중요시되었다.

세종대에 용인현의 군정軍丁은 시위군侍衛軍 66명, 선군船軍 76명이었으며, 양지현의 군정은 시위군 37명, 선군 68명이었다. 영조대에 편찬된 《여지도서輿地圖書》의 군병조에는 중앙의 군제와 같은 칭호를 사용하고 있으며 군인의 수도 크게 늘어나 있었다. 《경기읍지》(1871년)에는 창용향보蒼龍餉保에는 양인 791명, 노비 558명이 소속되어 있었고, 포보砲保에는 양인 74명, 군향보軍餉保에는 양인 3명, 분양마보分養馬保에는 노비만 20명이 소속되어 있었다. 또한 군기의 경우 조총 150자루, 남성통南星桶 100개, 이약통耳藥桶 100개, 화승 100사沙 이내, 철환鐵丸 10,000개, 화약 100근 이상을 무진년에 새로 비치했다고 기록했다. 이는 당시 빈번했던 외세의 침입에 대비하기 위한 것이다.

| 경제 | 《세종실록지리지》에 "용인 지역은 땅이 기름지고 메마른 것이 반반되며, 개간한 땅이 5,988결이다."고 기록하고 있다. 그러나 후대로 갈수록 토지의 결수가 격감하고 있다. 이는 농민들이 조세에 부담을 가지고 있다는 뜻으로 해석된다. 《신증동국여지승람》에는 용인 지역의 토산물로 실絲·삼베麻·지황地黃 등으로 기록하고 있다. 용인의 특산품은 주로 농업과 관계가 있음을 알 수 있다.

조선후기 상업 경제가 발달하면서 충청지역과 도성지역을 연결시켜주는 용인지역에는 많은 장시場市와 점막店幕이 등장했다. 《용인현읍지》(1743년)에는 장시로 읍내장·금량장 등 3곳과 행원점·첨천점·신점 등 11곳을 기록하고 있다.

또한 양지현의 경우도 《경기지》에 개천장과 진촌점·해답점 등의 장시와 점막을 기록하고 있다. 이는 물산의 대부분이 도성으로 집중되던 시기에 중계지로서 중요한 역할을 하였음을 시사한다. 또한 용인 지역에 인구가 늘어나 다양한 소비층을 형성하였음을 알 수 있다.

| 인구 | 임진왜란과 병자호란 두 차례의 국난 이후 유민의 정착, 농업생산력의 발달 등 정책적인 노력으로 전국적인 인구가 크게 증가했다. 도성인근의 용인지역도 이러한 영향으로 조선후기 인구가 크게 증가하였다. 조선초기의 《세종실록지리지》에는 용인현에 535명, 양지현에 609명을 기록하고 있다. 실제 인구는 이보다 많았을 것으로 추산된다. 조선 후기의 《경기읍지》(1871년)에는 용인현에 22,700여 명, 양지현에 4,000여 명으로 기록되어 있다. 용인 지역은 시대마다 인구가 증가하였음을 알 수 있다.

| 교통 통신 | 신경준의 《도로고道路攷》에는 전국의 6대로를 기록하고 있다. 그 중 경도와 부산을 잇는 동남로상에 용인지역이 있다. 이 때문에 조

선 초기부터 역제가 발달해 있었다. 용인의 교통로는 영화도迎華道에서 관할했는데 구흥역駒興驛과 금령역金嶺驛이 있었다. 역과 함께 조선시대 교통로의 중요한 기능을 했던 기관으로 원院을 들 수 있다. 용인에는 보시원·홍화원·금령원 등 3개소가 있었다.

조선시대 주요한 통신 수단으로는 봉수와 파발이 있었다. 전국 약 620여개의 봉수는 동서 5개 노선을 통하여 서울의 목멱산으로 송신하였다. 이 중에서 용인의 보개산寶蓋山과 양지의 건지산乾地山 봉수는 제2노선의 직봉 40개 처의 한 곳이었다. 제2노선은 경상도 다대포의 응봉을 시발점으로 경주·안동·예안·봉화·순흥·단양·음성·죽산 등을 거쳐 용인의 건지산으로 보고된 후 다시 도성으로 상황을 알렸다. 용인은 조선시대부터 중부이남 지역과 도성을 연결시켜 주는 가교 역할을 했다.

| 향촌사회 | 용인은 도성과 가까운 지리적 조건으로 인해 많은 명문 가문들이 거주하였다. 용인이 관향貫鄕인 성씨는 용인이씨龍仁李氏와 추계추씨秋溪秋氏가 있으며, 15세기에 정착한 죽산박씨竹山朴氏, 영일정씨迎日鄭氏, 연안이씨延安李氏, 16세기에 정착한 한양조씨漢陽趙氏와 한산이씨韓山李氏, 17세기에 정착한 해주오씨海州吳氏, 문화유씨文化柳氏, 의령남씨宜寧南氏, 우봉이씨又峰李氏 등이 있다. 용인이씨는 고려 말부터 가세가 일어나 조선전기 훈구계열로 가문의 위세를 떨쳤다.

용인지역의 사림들은 구성향교駒城鄕校, 양지향교陽智鄕校, 충렬서원忠烈書院, 심곡서원深谷書院, 한천서원寒泉書院을 중심으로 학문을 강론하고 향촌의 대소사를 주도하였다. 사은정四隱亭은 조광조를 비롯한 기묘명현己卯名賢들이 활동하던 중심지였다.

⑥ 근대

갑오경장 직후 1895년 5월 23일 전국 행정구역 개편 때 부제部制 실시에 따라 충주부 용인군龍仁郡이 되었다가, 1896년 8월 13일 도제道制 실시로 경기도 용인군이 되었다. 1914년 4월 충청도의 양지군陽智郡 전역과 죽산군의 근일면近一面·근이면·근삼면·원일면遠一面·원삼면을 용인군으로 편입하였다. 이 때 용인군은 12개면으로 확정되었고, 호수는 6,462호, 인구는 27,635인이었다. 1937년 수여면水餘面을 용인면龍仁面으로, 읍삼면邑三面을 고구려 때의 처음 이름이던 구성면駒城面으로 개칭하였다.

1895년 을미의병乙未義兵이 일어나고 김하락金河洛 일행이 의병 모집에 나서자 용인 지역에서도 이에 호응하여 경기도 연합의병진인 이천수창의소利川酬倡義所 결성에 일익을 담당하였다. 용인지역에서 의병부대를 결성하여 활약한 인물로 임옥여任玉汝·정주원鄭周源·이익삼李益三 등의 의병장을 들 수 있다. 오인수吳寅秀·최삼현崔三賢 등도 이 시기에 항일무장투쟁을 하였던 인물이다.

⑦ 일제강점기

1914년 3월 행정 구역 개편으로 전국의 부·군·면을 통폐합하여 12부·220군·2,518면으로 개편하였다. 이 때 경기도 용인군도 양지군 전역과 죽산군 일부 지역을 병합하여 수여면·포곡면·모현면·읍삼면·수지면·기흥면·남사면·이동면·고삼면·내사면·원삼면·외사면 등 12면으로 구성되었다. 소학동에 소재했던 용인군청도 수여면 김량장리로 옮겨졌다.

1870년대 경기도 용인군의 인구는 22,659명(남 11,239 / 여 11,420)이었는데 1914년 행정 구역 개편으로 양지군 전체와 죽산군의 일부가 편입되면서 상당수 증가하였다. 1915년의 인구는 조선인 13,734호 71,350명(남 36,684 / 여 34,666), 일본인 123호 346명(남 210 / 여 136), 중국인 6호 11명(남 11) 등 총 13,863호 71,707명(남 36,905 / 여 34,802)이다.

이후 1937년 읍삼면이 구성면駒城面으로, 수여면이 용인면龍仁面으로 개칭되었다. 그러나 기본적으로는 행정 구역 개편시의 면·리의 명칭은 해방 이후까지도 그대로 이어졌다.

일제강점기에 용인지역에서도 항일독립운동이 치열하였다. 민영환閔泳煥·이한응李漢應·김석진金奭鎭 열사와 같이 일제침략의 부당함을 죽음으로 세상에 알렸는가하면, 여준呂準·김혁金赫·오광선吳光善·오의선吳義善·남정각南廷珏·정철수鄭哲洙·맹철호孟哲鎬 등은 만주벌판에서 군대를 이끌며 투쟁하였다. 언론과 민족교육을 통해 항쟁한 이로는 유근柳瑾·맹보순孟輔淳·홍사용洪思容 등이 있다.

용인지역에서의 3·1운동은 3월 말에서 4월 초까지 집중적으로 일어났다. 《용인군지》에 의하면 1919년 3월 21일 원삼면 시위에서 4월 2일 남곡리 시위까지 18회 7,800명이 참가하여 41명이 검거되고 5명이 피살된 것으로 나타났다. 이 당시 만세운동을 주도하였던 대표적인 인물은 이덕균李德均·김구식金九植·권종목權鍾穆·홍종엽洪鍾熀 등이었다.

이 후 일제는 조선시대 전통 교육기관인 향교와 서당을 강제 철폐하고 일본인들의 교육을 위해 수여면 김량장리에 용인공립심상소학교를 건립하였다. 조선인을 대상으로 한 교육기관으로는 1911년 7월 내사면에 양지공립보통학교, 읍삼면에 용인공립보통학교를 설립하였다.

⑧ 현대

현대시기의 용인은 매우 빠른 변화를 보였다. 1950년 6.25전쟁 당시 터키 참전군은 동백리전투에서 중공군과의 치열한 격전 끝에 3,064명의 전사상자를 내었으며, 대대리에선 수원·용인·화성출신 반공투사 150명이 학

살되었다.[2]

1963년 생활권이 떨어져있던 고삼면이 안성군으로 편입되었으며, 1970년대 경부고속도로·영동고속도로가 개통된 이후로는 각종 산업시설이 많이 유치되면서 급변하였다. 3군사령부의 창설과 자연농원의 개장도 용인시의 변화를 촉구한 원인 중 하나이다. 1973년 7월 구성면 죽전리를 수지면으로, 원삼면 가좌리를 외사면으로 각각 편입하였다. 1979년 용인면이 용인읍으로 승격되었다. 1983년 2월 전국 행정구역 조정으로 수지면의 하리·이의리가 수원시로 편입되었고, 남사면 진목리眞木里의 월경越境마을이 평택시로 편입되었다. 1985년 10월 기흥면이 읍으로 승격하였다.

1996년 3월 용인군 전역이 도농복합형태의 시로 승격되면서 외사면을 백암면으로, 내사면이 양지면으로 개칭되었고, 수지면이 읍으로 승격되었으며, 중앙동·역삼동·유림동·동부동이 신설되는 등 행정상 많은 변화를 거쳤다. 2000년 9월 1일 구성면이 읍으로 승격되었다. 2001년 12월 24일에는 수지읍이 수지출장소로 승격되었고, 이 때 풍덕천 1·2동, 죽전 1·2동, 동천동, 상현동의 6개 동이 신설되었다. 이로써 경기도 용인시는 1개 출장소, 2개 읍, 7개 면, 107개 법정리·동이 되었다. 2003년에는 상현동이 분동되어 성북동이 신설되었다. 2005년 10월 31일 수지출장소가 수지구로, 기흥읍과 구성읍이 기흥구로, 동부지역이 처인구로 각각 승격되어 3구·1읍·6면·23동·958통·리·6,215반으로 되어 현재에 이르고 있다

2) 자연 환경

용인시는 경기도의 중심에 위치한 수도권 중추도시이다. 경도 127° 01′~127°26′, 북위 37°05′~37°22′에 있다. 동쪽은 이천시, 서쪽은 수원시

2 1985년도에 이곳에 반공위령탑을 건립하였다.

와 화성시, 남쪽은 안성시·평택시, 북쪽은 성남시·광주시와 접한다. 면적이 595㎢으로 서울시의 면적과 거의 비슷하다. 2009년 1월 말 기준으로 인구 831,301명(남415,551명 / 여415,760명)에 달하며 302,753세대에 이른다. 최근 5년간 연평균 인구성장율이 9%이다. 전입률이 전국에서 가장 높은 도시이다.

용인시는 옛날부터 중요한 교통로였다. 조선시대 이후에는 영남대로가 용인을 관통해 지나가면서 서울의 길목 역할을 하게 되었다. 김수녕金壽寧이 지은 〈용인신정기龍仁新亭記〉에 의하면, 용인은 왕도王都에 접해 있어서 빈객들이 번다하게 많이 드나들며, 당시의 경제적 여건으로 감당하기 어려운 정도였다고 한다.

용인시는 지형적으로는 광주산맥에 속하고, 남쪽으로 뻗은 4개의 산줄기에 의해서 시역市域을 구분할 수 있다. 북서쪽 의왕시와 경계지역에는 광교산(582m)·백운산(564m)·바라산·형제봉 등으로 이루어진 해발고도 400m 이상의 남북방향 산지가 있다. 산지의 동쪽 남북방향의 침식저지를 지나고, 이 산지와 평행으로 뻗어 내린 또 다른 산지가 있다. 또 다른 산지는 남한산성에서 뻗어 내리는 것으로 구성동·모현면·포곡읍과 경계를 이루고, 중앙동·이동면과 화성시 동탄면의 자연 경계를 형성한다. 주요 산은 법화산·무푸레고개·성산(472m)·부아산(404m)·함봉산(306m) 등이다.

광주시 경안 동남쪽에서 정남 방향으로 뻗어 내리는 산지는 동부동을 두 갈래로 크게 가르는데, 태화산(645m)·노고봉(574m)·발리봉·정광산·형제봉·쌍령산 등이 솟아 있다. 이 산지의 동쪽에는 비교적 낮은 산이 남북으로 뻗어 있으며, 수정산·구봉산·정배산 등이 주요 산이다. 전체적으로 보아 산지가 남북으로 뻗어 있기 때문에 그 사이의 침식저지와 충적지들도 남북방향으로 형성되어 있다. 가장 서쪽의 저지低地는 한강 지류인 탄천과 진위천의 지류인 신갈천이 형성한 충적지와 그 주위의 저위 침식구릉으로, 경부고속도로가 이 저지대를 통과하고 있다. 중앙에 있는 남북방향의 저지대는 시역의 중심적 기능을 하는 곳이다. 용인이 여기에 위치하며, 북으로 광주행 국도와 남으로 안성행 국도가 지난다.

주요 하천은 북류하여 한강으로 유입하는 금령천, 서쪽에서 평택시를 지나 분향만으로 유입하는 구흥천, 동남쪽으로 흘러 남한강으로 유입하는 청계천으로 크게 나눌 수 있다.

용인시는 산지가 많아 강수량이 1,850mm 내외로 많은 편이나 연강수량의 편차가 심한 편이다. 연평균기온은 11.7℃, 1월 평균기온 −2.5℃, 8월 평균기온 24.3℃로 일교차도 심한 편이다.

3) 문화 환경

용인시의 문화권은 크게 동서부로 양분할 수 있으며, 좀 더 세분하면 4개 문화권으로 구분된다. 동부권으로 양지·백암·원삼지역이 형성되어 있고, 서부권으로 수지·기흥·구성지역이 형성되어 있으며, 남부권으로 이동·남사지역이 형성되어 있으며, 북부권으로 모현·포곡지역으로 형성되어 있다. 용인시내 권역은 일제시대 행정구역 개편시 형성된 지역으로 별다른 문화 특성이 없다. 이러한 여건에다 2005년 9월 30일 행정구역 개편으로 다시 처인구·수지구·기흥구 3개 구청으로 구분되어 기존 문화정책의 틀을 재구성해야 할 중대한 시점에 있다. 처인구는 이전의 용인지역 동부권으로 형성되어 있어 외견상 문화권역에서 큰 변화는 없다. 그러나 실제에 있어서는 수도권과의 인접지역으로 개발붐이 한창인 북부권과 미개발지구라 할 수 있는 남부권과의 차이가 크다. 수지구의 경우, 문화권역에서는 이전과 큰 변화가 없다고 할 수 있다. 기흥과 구성권역으로 형성된 기흥구의 경우는 문화권역에서는 대동소이한 편이다.

용인시는 타시군에 비해 문화환경이 좋은 편이다. 전통교육기관으로 용인향교(1400년대), 양지향교(1523년), 충렬서원(1576년), 심곡서원(1650년), 한천서원(정조 대) 등이 있었다. 근대 교육기관으로는 현재 문정중학교의 전신인 명륜학원이 있었고, 태성학원(1940년), 공립학교인 용인중고등학교(1954년)가 있었다. 1950년대 문맹퇴치를 위한 야학夜學 활동이나 1960년대 재건학교再建學敎 또는 고등공민학교 등의 명칭으로 개설된 교육운동이 활발하게 전개되었던 점은 이 지역 교육문화의 특색이기도 하다. 2009년도 현재 교육기관이 무려 161개교가 된다. 대학이 9개교이다.

〈표1〉 용인시 교육기관

구분	초등학교		중학교		고등학교		대학교
	공립	사립	공립	사립	공립	사립	강남대, 경찰대, 경희대, 루터신학대, 명지대, 송담대, 용인대, 칼빈신학대, 한국외대,
161	89	0	38	5	16	4	9

용인시에 소재한 문화시설도 비교적 많은 편이다. 다음 표에서 보듯이 박물관·미술관·기념관·공연시설 등은 용인시민의 문화욕구를 충족하기에 부족함이 없다.

〈표2〉 용인시 문화시설

구분		문화시설명	위치
문화 시설 (30)	박물관 (8)	한국민속박물관	기흥구 보라동
		경기도박물관	기흥구 상갈동
		삼성교통박물관	처인구 포곡읍
		둥지만화박물관, 둥지생활사박물관	처인구 원삼면
		한국등잔박물관	처인구 모현면
		신세계한국상업박물관	처인구 남사면
		세중옛돌박물관	처인구 양지면
		디아모레뮤지움	기흥구 보라동
	미술관 (4)	마가미술관	처인구 모현면
		이영미술관	기흥구 영덕동
		한국미술관	기흥구 마북동
		호암미술관	처인구 포곡읍
	체육시설 (8)	신갈승마클럽	기흥구 지곡동
		용인시 청소년 수련원 야외 수영장	처인구 양지면
		코리아 프라자 수영장	기흥수 고매동
		스포렉스	처인구 양지면
		양지파인리조트 수영장	처인구 양지면
		용인레져	처인구 이동면
		리틀즈월드 수영장	수지구 동천동
		용인한화콘도 실외수영장	처인구 남사면
	공연시설 (5)	죽전야외음악당	수지구 중전동
		여성회관	수지구 신촌1길
		문화예술원	처인구 삼가동
		경기도 국악당	기흥구 보라동
		문예회관	처인구 마평동
	기타시설 (5)	한국기독교순교자기념관	처인구 양지면
		향토사료관	처인구 김량장동
		용인문화원	처인구 김량장동
		백남준아트문화센타	기흥구 상갈동
		한택식물원	처인구 백암면

3. 용인시의 문화

1) 문화유산

용인시는 선사유적을 비롯하여 관방유적·불교유적·유교유적·도요지·고문헌 등 수많은 문화자원을 보유하고 있다. 경기도의 문화재 지정 상황을 보면, 타시군에 비할 바가 아니다.

용인시 《통계연보》에 의하면 국가지정문화재가 30건이나 된다. 호암미술관에 소장된 109건을 포함하면 139건이다. 경기도 지정문화재는 38건이다. 용인시에서 지정한 향토자료는 50건이다.

〈표3〉 용인시 지정문화재

구분	소계	역북	삼가	운학	기흥	수지	포곡	모현	남사	이동	원삼	백암	양지
국가지정	30				6	2		2		1	3	1	15
도지정	38	2	1		9	4	1	5	3	2	5	3	3
용인시지정	50			3	8	2	3	15	2	3	9	3	2
소 계	118	2	1	3	23	8	4	27	5	6	17	7	5

예로부터 명당으로 유명하기 때문인지 포은 정몽주선생의 묘역을 비롯하여 선현의 묘역이 가장 많은 지역이다. 정몽주鄭夢周·조광조趙光祖·이재李縡선생과 같은 유학자의 연고지이기도 하다. 충렬서원忠烈書院은 기호학파의 거점이며, 경기 실학實學의 요람으로 평가되고 있다.[3] 심곡서원深谷書院, 한천서원寒泉書院은 전국 유림이 탐방하여 학문을 수양하던 명소였다. 이런 측면에서 용인은 '유학儒學의 성지'이며, '예학禮學'의 본향이라 할 수 있다.

아직까지 용인시 문화재로 지정되지 않은 문화유산 가운데도, 중요

---

3 *cf.*, 홍순석, 〈포은 정몽주선생이 용인지역에 끼친 영향〉, 《인문과학논집》13집, 강남대 인문과학연구소, 2004.12, 121~142쪽.

한 문화자원이 적지 않다. 특히, 허균許筠 묘역은 많은 사람들이 탐방하는 곳임에도 불구하고 방치되어 있다. 유희柳僖선생, 사주당 이씨師朱堂 李氏, 유근柳瑾 등은 문화관광부의 '이 달의 문화인물' 또는 '이 달의 독립인물'로 선정되어 전국적인 행사와 홍보가 이루어졌다. 사주당 이씨는 경기도의 대표적인 여성 실학자로 빙허각 이씨憑虛閣 李氏와 함께 집중적인 연구 대상으로 제기되고 있는 인물이다. 그의 저술 《태교신기胎教新記》는 방송매체에서도 심층 분석하여 제작하여 방영한 바 있다. 이처럼 전국적인 주목을 받고 있는 문화자원이 오히려 용인시에서는 방치되고 있는 것이다.

〈표4〉 용인시 주요 비지정문화재

명칭	소재지	비고
이석지(李釋之) 묘	양지면 주북리	고려말엽 문인, 영천이씨의 시조
박은(朴誾) 묘역	양지면 식금리	조선조 대표 시인, 전국시가비건립동호회에서 시비건립
유희(柳僖) 묘역	모현면 왕산리	문화관광부 「이달의 인물」에 선정됨(2000.10)
사주당 이씨(李氏) 묘	모현면 왕산리	여성 실학자, 유희선생 모친, 〈태교신기〉 저술
허균(許筠) 묘	원삼면 맹리	문화관광부 「이달의 인물」에 선정됨(2001.9)
유근(柳瑾) 묘	용인시 남동	언론인, 교육가, 독립운동가, 「이 달의 독립운동가」에 선정됨(2001.10)

2) 민속문화[4]

① 개인신앙

용인시 각 가정에서 모시고 있는 가신家神들은 경기도의 다른 지역들과 크게 차이가 없다. 1970년대까지는 정초·추석·한식·단오절에 조상들에게 차례茶禮를 올리는 것 외에 각 집안에서는 조상신祖上神 · 삼신三神 · 성주城主 · 터주垈主 · 업위신業位神 · 조왕신竈王神 · 칠성七星 · 문신門神 · 측신側神 · 외양신에게 가정의 평안과 건강을 기원하였다. 이러한 가신家神들을 모시고 정성을

4 필자는 《용인군지》《용인시사》《용인디지털문화대전》과 각 읍면지를 편찬하면서 민속문화를 전담하여 조사하고 집필하였다. 구체적인 사항은 참고문헌의 해당 자료를 참고하길 바란다.

바치는 일은 주로 주부가 담당했으며, 남자들은 각기 집안에서 모시고 있는 가신의 신체神體를 만드는 정도였다.

처인구 모현면 갈담리 이씨댁에서는 지금도 가묘家廟에서 조상신을 모신다. 모현면 매산리 안가일 지역에서는 홍계희洪啓禧를 조상신으로 모시고 구릉시루를 올린다. 이 같은 개인신앙은 타지역에서 관찰되지 않는다.

② 마을신앙

용인지역에서 행해진 마을신앙으로는 산신제山神祭, 거리제, 정제井祭: 샘굿, 우물고사, 성황제城隍祭: 서낭제 등이 있다. 산신제는 대부분의 자연마을에서 지냈다. 용인의 진산인 성산을 비롯하여 부아산·태화산·수정산 등 자연마을을 형성하는 데 영향을 끼친 산마을에서는 지금도 산신제를 지내고 있다. 특히 기흥구의 고매동대동산신제와 지곡동산신제, 원삼면의 모래실마을산신제·비두마을산신제, 양지면의 한터마을산신제, 모현면의 상하부곡산신제 등은 오랜 전통을 이어온 마을신앙이다. 상하부곡산신제는 《상하부곡대동산제절목上下釜谷大同山神祭節目》에 의거하여 계승해온 용인지역의 대표적인 산신제이다.

거리제는 용인지역 거의 모든 마을에서 행해졌으나 점차 쇠퇴하여 관찰하기 어렵게 되었다. 처인구 삼가동 궁촌마을에서는 음력 정월 16일경 산제사를 마친 후 마을에 있는 느티나무에서 제수를 진설하고 거리제를 지낸다. 처인구 운학동의 돌무지 옆에는 느티나무가 여러 그루 있는데 거리제를 이곳에서 지낸다. 이동면 화산리 모산동에서도 마을에 있는 은행나무 앞에서 정월 15일경 거리제를 지낸다. 남사면 중동에서도 정월 대보름날 당집에서 느티나무고사를 지낸다. 포곡읍 전대리에서는 1997년부터 상인번영회에서 마을의 안녕과 운수대통을 기원하기 위해 거리제를 신설하여 지내고 있다.

정제(샘굿)는 1970년대에 상수도 시설이 보급될 때까지 여러 지역에서 행해졌다. 지금까지 정제가 행해지고 있는 마을은 모현면 동림리와 기흥구 구갈3동, 남사면 완장리 매릉·중동·창말, 원삼면 가재월리·사암1리 안골 등이다. 동림리는 우물이 없어졌는데도 매년 음력 정월 1일에 샘굿을 지내고 있다.

성황제는 개인이나 한 집안이 단위가 되어 치성을 드리는 형태가 일반적이었다. 남사면 완장리 매릉골의 곤양배씨 가문에서는 느티나무를 신목으로 정하고 돌무더기 대신 당집을 지어 서낭제를 올리고 있다. 모현면 일산리 모산에 있는 서낭당은 지금까지도 모습이 완벽하게 남아 있다. 개인적으로 와서 치성을 드리는 모습을 볼 수 있으며, 이곳을 지나는 주민들은 지금도 예전처럼 주변의 돌을 주워 돌무더기 위에 올려놓고 간다. 기흥구 구갈3동(갈곡마을)에는 느티나무군이 있는데, 지금도 매년 서낭제를 지낸다. 매산리 상촌마을에는 죽순고개와 박수고개에 서낭당이 남아 있다. 죽순고개 마루에 있는 서낭당은 지금도 제단이 있으며, 인근에 거주하고 있는 박수무당이 성황굿을 벌이기도 한다. 모현면 일산리 하마산 서낭당에서는 무당속인들이 와서 서낭굿을 하였으며, 지금까지도 치성을 드린다.

〈표5〉 용인지역 마을신앙

당제	6개소	남사면(2) 포곡면(1) 수지읍(1) 구성읍(1) 남사면(1) 이동면(1)
산신제	25개소	구성읍(1) 기흥읍(3) 남사면(1) 모현면(2) 백암면(2) 수지읍(1) 양지면(6) 용인시(3) 원삼면(2) 이동면(3) 포곡면(1)
서낭제	1개소	기흥읍(1)
수목고사	7개소	이동면(2) 포곡면(1) 양지면(1) 용인시(1) 남사면(2)
우물고사	3개소	모현면(1) 남사면(1) 기흥읍(1)

3) 민속놀이

용인지역에 전승하는 대표적인 민속놀이는 줄다리기·거북놀이·달맞이·장치기·지신밟기·지경다지기·농악·답교놀이·농기싸움·재돋음놀이 등이다. 이 가운데서 인근 타지역에서 관찰하기 어려운 민속놀이는 답교놀이·동홰놀이다.

줄다리기는 예로부터 우리나라 중부지방 여러 곳에서 성행하던 대표적인 민속놀이다. 용인지역에서는 대부분 음력 정월대보름날 달맞이가 끝난 다음 시작되며, 거의 모든 마을에서 이루어졌다. 지금도 줄다리기를 실시하는 마을은 붕무리·어둔이·지장실·덕성리 등이다. 특히 남사면 봉무리의 줄다리기는 조선조 숙종 때부터 전해온 것이라 한다.[5] 역사적 사실 여부를 막론하고 촌로들의 증언에 의하면 매우 오래전부터 성행하던 놀이였음이 분명하다.

타작노동요는 예로부터 이동면 묘봉리와 외사면 석천리 등 여러 곳에서 이루어지고 있는 민속놀이다. 보리타작을 할 때 주민들의 단합과 친목, 그리고 공동작업으로 능률을 올리기 위하여 가락을 맞추어 노래 부르며 일하는 것이다.[6]

동홰놀이는 백암면·이동면·양지면 일부지역에서 전승되는 민속놀이로 다른 지역에서 관찰하기 어려운 놀이다.[7]

답교놀이는 모현면 지역에서 행해지던 민속놀이다. 이제는 지역민까지도 기억하는 이가 적다. 민속자료조사 차원에서 확인된 정도이며, 아직 재현된 바 없다.

이밖에 재앙을 면하게 하여 준다는 거북놀이·서리·복조리 등도 세시풍속과 함께 전하는 민속놀이다.[8]

---

5 *cf.*, 한국역사민속학회, 《용인지역의 마을의례》, 용인시, 용인문화원, 2000.

6 〈타작노동요〉는 최근 김문향씨에 의해 재현되고 있으나 널리 알려지지 못하였다.

7 동홰놀이의 발굴과 재현은 매우 의미 있는 사업이었으나, 구체적인 고증이 없이 전국민속경연대회에 참여하기 위한 방편으로 재현되었다. 이후 지속적인 지원이 없어 답보 상태이다.

8 거북놀이의 경우도 이천지역에서는 '이천 거북놀이 보존회'가 구성되어 매년 재현하고 있으며, 인근 지역인 용인을 비롯하여 여주, 안성, 광주지역의 거북놀이와 차별화하여 '이천거북놀이'로 전국적으로 알려져 있다.

〈표6〉 용인지역 민속놀이

자료명	분포지역	시기	비고
답교놀이	모현면 왕산리	정월 대보름	일제 때 실시
달맞이놀이	전지역	정월 대보름	현재 일부지역 실시
동홰놀이	양지면 대대리	정월 보름 전후	현재 실시
줄다리기	전지역	정월명절, 단오, 추석	해방 전 존재
장치기	전지역	수시	60년대 실시
지신밟기	전지역	정월명절, 추석	현재 일부지역 실시
거북놀이	전지역	추석	70년대 실시
지경다지기	전지역	수시	70년대 실시
재돔음놀이	동남부지역	수시	해방 전 일부지역 실시
농기(두레)싸움	전지역	농번기	해방 전 실시

4) 구비문화口碑文化

① 전설

용인지역에서 구전되는 전설 가운데 널리 알려진 자료는 〈생거진천 사거용인〉 〈탄천과 삼천갑자동방삭〉 〈김량장의 유래〉 〈할미성과 돌무데기〉 〈메주고개〉 〈아기장수와 용마〉 〈명당 이야기〉 〈포은 정몽주 묘소에 얽힌 전설〉 등이다.

〈생거진천 사거용인〉은 용인·진천 사람은 물론 전국적으로 알려진 전설이다. 이 전래담의 본질은 '효행'에 있다. 진천과 용인에 각각 살던 이복형제가 효행을 양보하지 않으려던 갈등이 오히려 귀감이 될 수 있기에 전승된 효행담이다.[9]

〈탄천과 삼천갑자동방삭〉은 삼천갑자를 살았다는 동방삭의 이야기로 널리 분포되어 있다. 이 전설의 근원지가 바로 용인이라는 점에서 의미가 깊다. 〈포은 정몽주 묘소에 얽힌 전설〉도 전국적으로 분포된 전설이다. 아무

9 *cf.*, 홍순석, 〈생거진천 사거용인 전래담의 연원과 의미망〉(2008용인향토문화연구회 학술세미나 자료집, 경기도박물관, 2008.11.29).

런 연고가 없던 용인에 포은선생의 시신을 안장한 것은 전설화되기에 충분하다.

② 민요

용인지역에서 채록된 민요자료는 700여 편에 이르며,[10] 노동요·애정요·타령요가 많은 비중을 차지한다. 용인지역의 향토색이 짙은 노래로는 〈찍었네타령〉(논매기소리)을 비롯하여 〈꼴노래〉 〈지게동발〉 〈둘레타령〉 〈홀아비소리〉 등을 들 수가 있다. 타지역에 비해 가장 특징적인 민요는 논맴소리이다. 용인지역에서는 논맴소리가 매우 다양하게 나타난다. 명칭 자체도 '찍었네' '둘레야' '곯었네' '방아소리' '상사듸야' '얼카뎅이냐' '대허리(단허리)' '오하타령' 등 다양하다.

〈찍었네〉의 일부를 소개하면 "…/오조를 갈고 움머쇠야/어하어흠차 찍었네(후렴)/움머리는 웃멋새야/청자초 심어 움머새야/새야새야 앉지 말아/커다란 처녀 몸닳는구나/새야새야 앉지 말아/커다란 처녀 울고 앉았네/우워~내혀/……."와 같다. 이것은 호미로 논매는 시늉을 "어하 어흠차 찍었네"라고하여 후렴으로 부르고 있다. 가사는 연정을 제재로 하여 힘든 것을 잊고 빨리 일을 마치어 음식을 먹으며 놀자는 내용이며, 가락은 단조로우나 장단은 일의 속도에 따라 변화된다.

〈홀아비소리〉의 일부를 소개하면 다음과 같다. "……/무엇을 믿고 잠이 오나/반겨 줄 이 하나 없고/신부 생각에 잠 못 이뤄/새벽서리 찬 바람에/울고 가는 저 기럭아/너도 나와 짝을 잃어/울고 가는 게로구나." 이 노래는 잠 못 이루는 홀아비의 심정을 소박하게 잘 표현하고 있는 희귀한 노래이다.

10 필자가 《디지털용인문화대전》(한국학중앙연구원, 2008) 편찬사업에 참여하면서 구비문학을 총괄하였고, 이를 위하여 별도로 《용인향토자료목록색인》(용인문화원, 2007)을 간행한 바 있다. 여기에 수록된 민요는 800여 편에 달하는데 중복된 자료가 적지 않다. 최근 〈용인지역민요연구〉 (화경고전문학연구회, 2008.12) 발표 시 검토하여 정리한 결과 700여 편에 달한다.

〈지게동발〉은 나무꾼이 지게목발을 두들기면서 부르는 노래로, 지게 지는 신세에 대한 넋두리가 내용이다. 가락은 흥겨운 창부 가락이지만 가사는 매우 애상적이다. 〈꼴노래〉도 신세를 한탄하는 내용은 비슷하나 문답 형식인 점이 다르다.

5) 문화행사 및 축제

용인시는 타시군에 비해 문화환경이 우수한 편이나 문화행사나 지역축제는 오히려 열등한 편이다. 이천시의 세계도자기엑스포, 안성시의 바우덕이축제, 수원시의 화성축제가 우리나라의 대표적인 지역축제로 인정되고, 국제적인 규모의 축제를 지향하고 있는데 비해, 용인시는 주목되는 축제가 없다.[11] 지역 축제가 주민의 화합과 단결을 도모하는데 크게 기여한다는 사실을 전제한다면 용인시가 해결하여야 할 당면 과제이다. 2008년도에 추진된 문화행사와 축제를 보이면 다음과 같다.

〈표7〉 용인시 문화행사

구분		행사내용
문화행사	전통문화행사	포은문화제
		용구문화예술제
	축제	정월대보름 기흥구민의 소망기원 달맞이 축제
		5월 가정의 달맞이 어린이 청소년 대축제
		용인봄꽃 축제
		용인예술제
	행사	레인보우아카데미
		용인시립소년소녀합창단 정기연주회
		용인시 전국 창작동요제
		용인아트체험페스티발
		우리 가족 한마음 노래자랑

11 용인지역에는 이동면 서리를 비롯해 여러 지역에 도요지가 발굴되어 학계의 관심사가 되고 있다. 그럼에도 이천·여주·광주 등 인근 지역에서 추진하고 있는 도자기축제에서 배제된 상태이다.

전통문화 축제로 포은문화제가 매년 실시되고 있어 그나마 명목을 유지하고 있으나, 가장 오랜 전통을 가진 용구문화제는 용인시에서 주관하는 시민의 날 행사로 흡수되어 쇠퇴 일로에 있다. 용인시의 문화행사나 축제는 적지 않은 예산을 사용하고 있으면서도 참여 인원을 동원해야 하는 문제점을 벗어나지 못하고 있다. 조속히 극복해야 할 과제이다.[12]

4. 맺는말

용인시는 자연지리적·경제적·인문적 환경이나 규모가 인접한 이천시·안성시에 비해 우위에 있다. 그럼에도 문화행사·지역축제의 규모나 인지도는 열등한 편이다. 여러 가지 원인이 있겠으나 동·서부권역의 이질감이 가장 큰 저해요소일 것이다. 용인시는 생활문화권의 차이에서 제기되는 동·서부권역의 이질감을 극복하지 못한 채 최근 단시간에 인구 80만이 넘는 신도시를 창출하였다. 용인시는 도농복합도시의 극한 상황을 보여주는 대표적인 사례일 것이다. 여러 사람이 이 같은 문제점을 인식하면서도 아직까지 극복하지 못하고 있다. 필자는 그 같은 요소를 대립과 갈등으로 문제시할 것이 아니라, 변별적 요소로 인정해야 한다고 본다. 인위적으로 시청사를 용인시의 중간 지역에 신설했다고 해서 자연적으로 해결될 요소가 아니다. 동·서부권역의 이질적 요소를 인위적으로 통일하려는 의도보다는 변별적 요소를 장점으로 부각할 필요가 있다. 즉, 동화同化: 和而同보다는 조화調和: 和而不同의 묘를 추구해야 한다. 이에 대한 구체적인 방안은 별도의 기회에 논하기로 한다.

12 *cf.*, 홍순석, 〈용인지역 문화환경과 지역축제〉, 《용인향토문화연구》 7집, 2006.12.

《용인학연구》2집, 용인발전연구센타, 2007

용인지역의 세거성씨와 고문헌

02

1. 머리말
2. 용인지역의 세거 성씨
3. 용인지역의 고문헌 자료 현황
4. 용인지역의 중요 고문헌
5. 맺음말

1. 머리말

수도권 지역이 다 그렇듯이, 현존하는 경기지역의 고문헌은 영·호남 지역에 비해 양적으로 비교할 수 없을 정도로 적다. 그리고 단편적이다. 영·호남지역처럼 다량의 고문헌을 소장한 가문이나 개인을 만나기 쉽지 않다. 그나마 남아 있는 고문헌조차도 낙질본落帙本이나 영본零本이 많다. 소장자들은 한결같이 일제식민지 시기까지도 소장하던 고문헌들을 6.25전쟁으로 많이 소실하였다고 한다. 그래도, 경기도의 다른 지역에 비하면 용인·이천·안성과 같은 동부지역은 상대적으로 많은 고문헌들이 발견되고 있어 특별한 관심을 갖게 한다.[1]

용인지역은 포은圃隱 정몽주鄭夢周를 비롯하여 조선후기 도암陶菴 이재李縡에 이르기까지 수많은 문인들이 우거寓居하였던 곳이다. 고려 말엽, 용인의 토성土姓인 용인이씨 문중에서 이중인李仲仁·이사위李士渭·이백지李伯持 등이 배출된 것이나, 조선 개국공신인 남은南誾의 묘역을 용인시 남사면에 조성하면서부터 의령남씨 가문의 명사인 남재南在, 남이南怡, 남일성南一聖, 남구만南九萬, 남식南烒 등이 용인에서 배출되어 명문가로서의 위세를 떨쳤다. 조선 중기에 이르러서 조광조趙光祖, 김세필金世弼, 이자李耔 등과 같은 기묘명현己卯名賢의 거점이 용인지역이었고, 그들의 후손이 지금까지도 집성촌을 형성하고 있다는 점을 주목할 수 있다. 연안이씨 이석형李石亨의 후손인 이정구李廷龜, 이명한李明漢 등이 조선조 중·후기에 걸쳐 용인에 우거하면서 학문을 펼쳤던 것도 같은 사례이다. 17세기에 이르러서는 해주오씨海州吳氏, 우봉이씨牛峰李氏의 가문에서도 많은 인재가 배출되어 성황을 이루었다.

이러한 문화적 여건은 인접지역인 이천, 안성지역과 차별화된다. 필자

1 강남대 경기문화연구소에서는 이 점에 착안하여 학술진흥재단 연구과제로 경기 동부지역의 고문헌 조사, 정리 작업을 추진하였다.

가 용인지역의 세거성씨와 고문헌에 각별한 관심을 갖는 것은 이 때문이다.[2] 본고에서는 용인지역의 세거가문과 고문헌 소장 현황을 정리, 분석하여 용인지역의 학문적 경향을 가늠하는 자료로 삼고자 한다.

2. 용인지역의 세거 성씨

용인지역의 세거성씨를 살필 수 있는 최초의 기록은 《세종실록지리지》의 토성土姓편이다.[3] 이 기록에 의하면, 용인지역의 토성은 용구현에 진秦·이李·송宋·용龍·엄嚴 씨가 있으며, 처인현에 서徐·지池·섭葉·김金·강康씨가 있다. 이들 성씨는 《동국여지승람》에도 그대로 기록되어 있다. 이 책 편찬 당시인 16세기 초까지 용인지역의 토성으로 존속했다는 사실을 시사한다. 그러나 이들 토성 가운데 대부분은 조선초기의 중앙집권화 과정에서 이족吏族으로 전락하였으며, 용인지역의 토성사족土姓士族으로 계승해온 가문은 용인이씨龍仁李氏 뿐이다.[4]

---

2 용인지역의 고문헌에 대한 조사와 연구는 몇 차례 시도된 바 있다. 용인향토문화연구회에서 향토자료를 발굴하기 위하여 1986년 이후 지속적으로 현장조사하고 있다. 대표적인 발굴 성과로, 〈충렬서원선생안〉 〈충렬서원중수기〉 등을 처음으로 소개하였는가 하면, 모현면 오산리의 해주오씨 추탄공파 문중에서 많은 고문서와 서화, 전적 등을 단편적으로 소개한 바 있다. 〈곡부실기〉 〈관란재일기〉도 그 성과물 중 하나이다. 미발표 자료인 문화유씨 문중의 언간(諺簡)은 학계에서 주목하고 있다. 본격적인 조사연구는 경기도박물관, 한국학중앙연구원(정신문화연구원)에 의해서 시도되었으며, 자료집으로 간행한 바 있다. 이후 1999년에 이성무·정만조 등에 의하여 본격적으로 조사되었다. 2001년도에는 서병패에 의해 이동면, 모현면, 원삼면지역 세거성씨 문중의 고문헌을 조사, 정리한 바 있다. 2005년도에는 강남대 경기문화연구소에서 용인시 전지역을 대상으로 조사하여 새로운 자료를 발굴하였다.

3 *cf.*, 《세종실록》 권148, 용인현조.

4 용인이씨족보에 의하면, 이인택(李仁澤)의 처가 용구진씨(龍駒秦氏)로 기록되어 있다. 진씨가 용구현의 토성임을 증빙하는 기록이다. 아울러 이들 성씨가 통혼함으로써 가문의 성세를 유지하였다는 사실도 가늠할 수 있다. 용구진씨는 현재 용인지역의 세거성씨에서 제외되는 정도로 쇠락하였다.

용인이씨의 가세가 일어난 시기는 고려후기이다. 12세손 석奭이 《고려사》의 기록에 처음 나타나며,[5] 13세손 광시光時에 이르러 비로소 가문의 성세를 열게 된다. 광시는 죽산박씨竹山朴氏와 행주기씨幸州奇氏의 딸을 아내로 취하였는데, 처가의 세력을 배경으로 한층 더 부상할 수 있었다. 이후 용인이씨는 조선시대에 문과 급제자를 지속적으로 배출하면서 중앙으로 진출하였고, 이를 토대로 용인지역에서 명문거족으로 자리매김하였다. 구체적인 사례로, 15세손 사영士穎과 사위士渭가 과거급제를 통해 중앙에 진출함으로써 용인이씨 가문의 기반을 확립하였다. 《동국여지승람》용인현 인물조에 이사위·이백지李伯持·이길보李吉甫 3명이 등재되어 있다.[6] 죽산竹山[7]의 세거성씨인 죽산박씨竹山朴氏도 용인이씨와 함께 용인지역의 세거성씨를 형성하는 데 모체가 되었다.

용인이씨를 제외하고 용인출신의 과거급제자를 많이 배출한 성씨로는 연안이씨延安李氏, 해주오씨海州吳氏, 경주김씨慶州金氏 등의 순서인데, 이는 이들 가문의 성장과 관련을 갖는다.[8] 이밖에 의령남씨宜寧南氏, 전주이씨全州李氏, 진주유씨晉州柳氏, 한양조씨漢陽趙氏 등도 용인지역의 대표적 가문으로 꼽힌다.

---

5 *cf.*, 《고려사》 권27, 세가 27, 원종 14년 3월 기묘조.

6 이태진 교수에 의하면 《동국여지승람》인물조에 기록된 가문의 경우, 당대 명문거족의 일원이며 훈구계열에 해당한다고 하였다(*cf.*, 이태진, 〈15세기 후반기의 거족과 명족의식〉, 《한국사론》3집, 1985).

7 현재는 용인시 백암면의 행정구역에 포함되어 있으며 옥산리·근창리·근삼리·장평리·용천리·석천리 지역에 해당한다.

8 *cf.*, 정만조, 〈조선시대 용인사족의 동향〉 (《한국학논총》 19집, 1996), 76쪽.

용인지역 주요 성씨의 시기별 성쇠와 세거지[9]

성씨/구분	시기별 성쇠				동족촌
	15세기	16세기	17세기	18세기	
龍仁李氏	李光時	▲	李世白 (老論)		수지읍 덕천리 기흥읍 영덕리
迎日鄭氏	鄭夢周	▼	▲		모현면 능원리
延安李氏	李石亨	▼	李廷龜 ▲	가평 이주	모현면 갈담리, 동림리, 초부리
漢陽趙氏		趙光祖 ▲			기흥읍 보라리, 지곡리, 용인시 역북동
韓山李氏		李耔 ▲			기흥읍 지곡리
海州吳氏			吳允謙 ▲ (西人)	吳斗寅 ▲ (老論)	모현면 오산리 본동 기흥읍 서천리 원삼면 학일리, 죽릉리, 목신리
牛峰李氏			李縡 ▲ (西人)		이동면 천리
	훈구계열	사림계열			

용인이씨를 제외한 성씨들은 모두 다른 지역에서 이거해 온 가문들이다. 15세기에 모현면으로 이거한 영일정씨迎日鄭氏의 경우, 포은 정몽주의 묘역을 모현면에 천장하면서 연관을 갖게 된다. 천묘와 관련된 설화자료를 영일정씨가 모현면에 정착하는 근거로 삼고 있는데, 이전에 정몽주의 장자인 종성宗誠의 처가가 죽산박씨 박중용朴仲容의 가문이라는 점을 염두에 둘 필요가 있다. 죽산박씨는 여말선초에 유력한 사족 가문이었으며, 죽산은 용인과 인접한 지역이었다. 조선 초기에 영일정씨가 용인에 정착하여 성장할 수 있었던 경제적 기반은 종성의 처가인 죽산박씨의 경제적 도움이 있었을 것으로 본다.[10] 이후 연안이씨, 한양조씨, 해주오씨 등 주요 가문과 상호간의 혼인을 통해 인척관계 또는 정치적 연대 관계를 맺고 가문의 성세를 도모하였다.[11]

---

9 *cf.*, 고려대 민족문화연구원, 《용인의 역사지리》, 용인시, 2000, 207쪽.

10 이점에 대해선 정만조 교수가 제기한 바 있으며, 필자도 전적으로 동감한다(*cf.*, 정만조, 〈조선시대 용인사족의 동향〉, 《한국학논총》19집, 1996, 78쪽).

11 모현지역의 영일정씨는 연안이씨와 해주오씨 등 용인지역의 유력한 가문들과 통혼하면서 세력을 지켜왔다고 할 수 있다. 그 중에도 연안이씨와의 관계가 돈독했던 것으로 전해진다(*cf.*, 홍순석, 〈포

15세기에 모현면으로 이거한 연안이씨 가문 역시 용인에 정착하는 기반이 된 것은 영일정씨와의 통혼이었던 것 같다. 연안이씨는 고려말엽 안변安邊 일대에 세거하였다. 7세손 이종무李宗茂가 이성계의 휘하에서 활동한 것이 계기가 되어 조선개국공신으로 책봉되고, 공조전서를 역임하면서 가세가 확대되었다. 용인으로 세거지를 옮기고 가문의 성세를 연 사람은 종무의 손자인 이석형李石亨이다. 이석형은 영일정씨인 정보鄭保의 사위이다. 처가의 세거지인 모현면으로 이거한 이유가 여기에 있다. 정보의 누이가 당대 훈구 세력의 대표적 존재인 한명회韓明澮에게 출가하였다는 것도 주목할 만하다. 이 같은 배경은 이석형이 중앙에서 활동하는데 크게 도움이 되었을 것이다. 사후에도 포은선생의 묘소 옆에 나란히 영면해 있다. 그의 아들 혼渾도 과거 급제하여 현달하였으며, 당시 용인지역의 대표적 사족인 용인이씨와 혼인관계를 맺어 가문의 위세를 확고히 하였다. 연안이씨는 이후 다소 침체되었다가 17세기 이후 이귀李貴·이시백李時伯·이정구李廷龜가 현달하고, 그의 후손이 줄이 현달하여 명망을 얻었으며, 서인내지 노론으로 집권 세력의 핵심으로 부상하였다.

16세기에 용인으로 이거한 성씨로는 한양조씨와 한산이씨가 있다. 조선 건국 초기에 성세를 보인 한양조씨는 양주일대에서 세거하였는데, 그 일부가 용인으로 이거하였다. 조광조趙光祖가 한 때 용인에 우거하였으며, 사후 그의 묘역이 조성되면서 본격적으로 후손들이 세거하게 된 것이다. 한산이씨 역시 조선전기의 대표적인 가문인데, 교하·마전 등지에서 세거하다가 용인으로 이거한 것이다. 특히 이자李耔는 기흥 지역에 세거하던 한양조씨와 학맥과 통혼관계를 맺으며, 조광조 중심의 사림 세력을 형성하였다. 한산이씨들은 지금까지도 기흥구 지곡동 일대에 세거하고 있다. 그러나 이들 가문

은 정몽주선생이 용인에 끼친 영향〉, 《인문학과학논집》13집, 강남대 인문과학연구소, 126쪽).

은 거듭되는 사화士禍로 인해 크게 융성하지 못하였다. 용인의 대표적인 성씨에 들면서도 조선 후기까지 가문의 세력이 크지 못하였다.

용인지역의 사족들이 가장 성쇠를 누린 시기는 17세기였다. 용인이씨와 연안이씨가 이 시기에 이르러 정치적으로 크게 부상되고, 해주오씨海州吳氏와 우봉이씨又峰李氏 등이 이거하여 정착하게 되었다.

해주오씨가 모현면 오산리에 터를 잡게 된 것은 오윤겸吳允謙의 부친 오희문吳希文이 이석형의 현손인 이정수李廷秀의 사위가 되고, 처가와 가까운 오산리로 들어온 이후부터이다. 오희문의 아들은 오윤겸[12]으로 영의정에 올랐고, 그의 후손들이 줄줄이 현달하여 명문거족을 이루게 되었다.[13] 특히 명문가인 영일정씨와 연안이씨, 그리고 의령남씨[14] 등과 지속적으로 통혼하면서 중앙정계에서도 유력한 가문으로 인정받았다. '오산리'라는 지명도 오씨의 종중산이 있기 때문에 붙여진 명칭이다.[15]

우봉이씨는 이동면 천리 일대에 정착한 이후 노론의 핵심가문으로 중앙의 벌족과 중첩된 혼맥을 형성하였으며, 이재李縡에 이르러서는 경기지역 사림을 주도하는 위치에 서기도 하였다.[16]

18세기에 이르러서, 용인지역의 명문벌족인 용인이씨와 연안이씨 가문의 경우, 현달한 집안은 서울이나 양주·파주·광주 등 다른 지역으로 이

12 오윤겸을 파조로 하는 추탄공파(楸灘公派)를 이루게 되는데 추탄공파는 해주오씨가문의 주요 종파중 하나이다.

13 모현면 오산리 일대에 거주하는 해주오씨들은 오윤겸을 파조(派祖)로 모시는 추탄공파와 오윤해(吳允諧)를 파조로 모시는 만운공파(晩雲公派)의 후손들이 대부분이다. 오윤겸과 그의 조카인 오달제(吳達濟), 손자인 오도일(吳道一), 현손인 오명항(吳命恒) 모두 오산리에 뿌리를 둔 해주오씨의 후예들이다.

14 대표적인 사례로 오달제는 남구만(南九萬)의 고모부가 된다.

15 실제로 능원리 오산리 일대에서는 들이 오씨네 종중산을 '오산(吳山)', 영일정씨네 종중산을 '정산(鄭山)'으로 부르기도 한다.

16 우봉이씨는 이재가 고양의 화전으로 이거하면서 이후 용인지역의 세거가문으로써의 명망이 쇠퇴하였지만, 근대시기에 이르러서는 용인지역의 핵심 인물이 많이 배출된 가문이기도 하다.

거하는 사례가 많았다. 이에 따라 선영을 돌보며 가문의 기반을 지키는 역할은 사회적 진출이 활발하지 못했던 후손의 집안에서 맡을 수밖에 없었다.[17] 반면, 16세기에 왕성했던 한양조씨, 한산이씨는 기묘사화로 인해 가문의 성세가 위축되었으며, 소론계열에 속했던 해주오씨 가문은 노소론 붕당으로 인해 중앙정권으로부터 소외되어 위축되었다. 이러한 정치 사회적 영향으로 대부분의 용인지역 명문거족은 다른 지역으로 이거하거나, 용인 관내에서도 분산되어 중·소규모의 동족촌으로 전락하였다.

3. 용인지역의 고문헌 자료 현황

용인지역은 15세기 이후 18세기 말까지만 해도 대표적인 사림士林의 고장이였다. 15세기 훈구계열의 정몽주·이석형, 16세기 신진사림계열의 조광조·이자·김세필 등 기묘명현이 있어 가문의 성세와 학맥을 이었고, 17세기에 들어와서는 이세백·이정구·오윤겸·남구만·이재·오두인 등 우리 역사에서 주목되는 인물이 세거하였다. 특히, 동방성리학의 조종으로 추숭되는 정몽주의 유적과 충렬서원이 있어 전국 유림의 관심을 끌던 지역이었다. 이재는 기호사림을 이끌었던 대표적인 학자였다는 점에서 용인지역 세거가문은 정치적, 학문적으로 위세를 떨쳤다고 할 수 있다.

이 같은 여건으로 미루어 보건대, 용인지역의 세거가문에는 고문헌도 적지 않았을 것으로 짐작된다. 그런데 실상은 기대치 이하이다. 이유인 즉,

---

17 용인이씨의 경우, 지금은 선영지로서의 의미도 퇴색하였다. 현재 영덕집단주택단지에 포함되어 입향조 이중인의 묘 외에 모두 천장하였다. 고문헌 자료도 산일되어 확인된 것이 없으며, 단지 포곡면에 거주하는 이광섭씨 댁에 《용인이씨세보》가 확인되었을 뿐이다.

18세기 이후 용인이씨·연안이씨·우봉이씨 등 명망 있던 세거가문들이 다른 지역으로 이거한 때문이다. 용인이씨만 하더라도 의현宜顯, 영조대 영의정 재협在協, 정조대 영의정과 숭고崇枯·재학在學·규현奎鉉·보혁普赫·보온普溫 등이 용인을 떠났고, 연안이씨의 경우는 그 정도가 심하였다.[18] 연안이씨의 경우, 이정보가 가평으로 이거한 이후 용인지역에서는 모현면 갈담리, 동림리에 분산해서 동족촌을 형성하였다. 세거지였던 모현면 능원리는 선영지로 남아 있을 뿐이다. 우봉이씨 역시 이재가 고양으로 이거하면서 세거지였던 이동면 천리는 선영의 의미만 남아 있을 뿐이다. 한양조씨·한산이씨·경주김씨 등은 기묘사화로 인해 주변 지역으로 분산해 이거할 수밖에 없었다. 이 같은 경향은 세거지를 떠나지 않고 선조의 사당과 유물을 지키면서 종손을 중심으로 결속을 강화한 영남지방의 사족 세력과 대조적이다.[19] 용인에서 세거지를 온전히 지켜오고 있는 가문은 해주오씨 뿐이다. 이들 가문은 노소론 당쟁으로 가문의 위세가 위축되긴 하였으나, 용인 관내에서 분산하여 지속적으로 거주해 왔다. 세거지인 원삼면 학일리·죽릉리·목신리 일대, 모현면 오산리에 지금도 후손들이 동족촌을 형성해 거주하고 있다. 기흥구 천서동·마북동에도 동족촌을 형성하였다.[20] 해주오씨 가문의 고문헌이 지금까지 많이 전하는 이유는 그 때문이다.

원삼면 해주오씨 가문의 고문헌

원삼면에 해주오씨가 세거지를 형성한 시기는 조선전기이다. 8세손인 희보希保, 1360~1426가 원삼면에 정착한 이래 용인지역의 대표적인 성씨로

18 이성무 외, 〈조선시대 근기지방의 문적·유물·유적 조사연구〉, 《조선시대사학보》10집, 1999, 168쪽.

19 *cf.*, 정만조, 〈조선시대 용인 사족의 동향〉, 97~98쪽.

20 지금의 기흥구에서 동족촌을 이뤘던 해주오씨 후손들은 개발사업과 다른 성씨의 유입으로 인해 거의 모두 다른 곳으로 이거하였다.

성장하였다. 호군공파護軍公派 후손인 이들은 죽릉리·목신리·학일리 일대에 세거하면서 조선시대에 들어와서 끊임없이 과거급제자를 배출하였다.

《경기도지》의 기록에 의하면, 해주오씨들이 원삼지역에 세거하게 된 시기는 550여 년 전이며, 160여 세대의 후손들이 거주하는 것으로 기록되어 있다.[21] 현재에도 200여 호에 600여 명이 거주하고 있어 그 성세를 짐작할 수 있다.[22]

원삼면 해주오씨 가문의 고문헌은 주로 오형근씨가 소장하고 있다. 이 가문에 전하는 고문헌은 주로 삼락공三樂公과 관련된 자료이다. 간찰과 수첩壽帖 외에 전적류 24건이 확인되었다.[23]

분류	수량	자료명
지도류	1	輿地圖
간찰	5	簡牘 1, 簡牘 2, 簡牘 3, 抵巳志牘, 三樂公親筆書簡文綴 외 간찰 낱장
전적	24	家□手牘, 三樂齋謾稿(권1,2,3), 兒戲原覽, 左傳(27,28,29,30) 三樂齋濤勫, 升庠式增, 忠烈公文集(上,下), 首陽吳氏派譜 歷代總紀, 石峰眞蹟, 翰閣錦囊靈棋經, 經史文編抄, 祈父之什, 大淸光緖七年歲 次辛巳時憲書, 濂洛風雅, 太上感應篇圖說, 紀年兒覽, 覃揅齋詩藁, 東國文獻目錄, 宋名臣言行錄, 御定奎章全韻, 醉翁亭記, 禮說類抄, 皇明大家茅鹿門抄
수첩	3	三樂壽帖 1, 三樂壽帖 2, 壽帖

모현면 해주오씨 추탄공파 가문의 고문헌

모현면 해주오씨 가문은 원삼면 세거지에서 일부 이거한 가문이다. 13세손인 희문希文이 모현면 오산리의 처가 쪽으로 이거한 이래 동족촌을 형성하였다. 고문헌은 주로 추탄공파(오윤겸)의 후손가에 전하는 것으로 종

21 *cf.*, 《경기도지》(하), 1957, 1211쪽.

22 김용은, 〈동족촌과 세거성씨〉, 《원삼면지》, 2005, 283쪽.

23 이 자료는 강남대 고문헌조사팀의 현장조사에서 처음으로 확인되었다.

손 오문환이 보관해왔다. 최근에 한국학중앙연구원에서 본격적으로 조사하여 MF로 제작한 바 있으며, 장서각에서 보관하고 있다.[24] 《쇄미록瑣尾錄》, 《서파집西坡集》등 전적류도 12건이나 된다.

모현면 해주오씨가 고문서[25]

	敎帖	敎旨	帖	諭書	祿牌	所志	準戶口	傳令	分財記	土地賣買明文	試券	致祭文	祭文	婚書
吳允謙	12	55		1	9									
吳達天		13												
吳道一		81	1									1	1	
吳遂顯		17	2											
吳遂燁											1			
吳命有		1												
吳命久		2					2						2	
吳貞秀			1											1
吳彥思						1								
吳商默											1			
吳愚善											1			
鄭基榮								1						
門中									2	4				
소 계	12	169	4	1	9	1	2	1	2	4	3	1	3	1

24 해주오씨가문의 고문헌은 한국학중앙연구원의 자료집 해제로 대신한다.

25 이 도표는 서병패가 집필한 〈용인의 고문서 자료소개〉(《용인시사》(2), 882~902쪽)를 바탕으로 작성한 것이다.

모현면 해주오씨가 전적[26]

저자	서명	수량	분류	시대	비고
吳希文	瑣尾錄	7책	일기	선조24년(1591)11월~선조34년(1601)2월	보물1096호
吳道一	詠晝	2첩	시문	숙종12년(1686), 숙종 20년(1694)	
	名宰手簡	1첩	간찰첩	인조18년(1640)~효종10년(1659)	
	古簡	1첩	시첩	숙종6년(1680)	
	別章帖	2첩	시첩	숙종24년(1698)	
	燕行別語	1첩	시첩	경종3년(1723)	
	太倉詩帖	1첩	시첩	미상	
吳命久	松禾誌	1책	읍지	영조37년(1761)	
吳道一	西坡集	2책	문집	영조5년(1729)	
吳命新	東湖錄	1책	산록		
	金吾稧帖	첩	계회첩	순조 17년(1817)	
	首陽宗稧帖	1첩	계회첩	영조42년(1766)	

모현면 진주유씨가문의 고문헌

모현면에 진주유씨가 세거한 것은 중종대에 영의정을 지낸 유순정柳順汀의 8세손인 진운振雲의 묘소를 일산리에 조성하면서부터이다. 그의 아들 수綏는 좌승지를, 정綎은 형조참판을 지낼 정도로 가문의 성세를 이뤘다. 그러나 이후의 후손들 가운데서는 과거급제자가 거의 배출되지 못하였다. 그리고 근대시기에 후손 대부분이 서울 등지로 이거하여, 세거지 보다는 선영지로 남아 있다. 승지공파의 후손 몇 가구가 남아 있는데, 종손 유태홍柳泰泓씨가 진주유씨 승지공파에 전하는 고문헌을 보관하고 있다.[27] 소장 자료 중 언간 간찰은 본래 포천에 있던 유시정柳時定의 묘역을 용인시 모현면으로 이장하면서 관 속에서 발견된 자료이다.[28]

26 이 도표는 서병패가 집필한 〈전적〉(《용인시사》(2), 911~917쪽)을 바탕으로 작성한 것이다. 구체적인 자료 소개는 그쪽으로 미룬다.

27 진주유씨가의 고문헌은 (사)용인향토문화연구회에서 1998년도 이후 몇 차례 조사하여 정리한 바 있다.

28 이 자료 역시 (사)용인향토문화연구회에서 2003년도에 처음으로 확인한 것이다.

분류	수량	자료명
언문간찰	64장	柳時定諺簡
전적	13	家乘, 小學(卷2), 世系帖, 乙丑增廣蓮榜, 壬午司馬榜目, 晉州柳氏直派譜, 柳振運墓碑拓本帖, 詩選集, 科體詩集喪祭禮抄, 性理大典會通(22), 通鑑(1), 通鑑節要(권13)
기타	3	書函, 柳振運墓碣銘, 청화백자묘지석

원삼면 경주정씨 가문의 고문헌

원삼면의 경주정씨 집은 본래는 조선 선조 때 호종공신은 이주국李柱國 장군의 고택이었다. 전주이씨 후손들이 거주하다가 조선 말기에 경주정씨가에서 이주해 온 것으로 알려져 있다. 경주정씨가문의 고문헌은 정인균鄭仁均이 보관하고 있다. 《관란재일기觀瀾齋日記》는 (사)용인향토문화연구회에서 처음 발굴하여 학계에 소개하였으며, 국사편찬위원회에서 영인하여 간행한 바 있다. 전적류는 주로 경주정씨 집안에서 가학家學의 교재로 사용하였던 것이다.

분류	수량	자료명
일기	1	觀瀾齋日記
전적	48	擊蒙要訣, 近思錄, 論鮮(1,2,3,4), 論語集註(1,7), 唐詩品彙(3) 大學, 東萊博議, 東醫寶鑑(1-19,22,25), 濂洛風雅, 孟鮮(1,2) 孟子(初,2,6), 孟子集註, 名臣錄(1,7,8), 史記英選(天,人) 史記評林(31), 書傳(序,6), 詩傳, 詩傳正文小註(4), 御定奎章全韻, 易鮮(1,4), 庸鮮, 栗谷集, 律彙, 周易(1,4,5,7), 中庸, 尺牘大方, 春秋左傳(1-5,7-9), 通鑑(2,3,12,13), 通鑑(3,4), 寒暄箚錄, 詩抄, 古唐詩(1-5,8), 校正全圖東周列國志, 盧溪集, 唐類函(6,37,40), 童蒙須知, 東坡文集(15) 晩遯遺稿, 史類聚選(1,2), 喪禮備要, 雪心賦, 雪齋集, 性堂集, 水滸誌(3,5,9), 遺芳百世, 柳州人字彙(序,終), 東周列國志(14,16,18-23)

기흥구 상하동 곡부공씨 가문의 고문헌

기흥구 상하동 지석마을은 곡부공씨曲阜孔氏의 동족촌이었다. 공서린孔瑞麟의 묘역 등이 있으며, 그의 후손들이 세거하였다, 지금은 집단주택지 개발사업으로 선영지조차 전무한 상태이다. 공병헌孔炳憲씨 집에서 확인된

고문헌은 거의가 곡부공씨 가문의 자료이다.[29]

분류	수량	자료명
전적	1	新刊聖蹟圖記(목판본. 1책 56장) 入曲阜拜謁先祖墓事實錄(孔在周著. 筆寫本. 1책29장) 곡부실기(1책 32장) 闕里誌(3책)

남사면 의령남씨 가문의 고문헌

의령남씨宜寧南氏가 남사면 창리에 세거하게 된 것은 조선 개국공신인 남은南誾의 묘역을 조성하면서부터이다. 의령남씨 가문에서 남재南在, 남타南柁, 남이南怡, 남일성南一聖, 남구만南九萬 남식南烒 등이 배출되어 명문가로서의 위세를 떨쳤다. 이후 조선 숙종 때 소론의 영수인 약천藥泉 남구만南九萬이 모현면 갈담리에서 한 때 우거하였으며, 그의 사당과 묘소가 있기 때문에 모현면 갈담리, 초부리 등지에 자연스럽게 동족촌을 형성하였다.

의령남씨 가문의 고문헌은 서병패에 의해서 1994년도에 확인되었다. 당시엔 남일성·남구만의 〈시권試券〉과 《죽서당경람첩竹栖堂敬覽帖》 2첩 등이 소장되어 있었다.[30]

분류	분류	수량	자료명	비고
고문서	分財記	1	南誾遺書(分財記)	
	敎旨	6	南在王旨, 南柁敎旨(3건), 南一聖 敎旨, 南烒敎旨	
	敎帖	1	南處寬 敎帖	
	準戶口	2	南九萬 準戶口, 南鶴鳴 準戶口	

29 이 자료는 (사)용인향토문화연구회에서 1996년도에 확인하여 《용인향토문화연구》(3집)에 일부를 영인하여 소개한 바 있다.

30 *cf.*, 서병패, 〈용인의 고문서〉, 《용인시사》(2), 902쪽.

양지면 해평윤씨 가문의 고문헌

해평윤씨海平尹氏가 양지면 제일리에 세거한 것은 17세기 이후이다. 본래 지금의 성남시 복정동에 세거하고 있던 해평윤씨 가문에서 윤진尹津이 양지면으로 이거해 온 것이다. 다른 세거 가문에 비해 위세는 덜하지만, 지금까지도 세거지의 명맥을 이어오는 가문이다. 양지면 청년유도회장 윤문로尹文老가 《가승家乘》과 〈준호구準戶口〉 11건을 보관하고 있다.

분류	분류	수량	자료명	비고
전적	家乘	1	海平尹氏家乘	
고문서	準戶口	11	尹衡東 準戶口(11건)	

원삼면 양천허씨 가문의 고문헌

양천허씨陽川許氏가 원삼면 맹리에 세거한 것은 허창許菖, 典籍公이 입향한 이후부터이다. 《경기도지》기록에 따르면 약 380여 년 전의 일이며,[31] 지금은 백암면으로 편입된 가좌리에도 양천허씨들이 세거하고 있는 것으로 보아 원삼면 일대에 허씨들이 상당한 세력을 형성하고 있었음을 알 수 있다. 이 가문에도 많은 고문헌이 있었을 것으로 생각된다. 현재 전하는 것은 〈양천허씨 노비분재기陽川許氏 奴婢分財記〉[32]외에 몇 건의 문서와 영정 2건뿐이다.

31 *cf.*, 《경기도지》(하), 1211쪽.

32 〈양천허씨노비분재기〉는 1681년(숙종7년)부터 1784년(정조8년)까지 103년간을 내려오면서 양천허씨 문중의 3남 5녀에게 노비를 분배하면서 작성한 일종의 노비분배문건이다. 당시 신분제도의 실상을 살필 수 있는 귀중한 자료이다. 용인시향토자료 37호로 지정되었다.

용인지역 고문헌자료[33]

지역	소장자	고문헌자료				관련근거
		고문서	전적	간찰	기타	
남사면	안동권씨가	7	4			용인시사(2), 880쪽, 907쪽
남사면	의령남씨가	10				용인시사(2), 902쪽
남사면	청송심씨가	1				용인시사(2), 906쪽
모현면	해주오씨가 (오문환)	217	10	2		용인시사(2), 882쪽, 911쪽
양지면	해평윤씨가 (윤문로)	12	1			양지면지, 967쪽
원삼면	양천허씨가(허정)	1	1			용인시사(2), 882쪽
이동면	순흥안씨가	3	5			용인시사(2), 881쪽
기흥구	경주김씨가 (김선기)					기흥읍지, 935쪽
기흥구	해주오씨가	1				구성면지, 508쪽
처인구	용인향토사료관	1				기흥읍지, 953쪽
기흥구	경기도립박물관		1			기흥읍지, 933쪽
모현면	충렬서원		2			용인시사(2), 916쪽
모현면	진주유씨가 (유태홍)		13	1 (64장)	3	강남대조사팀 확인
기흥구	곡부공씨가 (공병헌)		4			
원삼면	해주오씨가 (오형근)		24	간찰 모음집 5권 외 다수	1(지도류) 3(수첩류)	
원삼면	경주정씨가 (정인균)		48		1 (관란재일기)	
포곡읍	용인이씨가 (이광섭)		1			
소계		253	114	8	8	

33 이 도표는 《용인시사》(2006), 용인시 각 읍면지에 정리된 자료, 강남대 고문헌조사팀이 정리한 자료를 바탕으로 작성한 것이다.

4. 용인지역의 중요 고문헌

용인지역에 현존하는 고문헌 가운데는 이미 학계에서 귀중한 사료로 검증되어 국가지정문화재나 경기도지정, 또는 용인시 지정 문화재로 등록된 것이 적지 않다. 우선, 보물로 지정된 자료만도 6점이 된다. 서병태에 의해서 조사된 〈남은분재기南誾分財記〉 〈남재왕지南在王旨〉는 보물 제1173호로 지정되었다.[34] 〈남은분재기〉는 남은이 조선 태조 7년(1398) 왕자의 난 때 급박한 상황에서 작성하여 자손들에게 부탁한 유서 성격의 문서이다. 선조의 봉제사에 관한 문제와 재산분배가 주내용이므로 분재기라 해도 무방하다. 총 35항에 초서체로 쓰였으며, 조선초기의 최초 사가분재기문私家分財記文이라는 점에서 자료적 가치가 매우 높다. 조선 초기의 정치 사회사 연구에도 귀중한 자료이다. 〈남재왕지〉는 조선 태종15년(1415)에 남재에게 관직을 제수하는 사령왕지이다. 23×85.7㎝ 크기의 기름먹인 종이에 총 11항, 매항 4~5자의 초서체로 쓰여 있다. 조선초기의 관제를 살필 수 있는 중요한 자료이다.[35]

〈청원군호성공신교서靑原君扈聖功臣敎書〉는 보물 제1175호이다. 조선 선조37년(1604)에 임진왜란 때 선조를 의주로 호성한 공으로 청원군靑原君 심대沈岱에게 호성공신 2등을 내린 상훈교서이다. 저지楮紙 바탕에 비단으로 배접된 두루마리로 교서敎書 끝에는 나무로 축을 만들어 붙여 말아서 보관하기에 편리하게 하였다. 길이 26㎝ 폭 48.5㎝이다. 사주四周 안에는 상하로 쌍선雙線, 좌우로는 단선單線의 주선朱線이 그어져 있다. 상하 주선에는 3.4㎝의 일정한 간격으로 62항에 걸쳐 내용이 기록되어 있다. 내용은 수급자인 심대의

34 이 자료는 서병패에 의해 1994년 용인시 남사면 창리에서 조사되었다. 이 외에도 남구만·남일성의 시권, 〈죽서당경람첩(竹栖堂敬覽帖)〉등이 확인되었다(*cf.*, 서병패, 〈용인의 고문서〉, 《용인시사》(2권), 902쪽).

35 서병패, 〈용인의 고문서〉, 《용인시사》(2권), 903쪽.

이름, 공적내용, 특전과 포상, 등위별 공신명단, 발급일자가 기록되어 있다.[36]

〈양무공신교서揚武功臣敎書〉는 〈오명항 영정〉과 함께 보물 제1177호로 지정되었다. 오명항吳命恒의 후손인 오세민吳世民, 기흥구 마북동이 소장하고 있다. 〈양무공신교서〉는 조선 영조 4년(1728)에 있었던 이인좌李仁佐의 난을 평정한 도순무사都巡撫事 오명항吳命恒에게 내린 1등 공신교서功臣敎書이다. 규모는 폭 38㎝, 길이 210㎝ 크기이다. 비단 바탕에 저지楮紙를 배접한 위에 1행行 24~25자, 행간行間 59행으로 공적功績을 기록하였다.[37]

오희문吳希文의 《쇄미록瑣尾錄》은 보물 제1096호이다. 후손인 오문환吳文煥이 소장하고 있다. 《쇄미록》은 오희문이 조선 선조 24년(1591) 11월부터 선조 34년(1601) 2월까지 10년간의 사실을 기록한 일기이다. 총 7책으로 제1책 임진남행일기, 임진일록, 제2책 계사일록, 제3책 갑오일록, 제4책 을미·병신 정유일록, 제5책 정유일록, 제6책 정유·무술일록, 제7책 기해·경자·신축일록으로 되어 있다. 각책 권말에는 국왕과 세자의 교시, 의병의 격문, 명장名將의 성명문, 각종 공문서, 과거방목, 기타 잡문을 수록하였다. 《쇄미록》은 개인의 일기로서 사생활에 관한 기록이 대부분이긴 하나, 임진·정유 양란을 전후한 10년간 주인공의 피난경험과 견문한 전쟁 상황 등 임진왜란에 관련한 많은 기록이 포함되어 있다. 전국적으로 봉기한 의병의 활동과 왜군들의 잔인한 약탈상, 황폐한 한양의 모습, 양반의 특권과 노비제도, 각지의 산물과 풍속에 관한 기사 등 다른 자료에서 살필 수 없는 사실들이 상세히 기록되어 있다. 당시 사회생활상과 제도를 연구하는 데 귀중한 사료이다.[38]

《현수제승법수賢首諸乘法數》는 경기도 유형문화재 제169호이다. 여러 불교의 법문에서 부처의 깨달음을 명수名數로 정형화하여 설명한 것을 수집

---

36 서병패, 〈용인의 고문서〉, 906쪽.

37 용인시, 《용인시문화재총람》, 16쪽.

38 이민수, 《국역 쇄미록 해제》(상하), 해주오씨추탄공파종중, 1990.

하고, 수數를 차례로 벌려 쉽게 검색할 수 있도록 엮은 일종의 사전이다. 이 법수는 본래 당唐나라 스님 현수賢首가 엮은 것인데 전하지 않자, 명明나라 스님 행심行深이 다시 엮었다. 이 책을 조선 연산군 6년(1500)에 합천의 봉서사鳳栖寺에서 개판開板한 것이다. 목판본으로 규격은 26×16㎝이다. 불교사에서 매우 귀중한 사료로 인정받고 있다. 이후에 간행된 것은 대부분이 판본의 번각본飜刻本이다.[39]

《충렬서원중수록忠烈書院重修錄》은 용인시 향토유적 제26호이다. 모현면 능원리에 소재한 충렬서원을 중수하던 당시의 제반 상황을 기록한 것이다. 조선 선조 38년(1605)에 이정구李廷龜가 경기도관찰사로 재임 시 충렬서원을 중수하였는데, 3년간의 공사 끝에 중수를 마쳤다. 이 책의 내용을 살피면 중수기 표지 · 중수기년기重修記年記 · 원장院長 · 품계별 유사록品階別 有事錄 · 경유사유 · 전곡유사 · 헌납기(1) · 헌납기(2) · 물종기 · 목단잡화질 · 산림목청구질 · 보군질 · 총계 · 강당기講堂記 · 사우기祠宇記 · 중건기重建記 · 화상기畵像記 등이 수록되어 있다. 조선 중기 서원의 구성과 서원 건축물의 공사 관련 사실을 살필 수 있는 자료라는 점에서 학계의 주목을 끌고 있다.[40]

《충렬서원선생안忠烈書院先生案》은 용인시 향토유적 제27호이다. 충렬서원의 역대 선생(원장) 명단을 정리한 것으로, 수필본手筆本이다. 24.5㎝×34㎝ 크기의 저지楮紙를 5첩帖 하였으며, 각 면마다 5행行의 적선赤線을 넣어 행간을 구별하고, 역대 선생의 호號와 직함 · 성명 · 보임기간 등을 기록해 두었다. 표지에는 「忠烈書院」만 적혀있다.

이 자료는 총 5첩帖으로 구성되어 있는데, 1첩에는 충렬서원이 초창되었을 때인 선조 9년(1576)부터 새로 중건하기 시작한 병오년丙午年, 1666 다음해인 숭정崇禎 기원후 40년 정미丁未, 1667 이전까지의 역대 선생에 관련한 인적사

39 용인시, 《용인시문화재총람》, 28쪽.

40 홍순석, 〈충렬서원중수록 해제〉, 《용인향토문화연구》4집, 145쪽.

항이 기록되어 있다. 2첩에는 근천近川 홍명하洪命夏에 이르기까지 상신相臣 9명에 대한 명단이 기록되어 있다. 우암尤菴 송시열宋時烈부터는 재직기간 년기年記까지 기록되어 있다. 3첩과 4첩에도 역대 선생들의 이름자와 직함이 기록되어 있다. 5첩에는 이경재가 임자년壬子年, 1852까지 원장직을 맡았다는 것이 기록되어 있다. 이로부터 12년 후인 1864년의 대원군 섭정이후 일시 훼철을 겪으면서 선생안의 기록도 끝마쳐져 있다.

충렬서원은 조선시대에 용인지역의 학문 창달을 주도하였던 강학소講學所였다. 이 서원의 선생을 맡았던 이들의 면모를 통해 학문적 경향을 가늠할 수 있다는 점에서 향토사료로서 가치가 높다.[41]

〈양천허씨 노비분재기陽川許氏 奴婢分財記〉는 용인시 향토유적 제36호이다. 이 분재기分財記는 원삼면 맹리 양천허씨陽川許氏 종중宗中에 전한다. 조선 숙종 7년(1681)부터 정조 8년(1784)까지 103년간 내려오면서 양천허씨 문중의 3남 5녀에게 노비奴婢를 나누어 주면서 문서화한 일종의 노비문건奴婢文件이다. 1녀서女胥로부터 삼남三男 허환許煥에 이르기까지 8남매에게 출생서열대로 노비를 분급했던 사실을 기록하였다. 또한 이의 공증을 위해서 관부의 제사題辭를 받아 보관해 온 것이다. 이 분재기는 당시 신분제도의 실상을 살필 수 있는 귀중한 사료이다.[42]

아직 문화재로 지정되지는 않았지만, 학계에서 주목하고 있는 고문헌도 적지 않다. 〈관란재일기觀瀾齋日記〉는 근현대 사료의 가치가 인정되어 국사편찬위원회에서 영인 간행하였다.[43] 이 자료는 용인지역의 평범한 농촌 지

---

41 충렬서원의 원장을 역임하였던 인물은 대부분 명망이 있는 학자였으며, 조선후기 실학과 연관을 갖는 강화학파(江華學派) 계열의 학자가 많다. 충렬서원은 기호학파(畿湖學派)의 대표적인 학자 이재(李縡)가 주도하여 이끌어갔다는 사실에서 용인지역의 학문적 경향도 가늠할 수 있다. 이러한 사실에 대해선 필자가 〈포은 정몽주선생이 용인지역에 끼친 영향〉(《용인향토문화연구》6집, 2005)에서 다룬 바 있다.

42 용인시, 《용인시문화재총람》, 140쪽.

43 이 자료는 일찍이 박용익이 원삼면 정영대씨 집에서 발견하여 국사편찬위원회의 고증을 거친 적이

식인이었던 정관해鄭觀海, 1873~1949가 1912년에서 1947년까지 약 35년간에 걸쳐 쓴 총 24권 분량의 한문체 일기이다. 생업인 농사에서부터 가족사, 향리의 동향, 물가 변동, 정치 변화 등 제반 사회 현상을 꼼꼼히 기록하고 있어 당대의 사실을 확인할 수 있는 중요한 사료이다.

이밖에도 강남대 경기문화연구소팀이 정리 중인 〈유시정언간柳時定諺簡〉[44] 〈삼락재만고三樂齋漫稿〉 〈곡부실긔曲阜實記〉 등도 학술발표에서 인정된 자료이다.

5. 맺음말

용인지역은 수도권에 인접한 지역이면서도 타지역에 비해 비교적 많은 고문헌 자료를 보존하고 있다. 영·호남지역에서처럼 방대한 양의 전적이나 고문서가 확인된 것은 아니나, 국가지정 문화재로 지정될 만큼 귀중한 자료가 현존한다는 점에서 주목할만하다.

용인지역에 고려말엽에서부터 조선 후기에 이르기까지 명망 있는 학자들의 묘역과 유적지가 전국에서 손꼽을 만큼 산재하고 있다는 사실과 지금까지도 그들의 후손들이 집성촌을 형성하고 있다는 사실에서 적지 않은 고문헌이 용인지역에 존재했을 가능성이 충분하다. 용인지역의 고문헌을 살

있으며, 《한국사료총서》44집으로 간행되었다. 이후 강남대 인문과학연구소 제36차 국내학술대회 〈경기동부지역 고문헌을 통해본 언어와 문화〉에서 소인호 교수가 〈관란재일기 연구〉를 발표였다.

44 이 자료는 유시정(柳時定: 1596~1658)이 부인 안동김씨에게 보낸 58점의 한글편지이다. 포천시에 있던 진주유씨 묘역을 용인시 모현면으로 이장하는 과정에서 안동김씨의 관 속에서 출토된 것이다. 필자가 2002년도에 소장자 유태홍씨로부터 제보를 받고 원전자료를 확인하고, 2005년도에 본격적인 조사를 마쳤다.

피기 위해 세거성씨를 우선 살핀 것도 이 때문이다.

용인지역의 대표적인 세거성씨로는 용인이씨·영일정씨·연안이씨·한양조씨·한산이씨·해주오씨·의령남씨·양천허씨·우봉이씨 등을 들 수 있다. 용인이씨는 용인을 관향으로 하고 있는 토성이라는 점에서 용인지역 세거성씨의 모체가 된다. 인근 지역이었던 죽산에 근거를 두고 있는 죽산박씨도 그 모체가 되었다고 할 수 있다. 용인지역 세거성씨의 모체라 할 수 있는 이 두 가문을 거점으로 고려말 조선초기에 영일정씨와 죽산박씨, 연안이씨와의 혼척관계를 형성함으로써 용인지역의 사족士族으로 대두된 것이다. 조선 중기에 이르러서 용인에 입향하여 기반을 잡은 한양조씨·한산이씨·경주김씨는 지금의 용인시 기흥구와 수지구 지역에 집성촌을 형성하였다. 그러나 이들 가문은 거듭되는 사화士禍로 인해 크게 융성하지 못하였다. 용인의 대표적인 성씨에 들면서도 조선 후기까지 가문의 세력이 크지 못하였거나, 고문헌이 전래되지 못한 것은 사화의 여파라 할 수 있다. 실제 조광조·이자·김세필의 종가에서는 고문헌을 확인할 수 없었다.

용인지역의 세거성씨는 17세기에 이르러 전성기를 이뤘다고 할 수 있다. 한참 동안 침체하였던 연안이씨 가문에서 이귀李貴와 이정구李廷龜가 현달하고, 그의 후손이 명망을 얻어 서인 내지 노론으로 집권 세력의 핵심으로 부상하였다. 해주오씨 추탄공파楸灘公派가 모현면 오산리에 거점을 마련한 것도 이 때이다. 모현면 기존의 세거성씨인 영일정씨와 연안이씨, 의령남씨와 통혼하면서 명문거족으로 지위를 확립하였다. 우봉이씨가 이동면 천리에 정착한 시기도 이 때이다. 해주오씨 못지않게 노론의 핵심가문으로서 중앙의 집권세력과 통혼하며 용인의 대표적인 사족士族으로서 부상하였다. 이재李縡에 이르러서는 기호사림畿湖士林을 주도하는 정도로 성세를 펼쳤다.

도암陶菴 이재의 지적대로 포은선생의 묘역과 충렬서원이 용인에 있다는 사실도 용인지역의 사족들이 자긍심을 갖는데 기여했던 것 같다. 용인지역의 사족들은 포은선생의 학통學統을 계승하고자 분발하였음이 분명하다. 이정구李廷龜, 민정중閔鼎重, 정제두鄭濟斗, 이재李縡, 이행상李行祥 등이 그 대표적인 학자들이다. 〈충렬서원선생안〉에 보듯이 원장을 맡았던 인물들이 거의 다 명망을 떨쳤던 경대부京大夫요, 거유巨儒였다는 사실은 주목할 만하다. 그리고 노론계老論系를 중심으로 기호학파畿湖學派가 형성되는 과정에서 충렬서원이 거점이 되었다는 점도 관심을 기울일 필요가 있다.[45]

여러 가지 문화적 환경으로 보아 근대 시기까지도 용인지역에 많은 고문헌이 산재했을 가능성이 짙다. 용인지역 유림들의 증언에 의하면, 불행히도 많은 양의 자료가 6.25전란으로 소실되거나 관리 부주의로 망실되었다고 한다. 수도권에 인접하여 전란의 피해가 컸던 것은 널리 알려진 사실이다.

조선시대의 세거성씨 가문은 국가로부터 사회적 특권을 부여받고, 그것을 지속적으로 유지해나가며, 지방사회에서 자기 가문의 세력을 공고화하려 하였던 사회적 집단이었다. 각 가문에 소장한 고문헌은 바로 이러한 경향을 그대로 반영하고 있다.

용인지역에서 확인된 고문헌은 다른 지역에서도 마찬가지 경향이겠지만, 전적류는 빈약한 편이다. 《도암집陶菴集》《포은집圃隱集》《약천집藥泉集》《십청헌집十淸軒集》《음애집陰崖集》 등과 같은 개인 문집의 영인본이 후손가에 소장되었을 뿐이다. 원전이 전하는 사례는 해주오씨 추탄공파의 《추탄집》 정도였다. 용인지역에 현전하는 고문헌은 대부분 고문서에 속한다. 용인지역 가문 소장의 고문서는 다음 3가지 유형이다.[46]

45 홍순석, 〈포은 정몽주선생이 용인에 끼친 영향〉, 《인문학과학논집》13집, 강남대 인문과학연구소, 122쪽.

46 김혁은 이천시의 고문헌을 정리하면서 이같이 세 가지 유형으로 구분하였는데, 용인지역에서도 크게 다르지 않다(*cf.*, 김혁, 《이천시지》7권, 158~159쪽).

① 국가와의 관계: 고신告身과 국가로부터 각종 특권을 입증 받을 수 있는 문서류

② 타 가문 및 집단과의 관계: 소송관계 문서, 매매문서, 간찰류

③ 세습관계: 분재기류, 족보, 입안立案 서류

전적류의 경우에는 가학家學의 교재로 사용된 천자문이나 사서삼경류의 서적이 대부분이며, 일기와 시문집이 다소 확인된다. 모현면 오산리에 세거지를 둔 해주오씨 추탄공파 가문의 고문헌은 이 같은 실상을 분명하게 보여준다.[47]

용인지역 세거 가문에서에서 확인된 고문헌 가운데, 《쇄미록》〈남은분재기〉〈남재왕지〉〈청원군호성공신록〉〈양무공신록〉〈양천허씨노비분재기〉《충렬서원중수기》《충렬서원선생안》 등은 이미 문화재로 지정된 귀중한 자료이다. 최근에 확인된 〈유시정언간〉《관란재일기》《삼락재유고》《곡부실긔》 등도 학계의 주목을 받는 자료이다.

이처럼 중요한 고문헌이 한갓 특정 가문의 성세를 증빙하는 자료이거나 골동품으로만 여겨져서는 안 된다. 모현면 해주오씨 가문의 사례처럼, 한국학중앙연구원과 같은 전문 기관에 기탁되거나, 마이크로필름으로 제작하여 공유화할 수 있는 작업이 이뤄져야 한다. 《쇄미록》《추탄집》 등을 국역하여 연구자에게 배포한 사례도 귀감이 될 만하다.

47 모현면 오산리 해주오씨 추탄공파의 고문헌은 종손이 대대로 특별한 관심을 기울여 보존해왔기 때문에 보존상태가 거의 완벽하여 가문 소장 고문헌의 특징을 살필 수 있는 대표적인 사례라 할 수 있다. 최근에 종손 오문환이 모든 자료를 한국학중앙연구원에 기탁하여 공유할 수 있게 한 것도 귀감이 되는 처사이다.

《비교민속학》39집, 비교민속학회, 2009

용인지역의 묘제 연구

03

1. 머리말

용인은 예로부터 예학禮學의 고장으로 주목되었다. 동방성리학의 조종으로 추숭되는 포은 정몽주의 묘역이 조성된 이후 많은 유학자들이 용인지역을 왕래하였고, 포은을 제향하는 충렬서원에는 조선조의 명망이 높은 학자들이 원장을 역임하였다. 양명학을 발전시킨 정제두鄭齊斗는 포은의 후손으로 원장을 지냈다. 기호학파의 맹주로 추숭되는 도암陶庵 이재李縡는 충렬서원에서 예학을 강하며 후학을 양성하였다. 도암은 예학의 규범인 《사례편람四禮便覽》을 저술하였다. 용인지역에 이들이 끼친 영향이 지대하다.

그런가하면, 용인지역은 '생거진천 사거용인生居鎭川 死居龍仁'이라 하여 명당지로 부각되어 온 곳이다.[1] 실제 고려시대 인물인 정몽주, 진화陳澕, 이제현李齊賢의 묘역이 있으며,[2] 조선시대의 개국 공신 남은南誾을 비롯하여, 조광조趙光祖, 유형원柳馨遠, 남구만南九萬, 채제공蔡濟恭, 유희柳僖, 민영환閔泳煥 등 열거할 수 없을 정도로 많은 묘역이 있다.[3] 따라서 각 문중의 묘제를 쉽게 관찰할 수 있다. 여러 문중이 산재해 있기 때문에 묘제의 차이를 비교하는 일도 타지역보다 유리할 것으로 생각된다.[4] 그런데, 실제 용인지역의 묘제에 대한 관심은 모현면 해주오씨 추탄공파와 양지면 전주유씨 묵계공파, 양지면 고령박씨 참의공파, 기흥읍 안동권씨 안숙공파의 사례를 정리한 것이 전부이다.[5]

1 홍순석 외 4명, 〈왜 용인에 묻히고자 하는가〉, 《용인향토문화연구》9집, (사)용인향토문화연구회, 2008. 89~188쪽.

2 이제현의 묘역은 최근에 조성된 것이지만 경주이씨 문중에서는 매년 이곳에서 시제를 지내고 있다.

3 용인대 전통문화연구소에 펴낸 《용인의 분묘문화》(용인시, 2001)에 정리된 묘역만도 210기이다. 이후 용인시 향토사료 정리 차원에서 간행해온 10개 지역 읍면지에 수록된 묘역까지 합치면 무려 400여기가 넘는다.

4 김시덕은 《용인시사》 가운데 4권 7장의 〈의례〉를 집필하였으며, 〈용인지역의 제사〉(《인문사회논총》 5집, 용인대 인문사회과학연구소) 등을 발표하였다.

5 모현면 해주오씨 추탄공파의 묘제에 대해서는 최순권이 〈경기남부의 제례〉(《경기민속지》, 551~553쪽)에서 다루었고, 김시덕이 《용인시사》4권 7장의 〈의례〉에서 구체적으로 다루었다. 홍순석은 《모

다른 지역에서도 마찬가지이겠지만 용인지역에서는 시제時祭와 묘제墓祭가 구분되지 않고 있다. 시제는 사시제四時祭의 준말로, 춘하추동 사계절의 가운데 달에 날을 골라 모든 조상에게 지내는 제사를 의미한다. 묘제는 음력 3월·10월 중에 날을 택해서 5대조 이상의 조상을 해마다 한번 묘소에서 받드는 제사이다. 세일사歲一祀라고도 한다. 지금은 묘제를 관습상 시향時享·시사時祀·시제時祭라고 일컫고 있다. '묘사墓祀' '묘제사墓祭祀'도 같은 의미의 용어이나 용인지역에는 거의 쓰이지 않는다. 용인지역에서 가장 일반적인 용어는 '시향'으로 흔히 "시향 지낸다."고 말한다.[6] 묘소에서 묘사墓祀를 지내지 않고, 사당이나 재실에서 위패를 봉안하고 지내는 제사까지도 같은 개념으로 포함하고 있다. 본고에서도 '묘제'라는 용어는 이 같은 개념으로 사용한다.

필자는 2002년부터 2009년까지 8년간 용인시의 각 읍면지 편찬사업에 참여하면서 민속자료를 집중적으로 조사한 바 있다. 이 글에서의 자료는 그 성과물 가운데 하나이다. 여기서는 용인지역의 묘제를 살피기 위한 작업의 하나로, 묘제에 영향을 끼쳤을 용인지역의 세거성씨와 분묘, 유림의 학맥을 살피고, 도암 이재의 《사례편람》 가운데서 묘제를 주목하여 살핀다. 그리고 필자가 직접 관찰한 8개 읍면 25개리 32건의 사례를 중심으로 용인지역 각 문중의 묘제를 정리해 보인다.[7]

현면지》를 집필하면서 민속편에서 다룬 바 있다. 전주유씨 묵계공파의 사례는 최순권이 〈경기남부의 제례〉(《경기민속지》, 568~571쪽)에서 다루었다. 고령박씨 참의공파와 안동권씨 안숙공파의 사례는 홍순석이 〈평생의례〉(《용인시사》 권4, 278~283쪽)에서 다루었다.

6 용인시 기흥구 지역의 한양조씨 문중에서는 '큰제사를 지낸다'고 말한다.

7 필자가 본고에서 제시하고 있는 자료의 구체적인 정보(지역·일시·제보자·사진·문헌자료 등)는 번다하므로 소개하지 못하였다. 참고문헌에 소개한 해당 읍면의 자료를 참고하길 바란다.

2. 용인지역 묘제의 배경

1) 용인지역의 세거성씨와 분묘

《세종실록지리지》 〈토성土姓〉조의 기록에 의하면, 용인지역의 토성은 용구현에 진秦·이李·송宋·용龍·엄嚴 씨가 있으며, 처인현에 이李·서徐·지池·섭葉·김金·강康씨가 있다. 이들 성씨는《동국여지승람》에도 그대로 기록되어 있다. 16세기 초까지 용인지역의 토성으로 존속했다는 사실을 시사한다. 이들 토성 가운데 조선 후기까지 용인지역의 토성사족土姓士族으로 계승해온 가문은 용인이씨龍仁李氏 뿐이다. 죽산竹山의 세거성씨인 죽산박씨竹山朴氏도 용인이씨와 함께 용인지역의 세거성씨를 형성하는 데 모체가 되었다.

고려 말엽, 용인이씨 문중에서 이중인李仲仁·이사위李士渭·이백지李伯持 등이 배출되었으며, 조선 개국공신 남은南誾의 묘역을 용인시 남사면에 조성하면서부터 의령남씨 가문에서 남재南在·남이南怡·남일성南一聖·남구만南九萬·남식南烒 등이 배출되어 명문가로서의 위세를 떨쳤다. 조선 중기에 이르러서 조광조趙光祖·김세필金世弼·이자李耔 등과 같은 기묘명현己卯名賢의 거점이 용인지역이었고, 그들의 후손이 지금까지도 집성촌을 형성하고 있다. 연안이씨 이석형李石亨의 후손인 이정구李廷龜·이명한李明漢 등이 조선조 중·후기에 걸쳐 용인에 우거하면서 학문을 떨쳤다. 17세기 이르러서는 해주오씨海州吳氏, 우봉이씨牛峰李氏 가문에서도 인재가 배출되어 성세를 이루었다. 이밖에 경주김씨慶州金氏, 의령남씨宜寧南氏, 전주이씨全州李氏, 진주유씨晋州柳氏, 한양조씨漢陽趙氏 등도 용인지역의 대표적 가문으로 꼽힌다.

용인지역 주요 성씨의 시기별 성쇠와 세거지[8]

성씨/구분	시기별 성쇠				동족촌
	15세기	16세기	17세기	18세기	
龍仁李氏	李光時		李世白 (老論)		수지읍 풍덕천리, 기흥읍 영덕리
迎日鄭氏	鄭夢周				모현면 능원리
延安李氏	李石亨		李廷龜	가평 이주	모현면 갈담리, 동림리, 초부리
漢陽趙氏		趙光祖			기흥읍 보라리, 지곡리, 용인시 역북동
韓山李氏		李耔			기흥읍 지곡리
海州吳氏			吳允謙 (西人)	吳斗寅 (老論)	모현면 오산리 본동, 기흥읍 서천리, 원삼면 학일리, 죽릉리, 목신리
牛峰李氏			李縡 (西人)		이동면 천리
	훈구계열	사림계열			

용인이씨를 제외한 다른 세거성씨들은 모두 다른 지역에서 이거해 온 가문이다. 15세기에 용인시 모현면으로 이거한 영일정씨의 경우, 포은 정몽주의 묘역을 용인시 모현면에 천장하면서 연관을 갖게 된다. 이후 연안이씨, 한양조씨, 해주오씨 등 주요 가문과 상호간의 혼인을 통해 인척관계 또는 정치적 연대 관계를 맺고 가문의 성세를 도모하였다.[9]

이들 가문이 용인지역에 세거지로 정착하게 된 이유는 주로 각 성씨의 선영先塋에 기인한다. 대표적인 사례로, 모현면 능원리의 영일정씨, 모현면 오산리의 해주오씨, 수지읍 죽전리의 경주김씨, 이동면 천리의 우봉이씨, 남사면 창리의 의령남씨, 양지면 식금리의 고령박씨, 모현면 능원리의 연안이씨, 기흥읍 공세리의 전주최씨, 원삼면 맹리의 양천허씨 등은 용인에 세거하

8 *cf.*, 고려대 민족문화연구원, 《용인의 역사지리》, 용인시, 2000, 207쪽.

9 모현지역의 영일정씨는 연안이씨와 해주오씨 등 용인지역의 유력한 가문들과 통혼하면서 세력을 지켜왔다고 할 수 있다. 그 중에도 연안이씨와의 관계가 돈독했던 것으로 전해진다(*cf.*, 홍순석, 〈포은 선생이 용인지역에 끼친 영향〉, 《향토사연구의 이론과 실제》, 한국문화사, 2009, 150~154쪽).

는 대표적인 성씨이면서도 각 선영이 집성촌에 소재해 있다. 참고로 용인지역의 대표적인 세거성씨의 분묘 현황을 정리해 보이면 다음과 같다.[10]

분류	묘역(貫鄕·소재지)
14세기	郭元鎭(玄風·백암면 백봉), 梁求柱(南原·양지면 대대), 李仲仁(龍仁·기흥구 영덕), 陳士文(呂陽·백암면 원암)
15세기	朴元亨(竹山·백암면 고안), 崔有慶(全州·기흥구 공세), 李從武(全州·고기), 李子堅(星州·수지구 성복), 李石亨(延安·모현면 능원), 吳希甫(海州·모현면 능원), 李元發(延安·이동면 서리), 기(남사면 아곡)
16세기	孔瑞麟(昌原·남사면 완장), 金世弼(慶州·수지구 죽전), 朴誾(高靈·양지면 식금), 李禮堅(韓山·기흥구 지곡), 趙光祖(漢陽·수지구 상현), 丁玉亨(羅州·양지면 양지), 柳復立(全州·양지면 송문), 許曄(陽川·원삼면 맹리), 沈岱(青松·남사면 완장)
17세기	南烒(宜寧·남사면 창리), 安應昌(竹山·처인구 삼가), 吳達濟(海州·모현면 오산), 柳馨遠(문화·원삼면 석천), 崔乃吉(전주·기흥구 고매), 李莞(慶州·수지구 고기), 吳希文(海州·모현면 오산), 李鎰(모현면 매산), 李천기(양지면 제일), 李文周(青海·이동면 묵리), 李有謙(又峰·이동면 천리), 丁好善(羅州·포곡읍 전대)
18세기	南九萬(宜寧·모현면 초부), 沈정주(청송·서리), 趙重會(漢陽·원삼면 학일), 李涵(全州·원삼면 문촌), 李賢輔(延安·양지면 제일), 李本朝(延安·양지면 양지), 尹琰(坡坪·기흥구 청덕)
19세기	閔升鎬(驪興·기흥구 상하), 閔奎鎬(驪興·이동면 시미)

2) 도암 이재와 《사례편람》

도암 이재李縡는 용인시 이동면 노루실에서 태어나 김창협金昌協의 문인으로 정암 조광조와 율곡이이의 학설을 추종하였다. 벼슬이 판서에까지 이르렀다. 영조英祖 초년에 노론의 입장에서 소론을 배척하는 상소를 하였으나 받아들여지지 않자 용인으로 낙향하여 저술과 후진을 가르치며 일생을 마쳤다. 도암은 용인에 머물면서 〈충렬서원학규忠烈書院學規〉〈심곡서원학규深谷書院學規〉〈용인향약절목龍仁鄕約節目〉 등을 지어 용인 지역사회와 사학의 규범을 제정하여 풍속을 바로잡고자 노력하였다. 특히 《주자가례》를 체계화하여 《사례편람》을 저술해서 예법을 정비하는데 힘을 기울였다. 이로 인해

10 김성환이 〈용인의 명당과 사거용인〉(《용인향토문화연구》4집, 용인향토문화연구회, 2002, 55쪽)에서 이에 대해 정리한 바 있다.

용인지역은 물론 전국의 사대부로부터 평민에 이르기까지 《주자가례》에 따른 예법이 존중되었다. 실제 생활 속에 유학이 녹아들게 하는데 그가 끼친 영향은 실로 지대하다.

도암 이재 사후에는 그의 수제자인 이행상李行祥이 충렬서원을 중심으로 한 기호학파의 학맥을 계승하였다.[11] 이행상은 이석형의 후손으로 이신로李莘老의 손자이다. 도암의 손자 이채李采도 기호학파의 학맥을 계승한 대표적인 학자이다.

용인지역은 한 때 남인계南人系와 서인계西人系가 공존하기도 하였으나, 서인계가 노·소론으로 분화되자 노론계에 속해 있던 도암 이재의 영향 아래에서 점차 노론계가 주도하는 양상으로 변화되었다. 용인지역의 수많은 사대부들의 묘비나 신도비의 찬자가 대부분 노론계의 문장가들이라는 사실이 이를 증빙한다. 충렬서원의 원장도 거의 대부분 노론계의 인사로 보임되었음을 알 수 있다.[12]

도암 이재는 용인에 머물면서 수많은 후학을 양성하였다. 그가 편찬한 《사례편람》이 용인지역민의 예법에 영향을 미쳤을 것임은 의심의 여지가 없다. 《사례편람》은 김장생이 편찬한 《상례비요喪禮備要》와 주자의 《가례》, 율곡의 《격몽요결》등을 참고하여 저술한 것이다.

《사례편람》은 8권 4책의 목판본으로 1844년 증손 이광정李光正이 간행했다.[13] 범례와 조인영趙寅永의 발문에 따르면 당시의 예서들은 그 상세함과 소략함이 고르지 못해서 사대부들이 이용하기에 불편한 점이 많아, 이러

11 도암 이재가 세상을 떠나자 그의 여러 제자와 용인 유림들이 이동면 천리 노루실에 한천서원(寒泉書院)을 건립하여 제향하였으며, 순조 2년(1802)에 사액을 받았다. 이후 철폐되었으나 복원되지 못하였다.

12 *cf.*, 홍순석, 〈포은선생이 용인지역에 끼친 영향〉, 170쪽.

13 도암 이재의 《사례편람》은 규장각·장서각 등에 소장되어 있다. 필자는 우봉이씨대종회에서 편찬한 《국역사례편람》(명문당, 2003)의 원본 영인자료를 참고하였다. * 이하 《사례편람》으로 표기함.

한 단점을 바로잡기 위해 편찬한 것이다. 도암 이재는 범례에서, 당시 사대부들이 신봉하고 있던 《주자가례》나 김장생이 편술한 《상례비요》의 경우도 절목節目 등이 완전히 갖추어져 있지 않아 이용할 때 불편한 점이 있다고 지적했다. 그래서 주자의 본문을 위주로 삼아 고례古禮를 참고하고, 그 밖의 여러 선유先儒들의 학설로써 소략한 부분을 메우려 했다. 그리고 상례뿐 아니라 관례와 혼례도 첨가하여 참고하기에 편하도록 만들었다. 권1은 관례, 권2는 혼례, 권3~8은 상례로서 전체적으로 상례에 주된 비중을 둔 것이 특징인데 이것은 당시 상례가 절차와 형식에 있어 가장 비중이 컸던 형편이었음을 보여준다. 이 책은 예론禮論이 정치적으로 중요한 의미를 지녔던 조선 후기에 집권 노론 계통의 산림으로 추앙받았던 인물이 직접 편찬한 예서라는 점에서 중요한 의미를 갖는다.

3) 《사례편람》에서의 묘제

도암 이재에 의하면 묘제는 고례古禮에는 없는 제사인데 주자가 시속時俗에 따라 만든 것이다.

> 살피건대 묘제는 옛 제도는 아니다. 주자는 세속에 따라 한번 제사하라고 하였고, 남헌은 오히려 예가 아니라고 해서 오고간 토론이 많은 뒤에 따랐다. 그렇다면 묘제와 사당의 체모에 있어 차별됨을 알 수 있다. 이제 사당에서 사시제를 지내고, 또 네 명절날에 성묘를 한다면, 이는 묘소와 사당을 동등하게 여긴 것이니 어찌 옳다고 하랴. 네 계절의 묘제는 우리나라 풍속에서 행한 지가 이미 오래여서 곧 바꾸기는 어렵다. 그러므로 율곡은 《격몽요결》에서 대략 덜어내기는 했지만, 그래도 오히려 과중한 생각이 드니 《가례》로 정칙을 삼아 3월 달에 한번 제사하는 것만 같지 못

하겠다.[14]

《주자가례》의 묘제에서는 음력 3월 상순에 택일하여 받들며, 그 절차는 가제家祭의 의식과 같이 하루 전에 재계齋戒헌 뒤, 참신·강신·초헌·아헌·종헌·사신·철찬의 순으로 지낸다. 우리나라에서는 조선 중기까지는 이 같은 묘제를 매년 한식·단오·추석·중양에 하였고, 뒤에는 지방에 따라 한식과 추석에 두 차례, 혹은 추석이나 중양에 한번 행하는데, 먼저 집에서 절사節祀를 행하고 다음날 성묘를 하였다.

묘제는 본래 시제로써 사시절에 지냈었다. 율곡은 절사를 정월 15일, 3월 3일, 5월 5일, 5월 15일, 7월 7일, 8월 15일, 9월 9일 등 7번으로 정하였다. 이재는 너무 과중하다 하여 《주자가례》의 3월 1제를 찬성하고, 사시제를 행하고, 묘제는 1년에 한 번 하도록 제창하였다. 이후 묘제는 한 번 하는 것으로 정착되었다.

> 대저 옛날에 말한 제사는 시제였다. 제사는 시제보다 더 중한 것이 없는데, 지금 사람들은 그 중한 것을 알지 못하고 전연 행하지 않고는, 또 세 명절날의 묘제마저 폐한다면 더욱 미안한 일이 된다. 세상에서 다만 묘제만 행하고, 시제를 행하지 않는 이는 묘제에 행하던 것을 사당으로 옮겨 행하고, 묘소에서는 한 번 제사하는 것이 옳겠다.[15]

도암은 또한, "친족으로서의 촌수가 끝난 할아버지(5대 이상)의 묘제는 위의 체천조遞遷條에서 살필 수 있는데 한위공韓魏公의 예에 따라 시월 초하루

14 《사례편람》, 권8, 제 38a.

15 《사례편람》, 권8, 제 38a.

에 제사함이 옳을 듯하다."[16]고 하였다. 현재 묘제가 일반적으로 음력 시월에 행해지는 것도 《사례편람》의 예법에 의한 것이라 할 수 있다.

도암은 《사례편람》에서 묘제의 절차는 "3월 상순에 택일하여 하루 전에 재계한다. 음식을 갖춘다. 그 날이 밝아 청소를 한다. 자리를 펴고 음식을 진설한다. 이어 참신-강신-초헌-아헌-종헌-사신-철상순으로 한다."[17]고 하였다.

묘제에서의 진설에 대해서는 "집 제사의 의식은 과일을 먼저 진설하고 강신한 뒤에 식사를 내었지만 묘제에는 식사를 내는 절차가 없으니 이 때 같이 진설한다."[18]고 하여 제수를 동시에 진설한다고 하였다.

참신과 강신례의 순서에 대해서는 의견이 분분한데, 사계沙溪 김장생金長生과 율곡은 선강후참先降後參 즉 강신례를 먼저하고 참신례를 나중에 한다고 하였다. 주자의 가례에서는 선참후강先參後降이다. 도암은 주자의 견해를 따랐다.

> (사계)가 말하기를, 신위를 설치하였으나 신주神主가 없다면 강신례를 먼저하고 참신례를 나중에 한다. 묘제 또한 그러하다. 가례에서는 참신례를 먼저하고 강신례를 뒤에 한다 하였는데 그 뜻을 알지 못하겠다. 요결에서는 강신례를 먼저한다고 하였는데 아마도 옳을 듯하다.[19]

강신례에서 초헌이 분향재배하고, 좌우 집사가 잔에 술을 따르면, 이를 받아 모사에 붓고 재배하고 물러난다. 초헌 때 계반啓飯한다. 이어 축관이

---

16 《사례편람》, 권8, 제 40b~41a.

17 《사례편람》, 권8, 제 37b.

18 《사례편람》, 권8, 제 39a.

19 《사례편람》, 권8, 제 39b.

독축한다. 아헌은 초헌 때 의식대로 하며, 적과 헌작을 한다. 종헌 때는 적과 헌작을 하되 술과 적을 물리지 않는다. 이어 유식례를 행한다. 초헌관이 첨작하고, 아헌관이 메에 삽시하고, 젓가락을 가지런하게 하여 윗부분이 서쪽으로 향하게 놓고 재배한다.

사신제에서는 합문闔門과 계문啓門의 절차가 있지만, 묘소에서의 제사에는 문이 없기 때문에 생략한다. 각 문중별로 다른 의식을 행하는데, 참사자 모두 부복하고 있거나, 뒤로 돌아서서 기다린다. 계문의 절차 대신, 축관이 세 번 기침하면 본래의 위치로 돌아선다. 이 때 국을 물리고 숙냉을 올린다.

이어 수조례受胙禮를 행한다. 축관이 신위의 잔대를 들어 초헌관에게 전하고 술을 약간 따라주면 마신다. 축관이 시저와 소반으로 각 신위의 밥을 조금씩 덜어 초헌관에게 전하여 음복하게 한다. 지금은 음복례라 칭하며, 술만 조금 마시는 것으로 행한다.

수조례의 변모된 모습으로 숙냉그릇에 메를 덜어 말아둔다. 그리고 철상 때 제수로 올린 음식을 모두 조금씩 떼어 숙냉그릇에 넣어서 문 밖에 뿌린다. 이어 철상하고, 신주를 되물린 다음에 남은 제수를 참사자에게 대접한다.

한편, 이재는 《사례편람》에서 산신제를 묘제에 앞서 행한다고 하였다.

> 주인은 심의를 입고 집사를 데리고 묘소에 가서 재배하고 묘역 안팎을 두루 세 번 돌며 살피고 잡풀과 가시는 칼이나 낫으로 베고, 쑥대 등은 호미로 파서 없애고, 청소가 끝나면 무덤 왼편에 땅을 닦아 토지신에게 제사한다.[20]

20 《사례편람》, 권8, 제 38b.

토지신에게 제사하기 위하여 자리를 펴고 음식을 진설한다. 다음에 강신-참신-삼헌-사신-철상하고 물러난다. 제수로는 육肉·어魚·병餠·면麵을 각각 큰 그릇에 담는다. 나머지는 시제에서 지내는 토신제와 같으나 촛불을 켜지 않는다. 묘제에서는 참신례를 먼저 행했지만, 산신제에서는 강신례를 먼저 한다는 점이 주목된다.

3. 용인지역 묘제의 실태

1) 지역별 현황

용인지역에서의 묘제는 대부분 앞에서 살핀 《사례편람》의 예법에 준거하고 있다. 일반적으로 묘제를 위한 비용은 문중에 따라 다르나 일반적으로는 제위토祭位土를 마련하여 그 수익으로 비용을 충당하였다. 지금은 제위토의 수익으로는 충당할 수 없어 문중의 기금이나 참사자들의 헌성금으로 충당한다. 그리고 묘제를 지내기 일주일 전에 묘역 근처에 거주하는 후손들이 묘소에 올라가서 벌초를 하고 주위를 청소한다.

필자가 2002년도부터 2009년도까지 각 문중의 묘제에 참가하여 직접 관찰한 결과를 표로 정리해 보이면 다음과 같다.[21]

21 이 논문을 작성하기 위하여 재확인해 본 결과 크게 달라진 양상은 없었다. 《양지면지》《구성면지》《수지읍지》《기흥읍지》에서는 분묘는 다루고 있으나 묘제의 실태는 조사되지 못하였다. 필자 역시 이 지역의 묘제는 관찰하지 못하였다. 양지를 제외한 나머지 지역은 현재 신도시로 개발되어서 묘역조차 거의 사라진 상태이다. 수지구에선 한양조씨 문중에서 정암 조광조의 묘제를 지내고 있고, 경주김씨 십청헌공파 문중에서 묘제를 이어오고 있는 정도이다.

용인지역 묘제 현황(1): 묘제일, 장소

	지역	성씨	문중	묘제일	시간	장소	참사자
1	기흥읍 서천리	안동권씨	안숙공파	음10월 첫째 일요일	10시	묘소	60명
2	남사면 완장리	청송심씨	충장공파	음10월 둘째 일요일	11시	사당	20명
3	남사면 완장리	전주최씨	판윤공파	음3월3일	14시	사당	80명
4	남사면 원암리	여양진씨	매호공파	음10월 첫째 일요일	11시	묘소	150명
5	남사면 창리	남양홍씨	남양군파	음10월 첫째 일요일	11시	사당	20명
6	남사면 창리	의령남씨	찬성공파	음10월 첫째 토/일요일	11시	종가	10명
7	남사면 통삼리	능성구씨	판안동파	음10월 첫째 일요일	11시	사당	40명
8	모현면 능원리	영일정씨	포은공파	사계절사와 음10월1일	10시	묘소	200명
9	모현면 매산리	용인이씨	유후공파	음10월2일/3일	11시	묘소	30명
10	모현면 오산리	해주오씨	추탄공파	음10월5일	10시	사당	50명
11	백암면 가좌리	양천허씨	찬성공파	음10월12일	10시	묘소	60명
12	백암면 가창리	경주이씨	회와공파	음10월 첫째 일요일	11시	묘소	40명
13	백암면 가창리	평산신씨	사간공파	음10월6일	11시	묘소	40명
14	백암면 고안리	수원백씨	참봉공파	음10월13일	11시	묘소	50명
15	백암면 박곡리	현풍곽씨	문헌공파	음10월2일	11시	묘소	150명
16	백암면 박곡리	순흥안씨	참판공파	음10월10일	10시	묘소	50명
17	백암면 석천리	해주정씨	통례공파	음10월10일	11시	사당	30명
18	백암면 옥산리	죽산박씨	문헌공파	음10월3일	10시	묘소	50명
19	양지면 식금리	고령박씨	참의공파	음10월9일~10일(2일)	10시	묘소	40명
20	원삼면 맹리	양천허씨	초당공파	음10월 첫째 일요일	14시	사당	60명
21	원삼면 맹리	진청송씨	전서공파	음10월6일	10시	묘소	60명
22	원삼면 맹리	양천허씨	전적공파	음10월 첫째 일요일	10시	사당	50명
23	원삼면 죽능리	해주오씨	호군공파	음10월1일	10시	사당	80명
24	이동면 덕성리	사천목씨	첨정공파	음10월8일	10시	사당	30명
25	이동면 덕성리	진주소씨	남강공파	음10월 둘째 일요일	10시	묘소	50명
26	이동면 묘봉리	초계정씨	박사공파	음10월5일	10시	묘소	15명
27	이동면 서리	연안이씨	첨사공파	음10월10일	11시	사당	50명
28	이동면 송전리	함종어씨	양숙공파	음10월 첫째 일요일	10시	사당	40명
29	포곡읍 가실리	용인이씨	청백리공	음10월3일	11시	묘소	50명
30	포곡읍 마성리	한양조씨	현령공파	음10월5일	10시	묘소	50명
31	포곡읍 신원리	청주이씨	상당군파	한식과 추석	11시	묘소	20명
32	포곡읍 전대리	나주정씨	동원공파	음10월6일	10시	묘소	60명

용인지역 묘제 현황(2): 진설과 의례절차

성씨	문중	복식	축문	홀기	진설법	참신·강신	분향 재배	삽시	전저	첨작
안동권씨	안숙공파	○	○	○	홍동백서	선참후강	○	종헌	○	○
청송심씨	충장공파	○	○	×	홍동백서	선강후참	○	×	○	○
전주최씨	판윤공파	○	○	○	조율시이	선강후참	○	종헌	○	○
여양진씨	매호공파	○	○	○	홍동백서	선참후강	○	×	○	×
남양홍씨	남양군파	×	○	×	홍동백서	선강후참	○	×	○	○
의령남씨	찬성공파	×	○	○	홍동백서	선참후강	○	종헌	○	○
능성구씨	판안동파	×	○	×	홍동백서	선참후강	○	초헌	○	○
영일정씨	포은공파	○	○	○	홍동백서	선참후강	○	초헌	○	×
용인이씨	유후공파	×	○		홍동백서	선참후강	○	종헌	○	○
해주오씨	추탄공파	○	○	○	홍동백서	선참후강	○	초헌	×	×
양천허씨	찬성공파	○	○	○	홍동백서	선참후강	○	유식	○	○
경주이씨	회와공파	○	○	×	조율이시	선참후강	○	유식	○	○
평산신씨	사간공파	○	○	×	조율시이	선참후강	○	유식	○	○
수원백씨	참봉공파	○	○	○	조율시이	선강후참	○	×	○	○
현풍곽씨	문헌공파	○	○	○	조율이시	선참후강	○	종헌	○	○
순흥안씨	참판공파	×	○		홍동백서	선참후강	○	종헌	○	○
해주정씨	통례공파	○	○	×	조율시이	선참후강	○	유식	○	○
죽산박씨	문헌공파	○	○	○	조율이시	선참후강	○	유식	○	○
고령박씨	참의공파	○	○	○	조율시이	선참후강	○	초헌	○	○
양천허씨	초당공파	○	○	○	조율이시	선참후강	○	초헌	○	○
진청송씨	전서공파	○	○	○	조율시이	선참후강	○	종헌	○	○
양천허씨	전적공파	○	○	○	조율이시	선강후참	○	초헌	○	○
해주오씨	호군공파	○	○	○	홍동백서	선참후강	○	초헌	×	×
사천목씨	첨정공파	×	○	×	조율이시	선참후강	○	아헌	○	○
진주소씨	남강공파	○	○		홍동백서	선참후강	○	×	○	×
초계정씨	박사공파	×	○	×	조율이시	선참후강	○	×	○	○
연안이씨	첨사공파	○	○	○	홍동백서	선참후강	○	종헌	○	○
함종어씨	양숙공파	×	○	○	조율이시	선강후참	○	×	○	○
용인이씨	청백리공	○	○	○	홍동백서	선참후강	○	종헌	○	○
한양조씨	현령공파	○	○	○	홍동백서	선참후강	○	종헌	○	○
청주이씨	상당군파	×	×	×	조율이시	선참후강	○	종헌	○	○
나주정씨	동원공파	○	○	○	조율시이	선참후강	○	종헌	○	○

용인지역 묘제 현황(3): 산신제

성씨	문중	산신제	참사자	제수	헌작	축문
안동권씨	안숙공파	묘제전	헌관, 축관, 집사	묘제 동일	단헌	○
청송심씨	충장공파	현재 ×				
전주최씨	판윤공파	묘제전	헌관, 축관, 집사	술, 과일, 포	단헌	○
여양진씨	매호공파	묘제전	헌관, 축관, 집사	술, 과일, 포	단헌	○
남양홍씨	남양군파	현재 ×				
의령남씨	찬성공파	현재 ×				
능성구씨	판안동파	현재 ×				
영일정씨	포은공파	묘제후	헌관, 축관, 집사	묘제 동일	단헌	○
용인이씨	유후공파	묘제전		묘제 동일	단헌	○
해주오씨	추탄공파	현재 ×				
양천허씨	찬성공파	묘제전	헌관, 축관, 집사	술, 과일, 포	단헌	○
경주이씨	회와공파	묘제전	헌관, 축관, 집사	술, 과일, 포	단헌	○
평산신씨	사간공파	묘제전	헌관, 축관, 집사	술, 과일, 포	단헌	○
수원백씨	참봉공파	묘제전	헌관, 축관, 집사	술, 과일, 포	단헌	○
현풍곽씨	문헌공파	묘제전	헌관, 축관, 집사	술, 과일, 포	단헌	○
순흥안씨	참판공파	묘제전	헌관, 축관, 집사	술, 과일, 포	단헌	○
해주정씨	통례공파	현재 ×				
죽산박씨	문헌공파	독축후	헌관, 축관, 집사	술, 과일, 포	단헌	○
고령박씨	참의공파	묘제전	헌관, 축관, 집사	술, 과일, 포	단헌	○
양천허씨	초당공파	현재 ×				
진청송씨	전서공파	묘제전	헌관, 축관, 집사	술, 과일, 포	단헌	○
양천허씨	전적공파	묘제전	헌관, 축관, 집사	술, 과일, 포	삼헌	○
해주오씨	호군공파	현재 ×				
사천목씨	첨정공파	현재 ×				
진주소씨	남강공파	묘제전	헌관, 축관, 집사	술, 과일, 포	단헌	○
초계정씨	박사공파	묘제전	헌관, 축관, 집사	술, 과일, 포	단헌	○
연안이씨	첨사공파	현재 ×				
함종어씨	양숙공파	현재 ×				
용인이씨	청백리공	묘제전	헌관, 축관, 집사	술, 과일, 포	단헌	○
한양조씨	현령공파	묘제전	헌관, 축관, 집사	묘제 동일	단헌	○
청주이씨	상당군파	묘제전	헌관, 축관, 집사	술, 과일, 포	단헌	○
나주정씨	동원공파	묘제전	헌관, 축관, 집사	술, 과일, 포	단헌	○

* 묘제 동일: 산신제의 제수를 묘제와 똑같이 진설하거나 일부 제외하며 양을 적게 준비하는 것이 통례이다.

① 묘제의 시기

묘제는 음력 10월 1일부터 10일까지 초순에 지내는 것이 통례이다. 길게는 보름까지도 지낸다. 백암면 고암리의 수원백씨 참봉공파에서는 음력 10월 13일에 합사合祀하여 지낸다. 모현면 영일정씨 포은공파에서는 포은선생의 묘역에서만 사시제와 10월 묘제를 지내며, 아래 대의 묘소에서는 10월 1일부터 10일 사이에 각 소파小派별로 날을 정하여 지낸다. 포곡읍 신원리의 청주이씨 상당부원군파에서는 한식과 추석 때 묘제를 지낸다. 남사면 완장리의 전주최씨 판윤공파에서는 음력 3월 3일에 지낸다. 10월에는 기흥구 공세리에서 시조 평도공平度公: 崔有慶의 묘제가 있기 때문이다.

최근에는 여러 가지 여건상 음10월 첫째 또는 둘째 일요일이나 토요일로 날을 정하여 합사하여 지낸다. 용인지역에서도 그 같은 사례가 9건이나 조사되었다. 그리고 이 같은 추세는 점차 늘고 있다.

② 묘제를 지내는 장소

일반적으로 묘제는 선조의 묘소에서 지내는 것이 관례이다. 단지 기상 여건에 따라 묘소에서 묘제를 지낼 수 없을 경우에는 재실이나 사당에서 지내기도 한다. 그러나 최근에는 많은 문중에서 재실이나 사당에서 묘사墓祀를 대신한다. 문중의 규모가 작은 경우에는 묘역 부근의 종가 또는 후손 집에서 기제사처럼 지내는 사례도 관찰된다. 남사면 창리의 의령남씨 찬성공파에서는 종손댁에서 기제사처럼 지낸다.

앞의 표에서 보듯이 용인지역에서 묘제를 지내는 장소는 묘소에 지내는 사례가 20건, 재실이나 사당에서 지내는 사례가 11건, 종가 또는 후손의 집에서 지내는 사례가 1건으로 조사되었다. 10년 전까지는 대부분의 문중에서 묘사를 지냈다고 한다. 최근에 이르러 사당에서 묘제를 지내게 되었으며, 점차 늘고 있는 형편이다. 용인지역에서는 아직까지 묘소에서 지내는 사례가 많은 편이다.

③ 참사자

묘제의 참사자는 해당 선조의 직계손 외에도 인근의 후손들까지 참사한다. 예전에는 같은 파의 문중에서는 윗대조부터 아래 대로 내려오면서 며칠 동안 묘제를 지냈다. 규모가 큰 문중에서는 음력 10월 1일부터 15일까지 매일 묘제에 참사했던 경우도 있었다. 지금은 같은 종파라 할지라도 묘소가 멀리 떨어져 있으면 각각 구분하여 지낸다.[22] 묘제는 당일 마치는 것을 전제로 하여 소파별로 지내기 때문에 참사자도 자연 감소되었다.

용인지역의 각 문중에서 행하는 묘제에 참사하는 후손들은 대략 50~60명이다. 문중의 규모가 작은 의령남씨 찬성공파에서는 10여 명이 참사하는 정도이다. 남사면 원암리 여양진씨 매호공파와 백암면 박곡리 현풍곽씨 문중에서는 150명, 모현면 영일정씨 포은공파에서는 무려 200명이 참사한다. 기타 문중은 대략 50~60명 정도이다.

④ 묘제의 복식

도암은 《사례편람》에서 묘제 때 복식으로 주인은 심의深衣를 입는다고 하였다. 심의는 치관緇冠, 복건幅巾, 대대大帶, 조리絛履: 짚신의 복식이다. 혹은 율곡栗谷의 견해대로 현관玄冠, 소복素服, 흑대黑帶를 띤다.

용인지역에서는 현관玄冠, 청색의 도포와 띠끈, 행건을 치는 복식이 일반적이다. 능성구씨 판안동파에서는 현관, 흑색 도포, 흑대를 띤다. 영일정씨 포은공파에서는 헌관은 금관조복을 입고 가죽신을 신으며, 다른 제집

22 대부분의 문중에서 합사하여 하루에 지내는 것이 관례가 되었으며 해주오씨, 의령남씨 문중처럼 묘역이 멀리 떨어져 있는 경우에는 별도의 날짜를 잡아서 소파별로 지낸다. 같은 지역에서도 선조의 묘소가 많은 경우는 하루에 지낼 수 없으므로 합사하는 문중이 점차 늘고 있다.

사는 치관緇冠, 복건幅巾, 대대大帶, 조리絛履: 짚신의 복식이다. 지금은 짚신을 신지 않고 평소의 신발을 신는다.

⑤ 묘제를 지내는 순서

묘제를 지내는 순서는 입향조(가장 윗대조)는 단독으로 지내고, 이후부터는 윗대에서 시작하여 아래 대로 내려오면서 같은 대수의 선조는 함께 지내는 형식으로 이뤄진다. 해주오씨 추탄공파처럼 사당에서 지내는 경우에도 마찬가지이다. 여러 명의 선조를 제향하는 경우에는 편의상 구분하여 지낸다. 구체적인 사례로, 양천허씨 찬성공파는 재실에서 합사하여 세 차례로 나눠서 지낸다. 먼저 17대조에서 15대조까지, 다음으로 14대조에서 11대조까지, 마지막으로 10대조에서 7대조까지 각각 구별하여 지낸다.

순흥안씨 참판공 문중에서는 41명을 제향하는데, 13대~10대 선조 이상은 각각 묘소 앞에서 제향하고, 7대~9대 선조는 한 번에 지낸다. 남양홍씨 남양군파에서는 사당에서 33위의 위패를 모시고 지내는데, 배위配位를 합치면 젯상에 잔대를 다 진설하지 못할 정도이다. 따라서 6번으로 나누어 제향한다. 남사면 북정마을의 능성구씨 판안동파는 15세, 16세, 17세와 배위, 이하 4대조까지 두 차례로 구분하여 모신다.

⑥ 묘제를 지내는 방법

용인지역에서 묘제를 지내는 방법은 《사례편람》에서 제시한 것처럼 기제사와 크게 다르지 않다. 기제사에서는 가가례의 절차를 따라 약간 변모된 양상을 띠고 있으나, 묘제에서는 참사자의 범위가 다르므로 각기 문중에서 합의된 방법을 따라 행한다.

예전에는 대부분의 문중에서 한 대代의 묘사가 끝나면 모두 철상을 하고 다시 진설을 한 후 같은 방식으로 진행하였다. 모현면 해주오씨 추탄공파, 영일정씨 포은공파, 청송심씨 충장공파에서는 지금까지도 이 예법을 준수하고 있다. 다른 문중에서는 일부 제수만 철상하고 다시 진설한다. 다시 진설하는 제수는 포·삼적·메·갱·면·편 등인데, 삼적과 편을 그대로 두고 포·메·갱만 다시 진설하는 사례가 많다.

진천송씨 전서공파는 재실에서 합사할 때는 잔과 메가 함께 늘어나고, 포는 모시는 신주의 수만큼 올린다. 양천허씨 찬성공파에서는 세 차례 구분해서 시제를 지내는데, 지방과 술·포·적·메·면·갱만 바꿔서 지낸다. 남양홍씨 남양군파는 많은 분의 신위를 모시는 까닭에 제수는 한번 차려놓고 잔대만 교체하여 지낸다. 수원백씨 참봉공파는 41명의 선조를 함께 봉향하기 때문에 상석 위에 전후 2열로 36개의 잔대를 배열하고, 중앙에 5위 앞에만 3열로 배열하고 헌작만 한다. 능성구씨 판안동파는 삼적과 조기, 편, 포만 교체하여 진설하고, 나머지 제수는 그대로 사용한다. 이동면 묘봉리 초계정씨 박사공파에서는 처음 진설할 때 일반 가정에서 사용하는 탁상에다 진설해 놓고, 그 상을 그대로 상석 위에 올려놓고 지낸다. 4대의 묘사를 이렇게 지낸다. 연안이씨 첨사공파는 재실 중앙 벽면에는 벽감이 있으며, 여기에 2단으로 위패를 봉안하고 있다. 윗단에 8분의 위패를 아랫단에 17분의 위패 배열하였다. 위패를 봉안하고 제향을 올릴 때는 약간 앞쪽으로 당겨서 배열하며, 나머지 다른 위패는 돌려놓는다. 시제는 합사 형식으로 올리며, 두 차례 지낸다. 함종어씨 양숙공파는 입향조의 묘사를 올리고, 이어서 다음 세대의 위패를 모시고 똑같은 절차로 올린다. 다음으로 3위의 위패를 모시고, 헌관도 종손 세 명이 각각 분향한 다음에 헌작한다. 아헌, 종헌, 첨작도 세 명이 나와 각각 헌작하는데, 6위를 모실 때는 참사자 전원이 헌관이 될 수밖에 없다. 이는 묘제를 재실에서 합사하는 과정에서 비롯한 과도기 양상이라 생각된다.

2) 제수와 진설

① 제수 진설법

《사례편람》에서는 묘제에서의 진설에 대해 다음과 같이 기록하고 있다.

> 제상 남쪽 끝에(넷째 줄) 과일 접시를 진설하고, 그 다음 줄(셋째 줄)에는 채소와 포와 식혜를 차리고, 북쪽 끝에 잔대와 초접시를 놓되, 잔은 서쪽, 접시는 동쪽이다. 시저는 첫 줄의 중앙에 놓는다. 다른 상 위에 현주玄酒와 술병을 두되, 현주는 서쪽이다.[23]

다른 예서에서도 제상 남쪽 끝에 과일을 진설하는 것은 일치한다. 다만 과일을 진설하는 순서를 두고 이견이 분분하다. 이 때문에 제수의 진설법을 크게 홍동백서와 조율이시(또는 조율시이)로 구분한다.

용인지역에서는 홍동백서의 사례가 16건, 조율이시 9건, 조율시이 7건이 조사되었다. 김시백에 의하면, 노론은 홍동백서를, 남인은 조율이시를 사용한다는 당파별 구분이 있었다.[24]고 한다.

용인지역에서 제수의 진설은 일반적으로 5열로 구성된다. 제1열은 술잔·메·갱, 2열은 적·전煎, 제3열은 탕, 제4열은 포·나물, 제5열은 과실을 놓는 줄이다. 시접은 한 분만 모실 때는 앞에서 보아 왼쪽에 올리며, 두 분을 함께 모실 때는 중간에 올린다. 그리고 진설의 일반적 원칙인 반서갱동飯西羹東, 고서비동魚東肉西, 두동미서頭東尾西, 적전중앙炙煎中央, 좌포우혜左脯右醯, 좌면우병左麵右餠, 생동숙서生東熟西, 우반좌갱右飯左羹, 건좌습우乾左濕右의 원칙은 그대

23 《사례편람》, 권8, 제 19b~20a.

24 김시덕, 〈용인지역의 제사〉, 《인문사회논총》5집, 용인대 인문사회과학연구소, 46쪽.

로 준수하고 있다.[25]

② 제수

용인지역에서는 기제사를 지낼 때는 메와 갱은 당연히 진설하나, 묘제에서는 메와 갱을 진설하지 않는 경우도 있다. 메와 갱을 놓지 않는 문중의 묘제에서는 놋젓가락만 놋 양푼에 제향 인물 수대로 준비한다. 여양진씨 매호공파, 수원백씨 참봉공파, 진주소씨 남강공파의 묘제가 그렇다.

수원백씨 참봉공파는 조율시이의 진설법을 따르나 메와 갱, 나물을 진설하지 않는다. 순흥안씨 참판공파는 홍동백서의 진설법을 따르나 메와 갱, 갱물, 나물을 진설하지 않고 면(국수)만 진설한다. 여양진씨 매호공파는 메와 갱을 놓지 않으며, 북어포의 머리와 꼬리를 자르지 않는다. 그리고 식혜 건더기만 건져서 놓는 것이 아니라 식혜 물까지 놓는다. 진주소씨 남강공파에서는 계적·면·메·갱을 진설하지 않는다. 의령남씨 찬성공파는 목 부위를 잘라낸 계적을 사용하는데 한지를 오려 한쪽 끝을 문어발처럼 잘라 붙인다. 편과 면은 올리지 않는다. 북어포 대신 육포를 사용하며, 밤을 삶아서 고임새로 진설한다.

일반적 묘제에서의 제수는 삼적을 비롯하여 익힌 것을 사용하고 있다. 제수를 날 것으로 사용하는 것은 가례의 범위를 넘어서는 향사와 석전, 국가의례 등이다. 그러나 조선 후기에 들어오면서 가례에서도 날 것을 준비하는 경우가 있다.[26] 용인지역에서는 영일정씨 포은공파의 묘제에서만 날 것을 사용한다. 청송심씨 충장공파에서는 숭어적을 생채로 사용하고, 면을 올리지 않는다. 북어포와 식혜[27]를 4열에 진설하고, 삼탕을 한 그릇에, 나물류

25 용인지역 제례에서의 방향은 거의 모두 신주를 중심으로 동쪽을 좌로, 서쪽을 우로 인식하고 있다.

26 김시덕, 〈의례〉, 《용인시사》 권4, 용인시, 2006, 496쪽.

27 통상 제사에 올리는 '식혜'를 '식해(食醢)'와 혼동하는데, 용인지역에서는 젓갈류의 식해가 아니고,

를 무나물만 진설하는 것도 특징적이다.

③ 삼적을 올리는 방법

《사례편람》에서는 제수의 진설에서 적炙은 헌관이 헌작한 후에 올리는 것으로 제시하고 있다. 용인지역의 묘제에서도 이 같은 예법이 준수되고 있으나, 일부 문중에서는 각기 달리 올리고 있다. 삼적을 올리는 일반적인 관례는 초헌이 헌작할 때 육적, 아헌이 계적, 종헌이 어적을 올리는 것이다. 그런데, 죽산박씨 문헌공파에서는 초헌이 육적, 아헌이 어적, 종헌이 계적을 올린다. 해주정씨 통례공파, 경주이씨 회와공파에서는 초헌관이 삼적을 한 번에 올린다. 제수를 진설할 때 삼적을 미리 진설하는 사례도 적지 않다.

3) 의례 절차

① 산신제를 지내는 시기

용인지역에서는 묘제를 지내기 전에 산신제를 지내는 사례가 일반적이다. 앞의 표(3)에서 보듯이 이에 해당하는 사례가 20건이 된다. 특이한 사례로 모현면 능원리 영일정씨 포은공파에서는 묘사를 마친 뒤 산신제를 지낸다. 백암면 옥산리 죽산박씨 문중의 경우, 축관이 독축을 마치고 난 뒤 아헌관이 헌작할 때 별도의 제관이 묘소 우측 상단에 설비된 산신제단에 대기하고 있다가 동시에 산신제를 지낸다.

용인지역에서도 사당이나 재실에서 묘제를 지낼 경우 산신제를 지내기 위해서는 일부러 묘소에 올라가야 하므로 생략하는 사례가 많다. 표(3)에서 보듯이 11건이나 된다. 대표적인 사례로, 모현면 오산리의 해주오씨 추탄공파의 묘제는 1981년부터 재실인 유덕재에서 지내고 있다. 따라서 산신제

'감주(甘酒)'라고도 불리는 '식혜'를 사용한다. 대부분은 식혜의 건더기만 그릇에 담아 올린다.

가 생략된다. 원삼면 맹리의 양천허씨 전적공파에서는 묘사 당일 아침에 이곳에 사는 후손 3~4명이 묘소에 가서 미리 산신제를 지낸다고 한다. 헌관 1명이 세 번 헌작한다. 순흥안씨 참판공 문중에서는 산신제를 아침에 미리 지낸다. 예전에는 하루 전에 지냈다고 한다. 청송심씨 충장공파, 의령남씨 찬성공파는 예전에 묘소에서 묘제를 지낼 때는 산신제를 지냈으나, 지금은 지내지 않는다. 대신 분향례와 강신례 사이에 모사그릇에 제주를 세 번 붓는다.

② 강신례와 참신례의 절차

묘제에 있어서 강신을 먼저 하느냐 참신을 먼저 하느냐에 대한 논란은 예서에서도 결말을 짓지 못하는 부분이다.[28] 사계 김장생과 율곡 이이가 선강후참을 주장하고 있는 반면, 주자와 도암 이재는 선참후강을 주장하고 있다. 용인지역에서는 앞의 표(2)에서 보듯이 선강후참의 사례는 6건이 관찰되었다. 수원백씨 참봉공파, 청송심씨 충장공파, 전주최씨 판윤공파, 함종어씨 양숙공파, 남양홍씨 남양군파, 양천허씨 전적공파 등이다. 선참후강의 사례는 26건이 된다. 용인지역의 묘제에서는 일반적으로 참신례를 먼저 행하고, 강신례를 뒤에 행한다는 사실을 확인할 수 있다. 결국 용인지역에서는 도암 이재의 예법을 준수하고 있음을 실증한다.

③ 헌작

제사에서의 헌작은 매우 중시되는 절차이다. 여러 선조의 고비考妣 지방 앞에 잔대를 진설하고 헌관은 헌작한다. 일반적으로 초헌·아헌·종헌이 헌작하고, 이어서 첨작한다. 그런데 영일정씨 포은공파, 해주오씨 호군공파와 추탄공파, 진주소씨 남강공파는 첨작하지 않는다.[29]

---

28 김시덕, 〈의례〉, 《용인시사》 권4, 494쪽.

29 용인지역 대부분의 문중에서 첨작을 하고 있는데, 영일정씨와 해주오씨의 경우에는 예외적이다. 진

《사례편람》의 헌작방법은 다소 복잡한 셈인데, 헌관이 향탁 앞에 북향하여 서면 우집사가 주전자를 들고 우측에 서고, 헌관이 잔을 들고 신위 앞에서 동향하면 우집사자가 침주斟酒한다. 헌관이 신위 앞에 놓는다. 그리고 주인이 향탁 앞에 꿇어앉으면 좌우 집사가 다시 잔을 내려 주인을 주면 주인이 잔을 받아 모사에 삼제三祭하고, 다시 좌집사에게 주면 원래의 자리인 신위전에 놓는다. 영일정씨 포은공파를 비롯하여 대부분의 문중에서 이 같은 방법으로 헌작한다. 해주오씨 추탄공파는 이와 다른 방식으로 헌작하고 있다.[30]

여러 선조를 합사하는 경우에는 헌작이 문제가 되는데, 해당 문중에서는 이 문제를 해결하기 위하여 여러 가지 방법을 사용한다. 구체적인 사례로, 양천허씨 찬성공파와 수원백씨 참봉공파는 초헌관이 첫째 잔만 올리고, 둘째 잔부터는 주전자를 향香 위에 세 번 돌린 다음, 좌우집사가 주전자를 받아서 잔에 술을 따른다. 진주소씨 남강공파에서는 납골단에 모신 163분이나 되는 선조들의 위패를 일일이 모시고 헌작할 수 없으므로, 잔대와 잔을 특별히 주문하여 제작하였다. 잔이라기보다는 술단지라 할 수 있다. 이 단지에 선조의 신위를 모두 새겨 넣었다. 단지는 두 개인데, 하나는 선조고先祖考를, 다른 하나는 선조비先祖妣의 신위를 새긴 것이다. 결국, 위패와 술잔을 하나로 합친 것이다. 초헌관이 이 위패단지를 이용하여 헌작하는 것으로 마친다.

주소씨의 묘제에서는 술잔 대신 '위패단지'를 사용하고 있기 때문에 첨작을 할 수 없는 것이다. 영일정씨와 해주오씨의 예외적인 사례에 대해서는 구체적인 연유가 제시되어야 할 것이다. 이에 대해선 후일의 과제로 남긴다.

30 해주오씨의 헌작에 대해선 김시덕의 〈의례〉, 《용인시사》 권4, 484~490쪽에 상세하게 설명해 놓았다.

④ 계반·삽시·정저·전저

계반啓飯은 일반적으로 초헌 때 행하며, 삽시揷匙는 유식 때 한다. 용인지역에서는 계반은 초헌 때 행하고 있으며, 삽시의 시기는 다음 표에서 보듯이 각기 다르다.[31]

시기	건수	해당문중
초헌	7	양천허씨 전적공파, 해주오씨 호군공파, 영일정씨 포은공파, 해주오씨 추탄공파, 능성구씨 판안동파, 양천허씨 초당공파, 고령박씨 참의공파
아헌	1	사천목씨 첨정공파
종헌	12	용인이씨 유후공파, 현풍곽씨 문헌공파, 순흥안씨 참판공파, 안동권씨 안숙공파, 진청송씨 전서공파, 의령남씨 찬성공파, 청주이씨 상당군파, 한양조씨 현령공파, 나주정씨 동원공파, 연안이씨 첨사공파, 전주최씨 판윤공파, 용인이씨 청백리공
유식	5	해주정씨 통례공파, 죽산박씨 문헌공파, 양천허씨 찬성공파, 경주이씨 회와공파, 평산신씨 사간공파

위의 표에서 보듯이 용인지역에서는 삽시의 절차가 종헌이나 유식 때 행하는 것이 일반적임을 확인할 수 있다. 이는 《사례편람》의 예법과도 일치한다. 해주오씨 추탄공파에서는 계반개정시저啓飯蓋正匙著라 하여 초헌 때 밥과 국의 뚜껑을 열고 시접에 놓인 수저를 가지런히 하여 시접에 걸쳐놓는다. 이 때문에 유식 절차가 생략되기도 한다. 사천목씨 첨정공파는 아헌 뒤에 계반삽시하는 특별한 사례이다.

용인지역에서는 헌적 때 마다 정저正著하는데, 계반 정저啓飯 正著, 삽시 정저揷匙正著라는 용어가 보편적으로 쓰인다.

전저奠著는 헌작을 할 때 집사자가 젓가락을 시접에 세 번 굴리는 절차이다. 용인지역에서는 "젓가락을 공구른다."고 한다. 용인지역의 제사에서

31 수원백씨 참봉공파·청송심씨 충장공파·함종어씨 양숙공파·여양진씨 매호공파·남양홍씨 남양군파·초계정씨 박사공파·진주소씨 남강공파에서는 메와 갱을 진설하지 않기 때문에 계반삽시의 절차가 생략된다.

흔히 볼 수 있는 절차인데, 김시덕에 의하면 기호지역에서 흔히 발견되는 절차로서 노론의 특징이라고도 한다.[32]

4) 관행慣行

제사의 관행은 어떤 특정한 규정이라기보다는 제사에 임하는 의식이라 할 수 있다. 예를 들면 제사에서 하면 안 되는 일, 해야 하는 일 등에 대한 관습이라고 할 수 있다. 용인지역의 묘제에서 나타난 관행을 정리해 보인다.

○ 헌관이 헌작할 때마다 집사는 젓가락을 세 번 구르며 정저한다.
○ 종헌까지 재배가 끝나면 국을 숙냉으로 바꾸고 메를 세 번 덜어 숙냉 그릇에 말아놓는다.
○ 분향후 재배하거나 강신례 때 재배한다.
○ 탕을 준비할 때는 반드시 탕 위에 다시마를 덮는다.
○ 탕, 적, 전, 과일 등 제수는 홀수로 마련한다.
○ 나물류에 마늘이나 고춧가루를 넣지 않는다.

이 같은 관행 역시 기호학파의 관행으로 도암 이재의 《사례편람》에 의거한 것임을 알 수 있다.

32 김시덕, 〈가가례로 보는 경기지역 제사의 특성〉, 《민속문화의 지역적 특성을 묻는다》, 실천민속학회편, 집문당, 112~114쪽.

4. 맺음말

묘제는 그 범위가 다른 어떤 제사보다도 넓다. 기제사가 4대 이내의 친족을 대상으로 제사하는 것임에 비해, 묘제는 모든 조상을 대상으로 한다. 묘제는 5대조 이상 지내는 제사이기 때문에 기제사보다 참사자의 범위가 넓다. 따라서 문중의 큰 행사로 이뤄진다. 조선시대에는 묘제가 가문의 성세를 과시하는 의례로 인식되기도 하였다.[33] 오늘날에도 문중의식이 강한 지역에서는 묘제의 역할이 여전히 중시되고 있다.

일반적으로 문중의 결속력이 낮은 도시지역에서는 묘제의 중요성이 약화되고 있는 실정인데, 용인지역은 수도권의 타시군에 비해 여전히 중시되고 있다. 여러 가지 동인이 있겠지만, 내적 요인은 예로부터 예법을 중시한 선조들의 영향에서 비롯한다. 외적 요인은 묘역 주변의 지가 상승으로 인한 경제적 여유도 그 하나이다.

용인지역 묘제의 양상은 크게 양분된다. 해주오씨 추탄공파, 영일정씨 포은공파, 여양진씨 매호공파와 같이 선조가 명망이 높은 인물인 경우에는 가문의 성세를 그대로 지속해 오고 있으며, 후손들의 자긍심과 결속력으로 묘제의 역할이 중시된다. 구체적인 사례로 영일정씨 포은공파는 문중인들의 자긍심과 결속력이 더욱 증가하여 시제에 200여 명이 참사하고 있다. 여양진씨 매호공파의 문중에는 청년회가 조직되어 묘제를 준비한다. 고려말의 문장가 매호공 진화陳澕에 대한 자긍심에서 비롯한 것이다. 묘제의 참사자가 노년층에 편중되어 있고, 청년층의 참여가 현저하게 저조한 것이 일반적인 경향인데, 이와는 대조적인 편이다. 반면, 선조의 지위가 낮거나 동족촌의 해체로 결속력이 저하된 문중에서는 묘제의 전통이 점차 변화되거나

33 이욱 · 김호덕, 〈경기북부의 제례〉, 《경기민속지》, 481~482쪽.

단절되는 경향이다. 초계정씨 박사공파가 그 대표적인 사례이다. 도시개발로 인해 선조의 묘역을 상실하고 납골묘로 대체한 문중에서는 의례절차가 크게 변모되고 있다. 진주소씨 남강공파의 묘제가 대표적인 사례이다.

용인지역의 묘제는 용인지역의 세거성씨와 유림의 학맥 등과 밀접한 관련을 갖는다. 특히 용인지역은 포은 정몽주·정암 조광조·도암 이재의 학문적 맥락을 이어오면서 사림의 귀추를 받던 곳이다. 포은을 제향하고 있는 충렬서원은 기호학파 중에서도 노론계의 정통성을 이어가는 수선지지首善之地였다. 기호학파의 종조로 손꼽히는 도암 이재의 학문적 성향은 용인지역 유림에게 큰 영향을 미쳤다. 용인지역은 한 때 남인계와 서인계가 공존하였으나, 서인계가 노소론으로 분화되자 노론계에 속한 도암 이재의 영향하에 점차 노론계가 주도하는 양상으로 변화하였다.

이 같은 문화적 환경으로 보아 용인지역의 묘제가 《사례편람》의 제례를 따르고 있음이 당연하다. 용인지역의 묘제에서 나타나는 몇 가지 특징적인 사례는 기호학파의 노론계에서 일관되는 예법인 것이다. 가령, 참신과 강신례의 선후 문제는 예서에서도 의견이 분분한데, 용인지역에서는 도암의 예법을 따라 선참후강의 절차로 행한다. 강신의 절차에서도 《사례편람》에서는 분향과 강신 후에 재배를 하는 것으로 되어 있는데 타시군의 문중에서는 다소 차이를 보이고 있다. 그런데 용인지역에서는 거의 모든 문중에서 분향후 재배한다. 그리고 헌관이 헌작할 때마다 집사자는 젓가락을 세 번 공구른다. 이 역시 기호지역에서 흔히 발견되는 절차로서 노론의 특징이다.

용인지역의 묘제에서 특히 주목되는 사례는 영일정씨 포은공파, 해주오씨 추탄공파, 수원백씨 참봉공파, 진주소씨 남강공파의 묘제이다. 영일정씨 포은공파는 포은 정몽주의 위상에 걸맞게 제수, 복식에서부터 의례절차 등이 다른 문중과 구별된다. 그리고 사시제와 묘제를 정통적인 예법에 따라 지금까지 행하고 있다. 해주오씨 추탄공파는 묘역에서 행하지 않고 유덕재

維德齋에서 합사合祀하되 정통적인 예법을 준수하고 있다. 수원백씨 참봉공파는 묘역에서 합사하되 정통적인 예법에서 다소 벗어나 있다. 묘사墓祀에서 위패를 봉안하는 절차는 특이한 사례이다. 진주소씨 남강공파는 납골단을 조성하여 합사하는 형태로, 오늘날의 묘제 실태를 그대로 보여주고 있다.

《용인향토문화연구》9집, 용인향토문화연구회, 2008

용인 할미성대동굿의 향토사적 위상

04

1. 머리말

"용인서 세금지원 받아 굿판"

2006년도 6월, 교회언론회 비판논평에 실린 글의 제목이다. 교회언론회는 "용인문화원은 작년에도 광복절 행사로 '할미성대동굿'을 하는 등 미신문화 보급에 적극적인 모습을 보이고 있어, 양식 있는 지역주민들로부터 문화원에 대한 불신감과 무용론을 배태胚胎시키고 있다"고 비판했다. 이 행사에 재정을 지원하는 용인시에 대해서도 비판했다. 그들의 주장은 "전통문화 계승이라는 미명하에 전근대적인 미신행위를 벌이고 있는 단체에 시민들이 낸 세금을 후원하는 지방자치단체의 원칙 없는 행위는 세수를 낭비하는 것"이며 "지역 주민 모두를 미신적 행위에 동참시키는 것이기에, 당연히 주민들의 불만을 사기에 충분하다"는 것이다.[1]

한편, 용인의 지역신문을 비롯하여 인터넷상의 여러 글에서는 "매년 8월 15일이면 실시되는 할미성대동굿예술제는 각종 부대행사와 판굿을 비롯한 12거리 대동굿의 진수를 볼 수 있는 용인의 유일한 민간신앙의 공연장이라 할 수 있다." "용인의 대표적 토속신앙인 할미성대동굿을 재현하여 무속문화를 계승발전시키며, 나아가 무형문화재로 지정되어야 할 민속공연행사이다."고 하였다.[2]

이처럼 상반된 여론 속에서 '할미성대동굿'은 용인지역에서 17년간 추진되어온 행사이다. 2006년도 교회언론회의 비판을 계기로 용인시의 문화행정 당국은 자성론을 제기한 바 있다. 실제 이 행사를 주관해온 용인문화원도 주관이 아닌 후원자의 위치에 있는 실정이다. 17년간 '할미성대동굿'을 추진해온 '할미성대동굿보존회(회장 유성관)'도 문제가 없지 않다. 그동안

1 이 내용은 류재광 기자(jgryoo@chtoday.co)가 작성한 글을 참고한 것이다.

2 이 내용은 용인시민신문, 용인신문 등 지역신문과 인터넷상의 글을 참고한 것이다.

의 행사 내용은 매년 다양화되고 있다. 물론 작도거리 등 이 굿의 핵심적 요소는 견지되고 있다. 행사명칭도 '할미성대동굿' '할미성대동굿예술제' '할미성대동예술제' 등으로 변모하였다. '할미성'이란 명칭을 제외하면 '굿-굿예술제-예술제'로 변모한 것이다. 주최자도 여론에 밀려 전통성을 상실하고 있는 듯하다. 물론, 이 같은 문제는 신앙적 요소를 바탕으로 한 예술형태 전반에서 표출되는 양상이다.[3]

할미성은 용인지역의 대표적인 상징이다. 《용인할미산성조사보고서》[4]에 의하면, 이미 삼국시대에 축성되었고 이후 여러 가지 목적으로 사용되었다. 할미성과 관련된 구전자료도 용인지역에 널리 분포되어 있다.[5] 지금까지도 용인시민의 정신적 요람이라 할 수 있는 할미성에서 발상한 '할미성대동굿'이 주목받는 첫째 이유이다. 구체적인 발상 시기는 단정하기 어렵지만, 매우 오랜 기간 동안 계승되어온 마을의례임은 분명하다. 용인시의 '할미성대동굿'이 전통적 문화유산으로 인지될 수 있는 가능성도 이 같은 여건에 있다. 물론, 이러한 여건만으로 다른 무형문화재처럼 지정될 수는 없다. 유성관 회장에 의해 재현된 '할미성대동굿'이 그 같은 전통성을 함유하고 있는가? 용인지역 도당굿의 원형을 전승하고 있는가? 이 점에 있어 논증의 자료가 빈약하다.

이 글에서는 할미성대동굿의 향토사적 위상 범주 내에서 의견을 개진하기로 한다. 구체적인 방법으로, '할미성대동굿'의 공간적 배경인 할미성에 관련한 사실을 정리하고, 신앙적 요소의 배경인 용인지역 민간신앙을 정리한 다음에, 이를 바탕으로 '할미성대동굿'의 위상을 제시하고자 한다.

---

3 경기도도당굿의 홈페이지에 게시된 글을 보면, 무형문화재 제98호로 지정된 경기도도당굿에 관한 심포지엄에서도 도당굿의 신성성과 예술성을 바탕으로 논쟁이 제기된 바 있다.

4 경기도박물관의 주관으로 할미산성을 지표 조사하여 보고서를 제출한 바 있다.

5 할미성에 관련된 구전자료는 홍순석의 《내고장 옛이야기》(용인문화원, 1985)를 비롯하여 이후 간행된 용인향토사 책자에 거의 모두 소개되어 있다.

2. 할미산성의 유래와 구비전승

1) 할미산성의 유래

할미산성은 용인시 기흥구 구성동과 처인구 포곡읍의 경계에 위치한 할미산(해발 349m)의 정상과 그 남쪽 능선 일부를 둘러싼 테뫼식 석축산성이다.[6]

할미산은 북쪽의 남한산성이 위치한 청량산에서 뻗은 산줄기가 석성산에 이르기 전 마지막 봉우리이다. 할미산과 보개산의 동쪽에는 금학천·운학천·양지천이 합류하여 경안천을 거치고 한강에 이른다. 서쪽은 석성산에서 발원한 신갈천이 오산천과 진위천을 거쳐서 서해의 남양만에 다다르고, 탄천이 북류하여 한강에 유입된다. 이렇듯 할미산과 석성산을 중심으로 세 갈래의 물줄기가 탄천·경안천·진위천으로 이어지고 있어 이곳을 통해 세 하천과 주변 평야지대를 공제할 수 있다. 또한 할미산과 보개산 사이에는 작고개栢峴[7]가 개설되어 있어 탄천과 경안천, 신갈천과 경안천을 연결하는 동서 방향의 교통을 통제하기에 유리한 위치이다. 즉 할미산성은 남쪽에서 북쪽으로 흘러가는 탄천과 경안천의 상류에 해당하며, 남쪽으로 흐르는 신갈천의 상류를 형성하고, 내륙 수로의 요충에 해당하며, 동서로 나누어져 있는 하천을 연결할 수 있는 교통의 요지이다.

할미산성에 대해서는 일제 강점기에 간행된 《조선보물고적조사자료

6 이 글에서 서술한 할미산성 관련 내용은 주로 경기도박물관에서 간행한 《용인할미산성》(2005.10)의 내용을 바탕으로 정리한 것임을 밝혀둔다. 이 글의 논지는 할미산성의 역사적 사실을 규명하는데 있지 않다. 일부 향토사가들이 기존의 학설에 대해 분분한 의견을 제시하고 있는데, 좀 더 검증된 자료를 제시하여 의견을 제시해야 할 것이다.

7 《용인의 산수이야기》의 저자 이제학(57)씨는 "작고개는 원래 잣고개로 잣나무로 만든 배가 지나갔다는 전설과 잣나무가 많았다는 고개로 한자는 '栢峴'이다. 동백지구의 백현과 같은 고개로 전대리에서 어정으로 넘던 고개다."고 말한다. 그러나 백현은 '잣고개-城峴'가 와전되어 한자표기화된 것으로 보아야 한다.

朝鮮寶物古蹟調査資料》를 비롯하여 여러 차례 조사되었다. 이후 전국에 산재한 문화재의 실태를 조사하면서 정리한 《전국유적목록全國遺蹟目錄》《문화유적총감文化遺蹟總鑑》이 있으며, 전국의 관방유적을 조사하여 정리한 《한국의 성곽과 봉수》에도 간략한 설명이 있다. 현지의 정밀 지표조사를 실시하여 잔존 상태를 보고한 《용인의 옛 성터》《처인성·노고성·보개산성 지표조사보고서》《용인의 역사와 문화유적》 등이 있다. 최근 본격적으로 조사한 성과는 경기도박물관의 《용인할미산성》이다.

기존의 조사보고서에 보고된 할미산성 관련 내용을 정리해서 표로 보이면 다음과 같다.[8]

할미산성 관련 문헌기록 내용

문헌자료	주요내용	비고
增補東國文獻備考	姑母城 備局謄錄 竝有廢城	1770년
朝鮮寶物古蹟調査資料	浦谷面 麻城里 邑三面 東柏里. 石壘 周圍約四百間 全部 崩壞되었음. 高麗時 一老媼이 一夜에 쌓았다고 이름붙여서 老姑城이라 한다.	1942년
全國遺蹟目錄	麻城面 東柏里. 石築 周圍約四百坪 할미城	1971년
文化遺蹟總鑑	고려시대 築城한 것으로 전해지고 있으며 麻姑仙女라 불리는 한 노파가 城을 축성했다는 傳說로 일명 할미城이라고도 하는데 石城으로 山勢를 따라 타원형으로 築城되었다. 延長 약 600여 m이었지만 모두 허물어졌다.	
韓國의 城郭과 烽燧	기존의 문헌내용과 현상을 정리하고 성내 수습유물을 통해 고려시대 이전의 축성일 가능성을 제시	1990년
용인의 옛 성터	할미산성에 대한 정밀 지표조사와 평판 측량을 실시하여 유적의 정확한 현상을 제시함. 수습유물을 통해 삼국시대 이래 경영된 것으로 추정	1999년
處仁城·老姑城·寶蓋山城地表調査報告書		1999년
龍仁의 歷史와 文化遺蹟	기 조사된 내용을 현상을 중심으로 재정리. 신라가 영토를 확장하는 과정에서 축성하였다고 추정	2003년
龍仁할미산성	성내 채집유물의 양상을 전제로 삼국시대에 신라에 의해 축성된 것으로 추정.	2005년

8 이 표는 경기도박물관에서 간행한 《용인할미산성》 47쪽에서 전재한 것이다.

위의 표를 보면, 할미산성은 조선시대에 이미 군사적 효용성이 감소하여 폐성되었음을 알 수 있다. 그러나 축성 시기의 주체에 대한 기록이 없어 언제 누가 축성하였는지는 알 수 없다. 다만 전설상으로 고려시대에 축성되었을 가능성이 있고, 성내 채집유물의 양상을 보면 삼국시대에 신라에 의해 축성되었을 가능성이 높다. 그리고 이 지역의 지명 가운데 '구성駒城' '마성魔城' 등은 할미산성의 축성 이후에 붙여진 것임을 알 수 있다. 특히 '마성魔城'은 《조선보물고적조사자료》《문화유적총감》에 축성 전설에 나타나는 여성과의 관련성 때문에 붙여진 것으로 판단된다.

《조선보물고적조사자료》에 "석루 둘레가 약 4백 칸이고 전부 분리되었다는 기록과 고려시대 한 노파가 하룻밤에 쌓았다고 '노고성老姑城'이라는 이름 붙여졌다"는 이야기가 전해진다. 《문화유적총감》에는 "마고선녀라 불리는 한 노파가 성을 축성했다는 전설로 일명 '할미성'이라 한다."고 기록하였다. 이 같은 설명에도 불구하고, 기존의 할미산성 관련 보고서에서는 모두 보개산성과 할미산성을 별개의 산성으로 보고 있다. 지지류地誌類의 문헌기록에는 보개산성寶盖山城의 명칭이 주로 소개되어 있으며, '노고성老姑城'이란 명칭을 쉽게 발견할 수 없기 때문이다. 《증보문헌비고增補文獻備考》에서는 할미산성을 정확하게 '고모성姑母城'이라 표기하였다. 이 같은 문헌 기록을 바탕으로 제기된 것이 보개산성과 할미산성이 별개의 산성인가? 아니면 같은 산성의 다른 이름인가? 이에 대해 김성환은 다음과 같이 견해를 밝혔다.

> 제가 생각하기로는 보개산은 석성산으로도 불렸던 것으로 보인다. 그리고 그 시기는 자료상 《세종실록지리지》를 참고할 때, 조선초기부터 그렇지 않았나 추측된다. 보개산이 석성산으로도 불렸다는 기록은 1700년대 중엽 제작된 《용인현읍지》가 처음이다. 이후 18세기 중엽의 또 다른 용인현읍지, 경기지에 포함되어 있는 《용인현읍지》, 《대동지지》, 1899년 간

행된 《용인군지》에도 보개산의 일명으로 석성산을 기록하고 있다. 특히 《대동지지》에서는 "[寶盖山古城] 俗稱 姑城"이라 하여 보개산의 또 다른 이름으로 '고성姑城' 즉 할미성을 기록하고 있다. 이를 종합하면, 보개산의 이명으로 석성산, 고산姑山 또는 고성산姑城山, 할미산 등이 있었을 것으로 추측된다. 또 석성산이 별개의 것이라면, 이에 대한 기록이 각종 지리지에서 확인되었을 법한데 보개산만을 기록하고 있다. 할미산성을 보개산성으로 고쳐야 한다는 주장에 제 나름의 견해가 있는 것은 아니지만, 보개산의 이명으로 석성산과 고성이 있었던 것은 사실인 것 같다.[9]

위의 김성환의 견해에 따르면, 석성산·고산姑山·고성산姑城山·할미산 등은 보개산의 다른 이름이다. 위의 전거典據로 제시한 문헌자료를 전재해 보인다.[10]

① 세종실록지리지(世宗實錄地理志)

【石城】 [寶盖山石城] 在縣東 高險 周回九百四十二步 內有小井 遇旱則渴

【烽火】 一處 [石城] 在縣東 東准竹山巾之山 北准廣州穿川山

② 동국여지승람(東國輿地勝覽)

【山川】 [寶盖山] 在縣東 十三里

【烽燧】 [寶盖山烽燧] 東應竹山縣巾之山 北應廣州穿川峴

9 〈용인할미성대동굿재조명심포지엄자료집〉, 강남대 인문과학연구소, 2008.10.20, 80쪽.

10 이 원전자료는 필자의 발표논문에 대해 토론자였던 김성환이 정리해서 발표한 것이다. 이 원전자료를 전거하면 보개산성과 할미산성의 논란은 일단락될 것으로 본다.

③ 동국여지지(東國輿地誌)

【山川】 [寶盖山] 在縣東 十三里

【烽燧】 [寶盖山烽燧] 東應竹山縣乾至山 北應廣州穿川峴

④ 용인현읍지(龍仁縣邑誌: 18세기 중엽)

【山川】 [寶盖山] 一名石城山 在縣東 三十里

[寶盖山城] 石築 周二千五百二十九尺 今皆頹圮

【烽燧】 [寶盖山烽燧] 東應竹山府巾之山 北應廣州府穿嶺峴

⑤ 여지도서(輿地圖書)

【山川】 [寶盖山] 在縣東 十三里 負兒山 來脉

【烽燧】 [寶盖山烽燧] 東應竹山府巾之山 北應廣州府穿川峴

[寶盖山城] 石築 周二千五百二十九尺 今皆頹圮

⑥ 용인현읍지(龍仁縣邑誌: 1842~1843, 京畿誌 권 4)

【山川】 [寶盖山] 一名石城山 在縣東 十三里

[寶盖山城] 石築 周二千五百二十九尺 今皆頹圮

【烽燧】 [寶盖山烽燧] 東應竹山府巾之山 北應廣州府穿嶺峴

⑦ 대동지지(大東地志)

【山水】 [寶盖山] 一云 石城山 東 十三里

【城池】 [寶盖山古城] 俗稱 姑城 地形險要 且在直路之衝 右控禿城 左連 南漢城 周二千五百二十九尺

【烽燧】 [石城山] 古城內

⑧ **용인현읍지(龍仁縣邑誌: 1871, 高宗 8)**

【山川】 [寶盖山] 在縣東 十里

【烽燧】 [寶盖山烽燧] 在東邊面 距官門 十五里 東應竹山府巾之山 北應 廣州府穿嶺山

⑨ **용인군지도읍지(龍仁郡地圖邑誌: 1899, 光武 3)**

【山川】 [寶盖山] 在郡東 十里

【烽燧】 [寶盖山烽燧] 在東邊面 距官門 十五里 自乙未年 廢棄

⑩ **용인군지(龍仁郡誌: 1899, 光武 3)**

【山川名勝】 [寶盖山] 在縣東 十里 負兒山 來脉 一名 石城山

이제까지 보고된 자료에는 보개산을 석성산과 연계해 기술하였을 뿐인데, 《대동지지》의 기록대로 보개산성은 '고성姑城' 또는 '고성古城'으로 불려진 것이다. 할미산성을 정확하게 '고모성姑母城'이라 표기한 《증보문헌비고增補文獻備考》의 기록과 함께 구체적인 단서가 된다. 이제 보개산·석성산·할미산을 별개의 산으로 구별해서 보는 시각은 수정되어야 한다.[11]

11 보개산과 할미산의 관련사실을 이렇게 단정해도 향후 논의여지가 있다. 《대동지지》의 기록에 보개산성의 속칭이 할미성(姑城)이라고 하였는데, 할미성이라는 속칭이 언제부터 구전되었을까하는 문제이다. 보개산의 명칭이 고려시대에 불려졌다면, 할미산은 그 이전부터 불려졌을 개연성이 짙다. 물론, 《대동지지》 간행시기인 조선시대부터 불려졌을 수도 있다.

2) 할미산성의 구비전승

고문헌에 '노고성老姑城' '고모성姑母城'으로 기록된 명칭은 할미산성의 구비전승 자료가 기록되면서 각기 명명된 것이다. 용인지역에는 할미산성과 관련된 많은 이야기가 전한다. 우선, 《증보문헌비고》가 1770년(영조 46)에 홍봉한洪鳳漢 등에 의해 간행된 자료라는 사실을 전제하면 할미산성 이야기는 적어도 그 이전에도 구비전승된 이야기임을 알 수 있다. 물론, 할미산성이 6세기 이전에 축성된 성인만큼 삼국시대, 고려시대부터 이야기가 발생 전승되었을 가능성도 없지 않다. 실제 구전자료에는 고려 때 몽고침입과 관련되어 전하는 이야기가 채록된다. 대표적인 몇 가지 자료만 예시한다.

① 용인 석성산에는 할미산성이 있었고 할미산성은 전하는 설에 의하면 마고할아버지와 할머니가 성을 반씩 맡아서 누가 먼저 쌓는가를 내기했는데 할아버지는 돌을 잘 다듬어서 제대로 성을 쌓고 있었고 할미는 치맛자락에 잔돌을 주워 담아서 성을 쌓았다고 한다. 결국 할아버지는 할머니의 모습을 보고 웃음을 참지 못해 성을 쌓는 것을 제대로 하지 못해 내기에서 졌다고 한다.

② 마고선인이라고 하는 할머니가 이 성을 옮기려고 했다는 이야기가 있다. 마고선인(일명 마귀할멈)이 성산 북쪽에 쌓다 난리가 날 거라고 중얼거렸는데 당시 관리들이나 마을 사람들이 비웃었으니 이 말을 안 들었던 것을 후회할 날이 왔던 것이다. 이 성을 쌓은 것은 고려 초기였다고 하는데 당시 고려 태조는 처음에 개경에 나성을 쌓으려고 하였으나 후삼국의 갈등 틈에서 시달려 도탄에 빠진 민생을 생각하여 축성을 서두르지 않았던 것인데 현종 때에 와서 갑자기 거란족의 침입을 받았다. 이에 고려는 축성의 필요성을 절실히 느껴 개경에 16년간이나 걸려 나성을 쌓았고 북

쪽에는 압록강 어귀에서 동족 정평에 이르는 곳에 유소를 명하여 천리장성을 축성했다. 이 사업은 현종 때 계획하여 덕종 2년에 착수하고 정종 10년에 이르기까지 12년의 세월이 걸려서 완성되었다. 그 외에 지방에도 축성을 명하였으니 마고선인의 예언이 맞았다는 것이다.[12]

③ 성산샘은 서울에 사는 큰 벼슬아치가 돌아가신 부친을 모실 명당을 찾아 지관을 데리고 남쪽지방을 다 둘러 봐도 마땅한 곳을 찾지 못하고 돌아오는 길에 용인을 지나다가 성산이 마음에 끌려 올라가 이곳저곳을 둘러보던 중에 동부 8부쯤 높은 곳에서 명당을 찾았다. 날을 잡아 이곳으로 부친의 묘를 이장하기로 하고 상여가 길도 없는 현장에 도착, 인부들이 땅을 파니 땅 속에서 큰 물이 솟구쳐 가만두면 산 아래 마을에 홍수가 날 것 같았다. 벼슬아치는 크게 놀라 지관에게 연유를 물었더니 "이 산이 호랑이 형상이고, 이 터가 호랑이의 눈으로 눈물샘을 건드려 물이 나오는 것으로 이 일을 막으려면 저기 큰 바위를 옮겨 물구멍을 막아야 한다."하여 천신만고 끝에 큰 바위로 물을 막으니 물이 잡히고 바위틈에서 조금씩 샘물이 솟아 지금의 약수터가 됐다고 한다.[13]

④ 옛날 지장실 마을에 마귀할멈처럼 외모가 무서운 노파와 오누이가 함께 살았다. 노파는 오빠를 극진히 아끼는 반면, 여동생을 매우 학대하였다. 노파는 여동생에게 오빠를 훌륭한 인물로 만들기 위해서는 남몰래 자신의 집 뒤로 10리에 걸쳐 성을 쌓아야한다고 말했다. 여동생은 오빠를 위해서 매일 밤새워 앞치마에 돌을 담아다가 성을 쌓았다. 하루는 오빠가 잠자리에 있던 여동생이 밤에 몰래 빠져나가 어디론가 가는 것을 보

12 용인시민신문사 주최 〈용인시계탐사단보고〉인터넷자료에서 전재한 것임.

13 용인시민신문사 주최 〈용인시계탐사단보고〉인터넷자료에서 전재한 것임.

고 뒤를 밟았다. 여동생은 밤에 몰래 돌을 날라다가 성을 쌓고 있었던 것이다. 여동생은 오빠를 보자 놀라서 앞치마에 담았던 돌을 내려놓았다. '괸돌'이라는 지명은 여기서 생긴 것이다. 자초지종을 듣고 오빠는 더욱 열심히 공부하여 과거에 급제하였다. 급제해서 서둘러 집에 돌아와 보니 성은 거의 다 이루어졌는데, 노파는 간데없고 여동생은 기진해 죽어 있었다. 오빠는 울부짖으며 통곡하다가 고향집을 떠나 사라졌다. 이런 일이 있은 뒤로 마을 사람들은 여동생이 쌓은 성을 마귀할멈이 시켜 쌓았다고 해서 '마고성魔姑城'이라 불렀다. 그리고 무서워서 감히 가까이 가기를 꺼려했다고 한다.[14]

⑤ 옛날에 마귀 같은 능력을 갖은 마고 할머니, 마고 할아버지, 아들과 딸 네 식구가 살았는데 아홉 해 가뭄이 들어 네 식구는 물론 온 고을 사람이 아사지경에 이르렀다고 한다. 의논 끝에 문복을 하러가니 문복이 하는 말이 "사람을 제물로 바쳐야 가뭄이 해소된다 하였다." 하니, 두양애부처의 논공론 끝에 할 수 없이 아들과 딸을 힘겨루기 내기를 하여 지는 자 제물이 되기를 약속을 하고 하룻밤 만에 아들은 남쪽성인 마성을 쌓기로 하고 딸은 나막신을 신고 한양에 다녀오기로 약속을 한다. 마고 할아버지는 잣고개에 서서 아들이 성 쌓는 곳을 바라보고 딸이 돌아오는 한양을 바라보며 흙을 한줌씩 쥐었다 놓은 것이 석성산이 아흔 아홉 봉우리가 되었다고 한다. 이윽고 날은 밝고 아들은 미처 성을 못 쌓고 날이 새니 딸은 한양에서 돌아오고 말았다. 할 수 없이 아들이 제물이 되고 아홉 해 들던 가뭄은 천둥번개를 치며 장마가 지어 해소가 되니 그 해부터 풍년이 들기 시작하여 풍요롭게 살았다고 한다.

14 이 자료는 필자의 《내고장 옛이야기》에 수록된 〈마귀성과 괸돌〉이야기를 줄거리만 정리해서 전재한 것이다.

마을 주민이 모두가 함께 태평성대를 누리니 살기 좋은 고을이 되었다. 처음에는 마고할미에게 감사하고 추앙하던 이들이 태평하게 살다보니 점점 나태해지어 고마움도 있고 모두가 아닌 나밖에 모르고 이웃간에 불화가 잦아지고 이기적으로 살다보니 인심마저 흉흉해지니 마을 주민들이 송두리째 잘못되어 가고 있었다. 이 때 즈음하여 하루는 마고할미가 [마고선인] 비몽사몽에 꿈을 꾸는데 난리[전장]가 나는 꿈을 꾸게 되어 깜짝 놀래 깨어나 마을주민을 불러 모아 난리가나니 성을 쌓아 대비하자고 아무리 호소해도 마을주민들은 난리는 무슨 이렇게 태평한대 하고 말을 들으려 하지 않았다. 궁리 끝에 할 수 없이 할미가 앞치마에 돌을 주어다 성을 쌓는데 여기저기 돌을 모아 나르던 중 모현면 갈담리 마평동 돌무데기에 모아 논 돌을 다 못나르고 흘려 남겼다. 하룻밤 사이에 성을 쌓았는데 난리가 났으나 할머니 덕에 피해 없이 마을주민들이 무사히 난리를 피했다. 다시 할머니 덕에 마을에 평화가 들고 화합하여 태평성대를 누렸다고 한다.

후일 마고 할머니魔姑仙人, 마고 할아버지는 석성산 산신이 되고 아들은 군웅신으로 받들어지며 딸은 말명신이 되었다고 한다. 이 때부터 마을 주민들이 자식을 죽여 가며 가뭄을 해소시켜준 할머니를 수호신으로 받들어 지금은 당의 흔적조차 없이 표석만 세운 상황이고 과거에는 주저리당과 돌무지가 있었다고 한다.

영동고속도로를 만드는 과정에 당이 살아지게 되고 97년에 이 자리에서 약 50m 떨어진 도로가에 표석으로 모셔져 매년 대동굿 전날 산재가 봉행하여 이어지고 있다.[15]

15 유성관, 〈할미성설화〉(《할미성대동예술제》, 리플렛에서 전재).

3. 용인지역 마을신앙과 산신山神, 제당祭堂

할미성대동굿이 용인지역의 대표적인 굿으로 인식되면서도 그 연원은 고증할 길이 없다. 구전자료에도 언제 누가 할미산성의 신적 존재를 신앙의 대상으로 제의祭儀를 행하였는지 전하는 바가 없다. 성산城山이 용인의 진산鎭山인 만큼 이곳에서 행해졌던 제의가 용인지역의 마을신앙을 대표하였음은 의심할 여지가 없다. 막연하게 고려 때부터 있었을 것이라는 추측과 3백년 전에 있었던 것 같다는 식의 부언은 의미가 없다. 좀 더 구체적인 논의를 위해 일반론적인 가설을 제기한다.[16]

이규경李奎景의 《오주연문장전산고五州衍文長箋散稿》에 의하면

> 옛날 우리나라에는 호랑이나 범에 의한 피해가 많아 밤에는 집 밖으로 출입을 하기 어려웠다. 백성들이 돈을 모아 제물을 마련하여 동리의 진산鎭山에 있는 신당神堂에서 제祭를 올렸는데 무격들이 분으로 단장하고 북을 두드렸는데 이를 도당제都堂祭라 한다.[17]

라는 기록이 있다. 위의 기록에 의하면 마을의 큰 산이나 주산主山에 있는 신당神堂에서 그 산의 산신山神에게 마을의 호환虎患을 피하기를 기원하며 올리는 제祭나 굿을 의미하는데 이를 '도당제' 혹은 '도당굿'이라는 것이다. 지금의 도당굿은 매년 혹은 몇 년에 한 번씩 온 마을 주민이 대동으로 합심하여 돈을 거두어 무격巫覡으로 하여금 도당에 모시는 신에게 마을의 안

16 여기서의 논단으로 할미성대동굿의 연원을 실증하는 것은 무리이다. 단지 추후 검토할 논지를 제기하는데 목적을 두고 발표자의 견해를 정리해 보이는 것이다.

17 "我東鄕俗多虎豹之患, 夜不能出, 小醵錢備牲醴, 祭山君於本里鎭山, 巫覡粉若鼓之以妥之, 名曰都堂祭" (李奎景, 《五州衍文長箋散稿》)

녕을 비는 대동굿의 성격을 띠고 있다.

용인 할미성대동굿의 근원도 할미산성과 인접한 마을의 도당제에서 비롯했으리라 추정한다. 용인지역민들은 성산에 주재하는 신적 존재를 '마고할미'라고 인식하고 있다.[18] 실제 할미성대동굿의 주재신도 '마고선인魔姑仙人'이다. 이를 근거로 연원을 살피는 작업이 큰 무리는 아닐 것이다. 우선, 용인지역민의 마을신앙 가운데 산신제를 주목한다.

산신山神은 마을 신앙의 중심에 있다. 그에 대한 신앙은 마을 내부로는 사회 규범을 확립하고 질서를 유지하게 하며 구성원의 응집력을 강화해준다. 또한 마을 바깥에 대해서는 마을을 대표하는 하나의 상징적 존재가 되며, 외부의 어떤 침해로부터 마을을 지켜주는 역할을 한다. 대체로 마을의 산신은 그가 관할하고 있는 마을 안에서만 신적인 능력을 발휘한다. 다른 사람들에게는 전혀 쓸모없고 무의미한 산신인 것이다. 이렇게 산신은 기본적으로 마을 단위로 고립되고 개별적인 위치와 기능을 지닌다.

마을 전체의 안녕과 질서를 위한 산신은 마을 전체를 조망할 수 있는 마을 뒷산이나 부근의 산 중턱쯤에 자리한다. 이곳은 항상 울창한 숲속에 적당한 어둠과 적막함이 깔려 있는 곳으로 평소에도 개소리 닭소리가 들리지 않는 인간계와는 결연된 듯이 느껴지는 거룩한 장소이다. 무단출입은 물론 근처의 나뭇가지나 돌 하나만 잘못 건드려도 신벌神罰로 알려진 동티가 난다.

용인의 마을신앙에서 산신에 대한 구체적인 관념을 추적하기는 어렵다. 물론 한국의 다른 지방에 있어서도 이 점은 마찬가지이다. 그러나 용인에서는 특히 산신을 호랑이로 관념하는 전통은 매우 우세한 편이다. 다음은 용인지역민들의 산신과 호랑이의 관계에 대한 보편적인 관점을 시사하는 사

---

18 이에 근거하여 석성(石城)을 '마성(魔城)'이라 하고, 다시 지금의 '마성(麻城)'으로 변하였다고 추정한다.

례이다.[19]

○ 제관들이 산제당에 오를 때에 호랑이불이 나타났다. (기흥읍 고매 3리)

○ 제일除日에 디딜방아를 찧다가 다친 사람을 호랑이가 꼬리로 환부를 문지르자 치유되었다. (구성면 상하 2리)

○ 호환虎患이 잦아서 산치성을 지내게 되었다. (포곡면 삼계 1리)

○ 산제를 모시지 않으면 호환이 잦았다. (기흥읍 구갈 3리)

○ 산제는 호랑이를 위한 제사이다. (이동면 송전 1리)

○ 산제를 모시면 호랑이가 불을 번뜩이며 보고 있다. (이동변 묘봉 1리)

○ 산신은 호랑이이다. 산제사를 잘 지내지 못하면 호랑이가 나타난다. (백암면 백봉리)

○ 산에는 호랑이와 산신령이 있다. (양지면 대대 2리)

위의 자료에서 보면 산신이 호랑이 그 자체라고 관념하는 마을도 있고, 호랑이는 산신의 사자使者 정도로 생각하는 마을도 있다. 산에는 호랑이와 산신령이 있다는 관념은 호랑이 자체를 산신으로 여기지 않는 발상이다. 그러나 대개의 경우 산신과 호랑이를 동격으로 보고 있다. 곧 산신은 호랑이라는 관념이다.

앞에서 소개한 성산 약수터에 관한 전설 가운데, "이 산이 호랑이 형상이고, 이 터가 호랑이의 눈으로 눈물샘을 건드려 물이 나오는 것"이라는 이야기가 있는데, 성산의 형상이 호형虎形이라면, 성산의 산신제와 할미성대동굿의 연원을 연관 짓는데 무리가 없다. 할미성대동굿의 근원이라 할 수 있는 송씨부인당 뒤에 범바위가 있다는 사실도 그 방증이 될 수 있다. 유성관

19 이 같은 조사 성과는 이필영의 〈용인시 마을신앙의 특성〉(《용인의 마을의례》, 용인시, 2000)에서 정리한 바 있다. 여기서는 그 결과를 정리한 것이다.

씨에 의하면, "범바위 송씨당이 참으로 영험하고 범바위 가슴에서 물이 나와 영험하였으나, 현재는 마성터널이 생기면서 물이 말라 나오지 않는다."고 한다.

일반적으로 산신은 막연하게 관념되기도 하지만, 축문을 통해서 보면 마을의 진산鎭山에 해당 하는 산에 산신이 좌정하고, 이 때에는 산신이 구체적인 산신 명칭을 지니게 된다. 곧 ○○산의 신, 또는 ○○산신이 되는 것이다. 수지읍 성북리의 광교산 산신령, 구성면 중5리의 석성산 산신, 백암면 근창리의 두무산 산신 등이 그 대표적인 사례이다.

한편, 기흥읍 지곡리에서는 산신을 '할머니산신'이라 하여 여성 산신을 설정했고, 운학동에서는 석가산은 할머니 산신으로, 국사봉은 할아버지 산신으로 여겨 내외신을 좌정시켰다. 양지면 송문리는 어은산 산신을 필두로 오방산신을 모신다. 이 경우 신위는 모두 여섯인 셈이다.

산신을 위하는 제당은 자연 제당과 당집 제당으로 구분된다. 자연 제당은 대체로 마을 뒷산이나 부근의 산 중턱 쯤에 고목, 바위, 샘이 어우러진 장소가 있으면 이를 산제당으로 삼는다. 특히 용인의 일부 마을에서는 산제당 부근의 계곡 물에 보洑를 설치하여 한시적으로 당정堂井으로 사용하는 것이 특징이다. 때로는 보를 설치할 수 없거나 여의치 않은 경우는 샘을 임시로 파기도 한다. 이 때에 어느 경우에 있어서도 바로 옆의 나무에 금줄을 둘러서, 그것이 신역神域의 당정임을 나타낸다. 이렇게 산 중턱 쯤에 고목, 바위, 샘이 있는 장소를 당으로 여기는데, 때로는 고목이나 바위 자체를 당으로 설정하기도 한다. 이동면 천리 구수동의 경우 산 정상 부근 아래에 있는 선바위를 산신이라 하여 산제를 모시는 것이다. 남사면 북1리의 당은 봉황산 정상의 참나무를 일컫는다. 참나무가 있는 당숲은 특별한 일이 없으면 함부로 접근하지 않는다.

이러한 자연제당에도 때로는 인공적인 신앙물이 조성되기도 하는데,

가령 돌탑을 쌓거나 제단으로 판석을 깔아 놓거나 잡석으로 축대를 쌓기도 한다. 양지면 대대리에서도 역시 산 중턱에 적당한 고목과 바위 있는 곳을 산제터로 삼았다. 여기에 돌탑 2개를 조성하였다.

이동면 덕성리 마을에서는 당집으로서 산제당이 있음에도 불구하고, 당집 옆의 판석으로 된 제단에서 산제를 모신다. 이는 자연 제당이 당집 제당보다는 산신을 모시는데 있어서 더욱 시간적으로 앞서고 원초적 의미에서도 적합하다는 사실을 시사한다. 이러한 사례는 원래 야외의 제단에서 산제를 모시다가 어느 일정 시기에 당집 제당을 건립한 경우이다. 이러한 경우 흔히 산신을 당집 안으로 모셔오나, 경우에 따라서는 당집 안에는 특정 인격신(또는 인물신)을 봉안하고 야외의 자연 제당에는 산신을 모시는 때가 있다. 아무튼 자연 제당과는 달리 한·두 칸 정도의 조그만 건물을 지어 당집 제당을 모시기도 한다.

용인지역에서는 자연 제당 이상으로 당집 제당도 많다. 수지읍 성북리의 산제당은 그 대표적인 예이다. 이 마을은 당집 제당이 두 개가 있다. 하나는 제당祭堂이고, 다른 하나는 제물 보관소이다. 양지면의 양지리, 추계리, 남곡리 마을의 산제당도 용인 지역의 가장 전형적인 산제당들이다.

용인지역의 마을신앙은 대부분 유교식 제례 형태를 갖춰 실행한다. 예전에는 무속인에 의해서 행해졌던 것이 규모가 축소되면서 마을의 이장이나 노인회장이 주관하는 의례로 변모한 것이다. 근래에까지 무속인이 주재하였던 마을신앙은 많지 않다. 필자가 조사한 바에 의하면,[20] '민제궁서낭굿' '보라동양달말서낭굿' '유방동원주대동굿' '버드실서낭굿' '지장실 서낭제' 등이 있다.

20 필자는 2004년부터 매년 용인시 모현면·포곡면·원삼면·백암면·이동면·남사면지역의 민간신앙을 조사하여 정리해 오고 있다.

① 민제궁 서낭굿

기흥구 하갈동 민제궁 서낭당에서 마을의 안녕과 풍요를 기원하던 민제궁 서낭굿은 민제궁 마을의 서낭신과 마을 입구의 장승을 신앙 대상으로 모시고 음력 10월 초순에 행해졌던 굿의 일종으로 오랜 전통을 지니고 지속되어 오다가 60여 년 전에 중단되었다. 주민들의 증언에 의하면, 민제궁 주민들과 수원동 아랫말 주민들이 모여서 음력 10월에 길일을 택하여 마을의 안녕과 풍요를 기원하기 위해 수원 화랭이를 불러다 굿을 했다고 한다. 장승을 대상으로 수살守煞굿을 했다는 점으로 미루어 장승을 수살목으로 하여 서낭굿을 한 것으로 보인다.

민제궁 서낭굿의 형태는 정확하게 고증된 바는 없지만, 하주성에 의하면 수원 화랭이들이 주관하여 거행했다는 점에서 전형적인 경기도 도당굿의 형태로 이뤄졌을 가능성이 짙다. 경기도 도당굿의 기능보유자 오수복에 의하면, 민제궁 서낭굿을 주관하던 무속인은 이용우였다고 한다.

민제궁 서낭굿에서 산신제 때는 제수로 비린 음식을 전혀 사용하지 않으며 기름에 볶거나 지진 음식을 놓지 않는다. 촛불도 기름이라 하여 놓지 않는다.

서낭굿은 본래 지금의 흥국생명연수원 입구에 있던 느티나무 당목堂木에서 이뤄졌는데, 지금은 당목이 고사枯死한 상태이다. 10년마다 행하던 도당굿에서는 동서남북에 세운 장승마다 장승제를 지내고, 길놀이도 행해졌다.

현재 용인의 무속인 유성관이 주민들의 고증을 바탕으로 복원하고자 노력을 기울여 오고 있다. 유성관에 의해 재현된 민제궁 서낭굿은 '소산산신제'라 하여 산제사를 먼저 행하고, 서낭당에서 서낭굿을, 마을 입구의 장승을 대상으로 장승제를 올린다.

1998년도에 유성관이 행한 굿에서는 마을입구 마당에 천막을 쳐서 굿청을 마련하고, 제수로 통소를 잡아 육각을 내어 진설한다. 예전에는 형편에 따라 통돼지를 올리기도 했다고 한다. 제석거리에서 집집마다 꽃반 축원을 올리고, 대감놀이, 무감놀이가 연출되기도 한다. 굿의 12거리 중 가망거리나 작두거리가 행해지는 것이 특색이다. 지금도 '조막손 무당'이 사용하던 마을회관에 작두가 보관되어 있다.

② 보라동 양달말 서낭굿

보라동 양달말 서낭굿은 기흥구 보라동 양달말 서낭당에서 마을의 안녕과 풍요를 기원하던 굿이다. 서낭신을 신앙 대상으로 모시고 행해졌던 굿의 일종으로 오랜 전통을 지니고 지속되어 오다가 30여 년 전에 중단되었다. 주민들의 증언에 의하면, 1970년대 초만 해도 음력 정월 초에 날을 잡아서 당나무 아래에서 굿판을 벌렸다고 한다.

보라동 서낭굿은 본래 마을에서 청배해온 화랭이나 경기도굿을 하는 무속인에 의해서 거행되었다. 하주성에 의하면 수원 화랭이들이 주관하여 거행했다는 점에서 전형적인 경기도 도당굿의 형태로 이뤄졌을 가능성이 짙다. 경기도 도당굿의 기능보유자 오수복이 화랭이패인 이용우와 함께 서낭굿을 했다고 하며, 이 당시에 행한 굿은 화랭이굿인 터벌림 등이었다고 한다. 구체적으로 마을 한 바퀴 도는 돌돌이로 시작하여 부정굿·시루굿·제석굿·군웅굿·서낭굿·뒷전 등의 순서로 진행되었다고 한다.

현재는 서낭굿의 형태는 사라지고 유교식 서낭제가 거행된다. 서낭제는 보라동 양달말 이장이 주관하며, 마을회관에 모여서 제관을 선출하여 당목인 느티나무 아래에 제물을 진설하고 유교식 의례에 따라 서낭제를 올린다. 제사 당일에는 제단 주변에 금줄을 치고, 청결하게 청소한 다음 제수를 진설한다. 비용은 집집마다 걷어서 충당한다. 제수로는 시루떡, 삼색실과, 돼지머리, 포 등을 준비한다. 헌관이 헌작하고 축문을 읽고 재배한 다음에 마을과 거주민의 평안을 기원하는 소지를 올린다. 서낭제를 마치면 마을회관에서 함께 음식을 먹으며 대동 모임을 갖는다.

③ 유방동 원주대동굿

유방동 원주대동굿은 처인구 유림동 버드실 마을 입구 당목을 대상으로 마을의 안녕과 풍요를 기원하는 굿으로, 삼귀三鬼의 원한을 해원하는 과정에서 형성된 해원解冤굿의 하나이다. 유방동 원주대동굿의 신체는 본래 주저리로 엮은 신당이었다. 1970년대 초반에는 지금의 유림동 석산가든 뒤에 있었으나, 두 차례 이전하면서 시멘트 블록조에 스레트 지붕을 얹은 형태의 건축물로 바뀌었다. 규모는 1.5평 정도이다. 원주대동굿의 신위는 셋을 모시고 있는데, 박낭청집 송각시(처녀귀신), 정낭청집 몽달귀(총각귀신), 유림동 무수막에서 얼어죽은 처녀귀신이 신주다. 마을 주민들은 이 세 귀신이 마을의 재앙을 안겨 준다고 믿고 있었다. 특히 집집마다 불이 나는 횟수가 많아지자 이를 이상하게 여겨 문복하니, 원귀의 장난이라고 하였다. 이들 귀신의 원한을 달래기 위하여 대동굿을 펼친 이후로는 재앙이 사라졌다. 지금까지도 원주당의 세 귀신은 마을 수호신으로 여겨진다.

유방동 원주대동굿은 매년 음력 10월 15일에 당목 앞에 제수를 진설하고 행한다. 1970년까지는 마을 단위의 대동굿이었는데, 지금은 개인굿으로 행해진다. 작고한 백양금이란 분이 1970년대에 있었던 대동굿에서 무감을 서다가 강신하여 원주를 모시게 되었다. 원주대동굿은 비교적 작은 규모의 굿거리이나 12거리를 모두 연출하며, 두레가 동원된다는 점이 특색이다.

4. 할미성대동굿의 전승과 현황

할미성대동굿의 연원을 할미산성에서 찾는 일은 마땅하다. 그러나 단지 할미산성과 명칭이 부합된다는 이유만으로 할미산성의 유래와 함께 그 연원을 가정한다면 위험스런 발상이다. '할미성대동굿'은 1992년에 유성관씨에 의해 이름 붙여진 것이기 때문이다. 오랫동안 할미산성과 함께 전해진 명칭이 아닌 이상, 조심스럽게 추정할 수밖에 없다.

용인시 포곡읍 마성리 주민들 사이에는 석성石城을 한 할머니가 행주치마에 돌을 담아 하룻밤 사이에 지었다는 전설이 내려오고, 옛 사람들은 이 할머니를 위해 서낭당을 만들고 3년에 한 번씩 1천여 명이 참여하는 대규모 굿을 치렀다고 한다. 참여인원은 다소 과장된 것일 수 있지만, 그 형태는 서낭굿이었을 것이다. 마가실(마성의 속명)에서 행해진 '마가실 서낭굿'이 그 근원이었을 것으로 추정된다.

유성관씨나 마가실 사람들의 증언을 들어보면, 마가실에서는 할미성의 마고선인을 신적 대상으로 모시고 굿을 펼쳤다. 제의과정도 서낭을 모신 다음에 서낭당을 한 바퀴 도는 돌돌이를 한 후에 버드실로 올라와 굿을 했다. 이 당시 서낭굿은 기능세습무들이 주무主巫를 맡아서 진행하였다. '마가실 서낭굿'은 "일반적인 경기도 도당굿의 형태를 보이고 있으나, 마을의 풍장패가 길놀이 풍물굿을 먼저 친 다음 다른 마을에서 함께 동참하기 위해서 오는 풍물을 맞아들이는 것이 색다른 모습이었다."는 설명도 지금의 할미성대동굿과 부합한다. 마가실서낭굿은 1960년대까지도 용인에 거주하는 무당 권옥기씨가 장재관의 신통神統을 이어 수년 동안 진행하였다. 1970년대에 들어와서 새마을유신운동과 함께 미신타파는 여론에 밀려 점차 쇠퇴하였으며, 1971년 영동고속도로 개통이후 서낭당도 소실되고, 에버랜드 조성으로 마가실 마을이 사라지자 마가실서낭굿도 단절되기에 이르렀다. 이후

권옥기씨는 송씨부인당굿을 주재하면서 무업巫業을 지속하였다. 장재관씨를 신할아버지로, 권기옥씨를 신어미로 모신 유성관劉聖觀씨가 그 신통을 다시 계승하였다. 결국 유성관씨는 마가실서낭굿과 송씨부인당굿의 전통을 계승하였다고 할 수 있다.

현재 할미성대동굿보존회장인 유성관씨는 "나에게 신을 내리신 고 권옥기(2001년 작고)씨로부터 할미성대동굿을 배워 모두 복원했다."고 말하였다. 그리고 "1997년 서낭당이 있던 자리에 비석을 세웠지만 고속도로 때문에 서낭당은 만들지 못했으며, 대신 이곳에 자그마한 표석(높이 50㎝, 폭 90㎝)이 있는데 '마가실 서낭, 마고선인魔姑仙人'이라 새겨 세웠다."고 하였다.

유성관 회장이 이전의 신통을 계승하여 1992년에 '할미성대동굿'이라고 명명하면서 지금의 할미성대동굿이 이뤄진 것이다. 유회장은 "할미성대동굿을 배워 모두 복원했다."고 하였는데, 구체적으로 언급한다면 "마가실서낭굿과 송씨부인당굿의 전통을 배워 할미성대동굿을 완성했다."할 수 있다. 그리고, 유회장은 '할미성대동굿'이라고 명명하였는데, 엄밀하게 말하면 마고선인과 서낭을 모시던 도당굿이라고 점에서 '할미성도당굿'이라는 명칭이 타당하다.

유회장에 의해 발굴 및 재현된 할미성대동굿은 매년 한 차례씩 굿을 행하고 있다. 그에 의하면, 할미성대동굿은 석성산 산신령인 마고선인을 받아 모시고 내려와 모든 주민들이 함께 참여하여 한마당 대동굿을 펼치는 화합의 굿판이다. 매년 용인초등학교에서 광복절에 시민행사로 치르고자 하는 고집도 바로 '화합의 굿판'에 있다. 최근 2년간은 일부 기독교 신자들의 강력한 반대로 공간과 일정이 일정치 않게 되었다. 급기야는 용인문화원의 적극적인 지원에도 무리가 따르게 된 정도이다. 2008년에는 9월 25일에 용인실내체육관에서 성황리에 17회째 할미성대동굿을 펼쳤다. 용인시장까지 참여한 굿판이었다고 하니, 이전의 굿판보다 성대했던 셈이다.

이 같은 상황은 타지역에 비하면 비교적 양호한 편이다. 경기도에서 행해진 각 지역의 도당굿은 무형문화재로 지정된 오수복씨의 경기도당굿을 제외하면 거의 소멸된 상황이다. 잘 알다시피 도당굿은 한국전쟁 이전까지는 활발하게 전승되었다. 전쟁 때문에 한동안 중단되었다가 1970년대 새마을운동의 영향으로 급격히 소멸하였다. 현재 경기도 도당굿은 유일하게 부천의 장말 도당에서만 전승되고 있다. 참고로, 경기도에서 행해진 도당굿의 실태를 정리해 보이면 다음과 같다.[21]

명칭	발생시기	신체	신당	제의시기	주최	주무자
수원 영동 거북산당 도당굿	1790년경 수원성건립	거북바위	거북산당	음력 10월 7일	영동시장 번영회	오수복
수원 평동 벌말 도당굿		구준물서낭	서낭당	음력 정월 11일	평동마을	조광현
부천 장말 도당굿	임진왜란후	바위, 서낭	서낭당	음력 10월 10일	덕수 장씨	덕수 장씨 무녀공동
시흥시 군자동 도당굿	고려초기	서낭	서낭당 (소원당)	음력 10월 3일	마을주민	
남한산성 도당굿	350년전	서낭	청량당	음력 8월 28일	마을주민	
안산 잿머리 도당굿	고려 성종	서낭	城隍祠	음력 10월 길일	마을주민	당주 무녀

1992년에 재현된 할미성대동굿이 어려운 여건 속에서도 존속해온 데는 나름대로 이유가 있다. 할미성대동굿의 명칭으로 지속한 것은 17년이라는 짧은 기간이지만, 이전의 형태인 마가실서낭굿이나 송씨부인당굿의 연원은 매우 오래이다. 그리고 할미성대동굿은 무당이 개인기만으로 치르는 여느 굿과는 달리 주민들이 참여한다는 데 특징이 있다. 또 굿판 자체도 가무가 적고 장단이 단조로워 일반인들이 이해하기 쉽다. 할미성대동굿에는 풍

21 이 자료는 「경기도의 도당굿」 홈페이지에 게재된 내용을 정리한 것이다.

물패가 동원되고 줄놀이(줄다리기) 등 여흥을 즐기며 꽃반축원(주민들이 가져온 쌀을 사발에 담고 촛불을 밝혀 각 가정의 행복을 비는 것)도 받을 수 있어 시민축제로 승화될 요소도 구비하고 있다. 경로잔치를 겸하고 있어 소외된 노년층의 참여가 손쉽게 이뤄진다. 유회장의 지론대로 '화합의 굿판'이기에 시민의 화합을 도출하는 축제가 가능하다는 것이다. 굿이 지니는 성격상, 공감대의 한계에도 불구하고 할미성대동굿은 이미 고정된 관객을 확보하는 한편 외지에까지 알려져 찾는 이들이 점차 늘고 있다.

할미성대동굿의 ①주당물림 및 부정청배 ②산신거리(산도당 할미 모시는 굿) ③상제 및 승전맞이굿 ④장군거리 ⑤대방위 굿(신장거리) ⑥천궁맞이(불사, 칠성거리) ⑦호구거리 ⑧대신거리, 대감놀이 ⑨작두별성거리 ⑩성주거리 ⑪창부거리 ⑫내전 및 뒷풀이 외에 참여자가 함께 즐길 거리를 매년 새롭게 준비한다.

할미성대동굿이 폭넓은 관심을 끄는 이유는 그 소재의 독특함과 차별성 그리고 많은 볼거리를 제공하기 위해 다양한 프로그램을 가미한데 있다는 것이 일반적인 평가다. 일부 계층의 반대 속에서도 17년을 존속해온 생명력이 이런 데 있다.

5. 맺는말

할미산성이 지난해 경기도문화재 기념물 제215호로 지정되었다. 1998년도 광역지표조사와 2004년 시굴조사 결과를 바탕으로 그 보존가치가 공식적으로 인정된 것이다. 이에 따라 할미산성에 대한 관심이 제고되었다. 이제 적지 않은 예산을 들여 할미산성의 본격적인 발굴과 복원 사업이 추진될 것이다. 단지, 할미산성의 복원으로 그칠 일이 아님을 강조하고 싶다. 수원 화성은 세계적인 문화유산이요, 이젠 관광자원의 보고이다. 이천시의 설봉산성은 이천시민들의 화합의 장소이다. 남한산성은 어떠한가? 인근지역의 사례를 보면, 성산은 용인의 진산鎭山으로 거듭 중시될 것이며, 할미산성은 용인의 상징이 될 것임이 자명하다. 할미산성은 용인시민의 정신적 육체적 안식처요, 용인시의 고질적인 병폐로 여겨온 동서지역의 갈등을 해소하는 화합의 장으로 조성되어야 한다.[22]

포곡읍 주민 이광섭씨는 "허물어진 할미산성을 복원하고, 할미산성 안에서 아름다운 선녀가 성화를 채화해 시민의 날 행사 시작을 알리는 등 전설 속의 마고 할머니를 용인의 수호신으로 삼자"는 주장까지 펴고 있다.

할미산성은 용인지역민의 정신적인 고향이다. 먼 옛날 어떤 할미가 혼자서 앞치마에 돌을 싸서 날라다 성을 쌓았다는 이야기가 전한다. 산기슭 도처에 서낭당을 모셔 놓고 아이를 낳기 위해 백일정성을 올렸던 곳이다. 할미신의 영험이 뛰어나 무속인들이 터를 잡아 치성을 드리는 곳이다. 용인의 대표적 민속자료인 '할미성대동굿'도 여기서 기원한다.

할미성대동굿은 일반적인 경기도 도당굿의 형태를 보이고 있으나 마을의 풍장패가 길놀이 풍물굿을 먼저 친 다음 다른 마을에서 함께 동참하기 위해서 오는 풍물을 맞아들이는 것이 색다르다. 할미성대동굿은 '화합의 굿판'이다. 용인시 동서 지역민의 화합을 위한 문화컨텐츠로도 활용할 수 있는 요건을 충분히 구비하고 있다. 단지 종교적인 이유만으로 배척될 것이 아님을 제기한다.

물론, 할미성대동굿 자체도 개선을 위해서 더욱 각고의 노력을 기울여야 한다. 국가지정 중요무형문화재 제98호로 지정된 경기도 도당굿의 보

22 홍순석, 〈할미산성! 이제 동서화합의 장으로 조성되길…〉(용인신문 문화칼럼, 2007.10.22).

존방안을 위해 학술행사를 벌였던 적이 있다. 여기서 제기된 문제가 할미성대동굿의 경우도 예외일 수 없다. 굿의 경우, 전통적 신앙적 요소와 오락적 요소를 구비하고 있어 주목된다. 무엇을 위해 문화재로 지정하여 존속시킬 것인가 생각해 보자. 연원이 오래여서 보존되어야 한다면 골동품과 다를 것이 없다. 굿에서의 기예技藝만을 보존하려 한다면, 굿의 신성성神聖性을 상실한다. 할미성대동굿이 그동안 지속해온 요인은 굿 자체의 구성요소보다는 대중적 오락성에 있지 않았나 반성해 볼 필요가 있다. 행사명칭도 '할미성대동굿' '할미성대동굿예술제' '할미성대동예술제' 등으로 변모하였다. 할미성대동굿이란 명칭 자체도 '할미성도당굿'이란 개념에서 굿의 본질적 요소가 축소된 느낌이 없지 않다. 마가실서낭굿에서 할미성도당굿으로 도약한 것이 아니라는 사실을 인지해야 한다. 할미성대동굿의 주최자도 여론에 밀려 전통성을 상실하고 있는 듯하다. 이제라도 할미성대동굿의 뿌리인 마가실서낭굿의 본질적 요소를 복구하여야 한다. 그것이 전통을 계승하는 일이다. 대중적 인기에 빠져들면 전통적 맥락은 자연 쇠퇴하기 마련이다.

끝으로, 본고에서는 할미성대동굿의 연원만이라도 제기하고자 했다. 그러나 자료의 부족으로 가설에 머물 수밖에 없게 되었다. 매우 유감이다. 할미산성의 문화재 지정과 함께 할미성대동굿의 위상을 제고하려한 노력이 조금이라도 향후 보탬이 되길 기대한다.

《용인향토문화연구》9집, 용인향토문화연구회, 2008

'생거진천 사거용인' 전래담의 연원과 의미망

05

1. 머리말

최근 '생거진천 사거용인生居鎭川 死居龍仁'이란 말이 다시 관심을 끌고 있다. 이미 진천에서 '생거진천'을 컨텐츠화해서 '생거진천축제''생거진천쌀'이란 브랜드를 창출하여 활용에 나섰다. 반면, 용인에서는 '사거용인'이란 말을 두고 고심에 차 있다. 용인은 예로부터 명당지로 알려졌고, 현재까지도 공원묘원의 대표적인 도시이다. 여기에다 '사거용인死居龍仁'이란 말을 선뜻 부각시킨다는 것은 난감하다는 것이다. 그렇다고 해서 '용인'하면 떠오르는 '생거진천 사거용인'이란 말을 방치할 수도 없는 실정이다. 이 전래담이 다시 관심을 끌고 있는 이유가 여기에 있다. 용인의 향토사가들은 '사거용인'이란 말을 어떻게 부각할 것인가를 과제로 고민해 왔다. 기존의 '사거용인=명당'이란 각인을 바로 잡고자 노력하고 있다. 기존의 전래담을 수집하고 관련 인물을 추정하려는 노력이 그것이다.

필자는 1972년도 이후 줄곧 전래담을 수집하여 정리하고 있으며, 이를 《내고장 옛이야기》[1] 《용인라이프》[2] 등에 소개한 바 있다. 그리고 한참 뒤인 2007년, 《Good People》 연재물 〈용인의 명가-전주최씨 평도공파〉에 이 전래담과 관련하여 평도공平度公 최유경崔有慶의 효행담을 소개한 바 있다.[3] 이어 이종구가 〈생거진천 사거용인이란〉글을 《용인문화》6호에 게재하였다.[4] 구체적인 논문으로 발표된 업적은 김성환의 〈龍仁의 明堂과 死居龍仁〉뿐이

1 홍순석, 《내고장 옛이야기》, 용인문화원, 1980.

2 홍순석, 〈생거진천 사거용인〉(《용인라이프》88-2호, 용인라이프사, 1986).

3 집필 당시 〈생거진천 사거용인〉과 관련하여 자료를 제공한 분은 평도공의 후손인 최인태(남사면 완장리 거주) 씨이다. 최인태 씨는 이후에도 많은 자료를 제공해 왔으며, 이 글의 작성에도 적지 않은 도움을 주었다.

4 이종구, 〈생거진천 사거용인이란〉, 《용인문화》6호, 용인문화원, 2008.

다.[5] 김성환은 기존의 전래담이 사거지 용인으로 각인되고 있음을 문제시하고, 전래담의 본질인 '효행'을 인프라로 구축해야 함을 강조하였다.

이 글에서는 '생거진천 사거용인' 전래담에 국한하여 기존의 자료를 분석하고, 의미망을 재확인하고자 한다. 아울러 이 전래담의 근원으로 추정할 수 있는 역사적 인물의 관련 자료를 제기하여 향후 논의의 실마리로 삼고자 한다.

2. '생거진천 사거용인' 전래담의 분석

'생거진천 사거용인' 전래담의 분석을 위해 용인과 진천에 전해지는 전래담을 정리해 보이면 다음과 같다.

〈생거진천 사거용인〉전래담 자료

	출 전	채록연도	제보자	채록자
자료1	한국의 전설(용인편)	1939	신정언	박영준
자료2	내고장 옛이야기	1972	구자역(용인읍)	홍순석
자료3	내고장 옛이야기	1980	박광택(49세, 이동면서리)	홍순석
자료4	한국구비문학대계(용인편)	1983	이성희(65세, 구성면중리)	조희웅
자료5	중부지역의 구비전승	1995	제보자(70대, 역북동)	박종수, 강경모
자료6	중부지역의 구비전승	1995	김재경(71세, 김량장동)	박종수, 강경모
자료7	중부지역의 구비전승	1995	민배식(80세, 고림동)	박종수, 강경모
자료8	중부지역의 구비전승	1996	원윤동(81세, 마평동)	박종수, 강경모
자료9	서부지역의 구비전승	1999	한은수(56세, 보라동)	박종수, 강경모
자료10	경기민속지(7)	2004	이인영(60세, 남동)	김종대
자료11	용인문화6집	2008	미상	(이종구)

5 김성환, 〈용인의 명당과 사거용인〉, 《용인향토문화연구》4호, 용인향토문화연구회, 2002.

현재까지 알려진 전래담은 박영준의 《한국의 전설》에 수록된 〈자료1〉이 가장 오래되었다. 자료4는 일제 때(1939년 12월 2일) 서울에서 신정언申鼎言선생으로부터 들었던 야담이라고 한다. 박영준의 《한국의 전설》에 수록된 〈자료1〉의 제보자가 신정언인데, 〈자료4〉의 제보자 이성희는 일제 때 서울에서 신정언선생으로부터 들었다고 한다. 현재 필자가 수집한 자료 가운데 제보자가 알려진 것으로는 가장 먼저라는 점에서 관심을 더 갖게 된다. 이 자료를 직접 확인하기 위하여 신정언씨를 만나고자 노력하였으나 아직도 미해결 상태이다.

〈자료2〉와 〈자료3〉은 필자가 직접 채록한 자료이다. 〈자료2〉는 1972년도 용인역장을 지낸 구자역씨로부터 들은 이야기를 정리한 것이다. 〈자료3〉은 1980년에 이동면에서 채록한 자료이다. 용인에서 일반적으로 구전하는 〈생거진천 사거용인〉전래담은 이 두 유형에 속하는 것으로, 제보자의 상황이나 정리자의 의도에 따라 약간의 변이된 양상을 보이기도 한다. 〈자료5〉에서 〈자료9〉까지가 그 사례에 해당한다. 〈자료5〉 〈자료7〉은 〈자료2〉가 구전되는 과정에서 변이된 양상으로, 송사와 판결 없이 일반적으로 모친의 시신을 용인에 묻었다는 내용으로 마무리된다. 〈자료6〉과 〈자료10〉[6]은 모두 2가지 유형의 전래담을 소개하였는데, 〈자료2〉 〈자료3〉과 거의 일치하는 내용이다. 〈자료8〉은 〈자료1〉의 변이 양상이다. 이 자료도 송사와 판결의 모티프가 생략되었다. 〈자료9〉는 〈자료3〉의 변이 양상을 보이는데, '추천석'이 '지천석'으로 바뀌었고, "죽어서는 오는 데가 용인 땅이다."로 마무리 되었다.

〈자료11〉은 이종구가 정리한 것으로, 진천에서 구전하는 전설이라고 하였는데,[7] 〈자료2〉와 서술체까지 일치한다. 〈자료2〉를 진천 쪽의 누군가가

---

6 〈자료10〉은 제보자 이인영이 《내고장 옛이야기》에 수록된 기존의 자료를 그대로 구술한 것으로 거의 일치한다.

7 이종구, 〈생거진천 사거용인이란〉, 《용인문화》6집, 용인문화원, 2008, 46~47쪽에서 소개하였는데,

그대로 인터넷에 올린 것이다. 진천의 구전자료라 할 수 없다.

인터넷상의 많은 자료는 위의 이야기를 그대로 전재하였거나, 등장인물이나 지명을 개작한 정도일 뿐이다.[8] 필자가 그동안 〈생거진천 사거용인〉 전래담에 깊은 관심을 갖고 채록하였지만, 위의 표에서 정리한 〈자료1〉 〈자료2〉 〈자료3〉의 유형 외에 다른 것을 접하지 못하였다. 결국 위의 자료를 근간으로 첨삭 윤색되면서 변이되어 구전되고 있는 셈이다.

〈생거진천 사거용인〉전래담의 기본 유형으로 추정되는 〈자료1〉 〈자료2〉 〈자료3〉의 주요 에피소드(epsode)와 모티프(motif)를 분석해 보인다.

〈자료1〉

① 용인군 이동면 묘봉리에 일가친척이 없는 노총각이 살았다.

② 마을사람들의 주선으로 어려운 처지의 처녀와 결혼함.

③ 화전을 일궈 농사짓던 남편이 바위에 깔려 죽어 그대로 흙을 덮어 장례 지냄.

④ 남편의 혼령이 저승의 판관 앞에 나아가 "아직 죽을 때가 아니므로 생환하라."는 판결을 받음.

⑤ 자신의 시신이 바위에 깔려 있어 입신入身할 수 없어 떠돌아다님.

⑥ 충청도 진천 부자집 아들의 시신에 입신하여 환생함.

⑦ 환생한 아들이 용인 묘봉리에 함께 살던 아내가 있다고 하자 처음엔 믿지 않다가 확인 후 진천에 데려와 함께 살게 함.

⑧ 진천댁과 용인댁 사이에 각기 아들 삼형제가 있었는데, 부친이 죽자 서로 혼백을 모시고자 다툼.

구제적인 채록일자나 제보자 상황이 밝혀져 있지 않다.

8 구제적인 사례로, 김상회(한국역술인협회 중앙부회장)씨가 인터넷에 올린 이야기는 용인과 진천에 각각 살았던 동명이인인 추천석을 용인의 김생원, 진천의 황진사로 변이시켰을 뿐 크게 다르지 않다.

⑨ 진천군수에게 상소하여 판결을 구하니, "부친이 생전에는 진천에서 살았으니, 죽은 뒤에는 용인에서 살게 하라"고 처결함.

⑩ 이 일로 인하여 '생거진천 사거용인'이라는 말이 전래함.

이 전래담의 공통적인 에피소드는 주인공의 죽음-환생-죽음의 순환에서 '생거生居' '사거死居'의 공간을 획득하는 과정이다. 그리고 모티프는 환생 이전의 삶과 죽음으로 야기된 사건으로 구성된다. 환생 이전의 삶은 가난한 부부의 평범한 삶이라면 이후의 삶은 부유한, 평범하지 않은 삶이다. 두 아내와 함께 각기 삼형제를 낳아 산다는 삶 자체가 특별한 모티프이다. 남편의 두 번째 죽음 이후에 야기될 문제의 소지를 암시한다. 이 전래담에서는 효를 테마로 한 효행담으로 마무리 된다.

환생 이후의 삶만 전제한다면 '생거진천' '사거용인'이지만, 환생 이전과 이후의 전체 구조에서 살피면 생거용인-사거용인-생거진천(환생)-사거용인의 에피소드이다. 결국 생거용인-사거용인의 구조로, 주인공이 용인에서 살다가 용인에서 영면한다는 자연적인 귀결이다. 환생 이후의 부유한 삶은 이전에 주인공이 가난하지만 마을 사람들의 칭송을 받을만한 삶을 살았기 때문에 얻게 된 응보應報인 것이다.

〈**자료2**〉

① 용인에 가세가 빈궁하나 금슬이 좋은 부부가 살았다.

② 남편이 병으로 죽자 혼자 살다가 생계가 어려워 아들을 버리고 진천으로 개가함.

③ 고아가 된 아들은 문전걸식하다 양반댁 머슴으로 들어감.

④ 양반댁 외아들의 중병을 고칠 산삼과 웅담을 구해주고 많은 전답을 얻어 결혼함.

⑤ 개가한 모친이 그리워 사람을 시켜 찾아 나섰으나 모친은 세상을 떠남.

⑥ 모친의 죽음을 전해들은 용인의 아들은 진천에 당도하여 자초지종을 말하고, 모친의 시신을 용인으로 옮겨 장례지내고자 함.

⑦ 진천의 아들은 그럴 수 없다고 하여 논쟁을 하다가 결국 원님에게 상소하여 판결을 구하니, "모친이 생전에는 진천에서 살았으니, 죽은 뒤에는 용인에서 살게 하라"고 처결함.

⑧ 이 일로 인하여 '생거진천 사거용인'이라는 말이 전래함.

이 전래담은 용인읍내 지역에 널리 구전하는 자료이다. 모티프 ③과 ④가 부연되어 있으나, 〈생거진천 사거용인〉전래담의 전형적인 에피소드를 그대로 담고 있다.

〈**자료3**〉

① 진천의 추천석이 아내, 4~5명의 아들과 함께 농사지으며 어렵게 살았다.

② 예고 없이 저승사자에게 끌려감.

③ 저승의 염라대왕 앞에 나아가 출생시기가 똑같은 동명이인同名異人인 용인의 추천석 대신 죽었음을 확인하고 생환됨.

④ 진천 추천석의 시신은 이미 땅에 묻힌 뒤라서 입신入身할 수 없었음.

⑤ 용인 추천석은 단천군수 부임 전날 밤에 잠자다 죽게 되고, 진천 추천석의 영혼이 용인 추천석의 육신으로 입신하여 환생함.

⑥ 진천 추천석은 용인 추천석의 집에서 생면부지인 가족들과 부유한 생활을 하다가 자초지종을 말하고 진천집으로 달아남.

⑦ 진천에 사는 아내를 만나 자신이 남편임을 증명해 보이고 인정받아 함께 살기로 함.

⑧ 용인에 사는 아내와 자식이 진천에 당도하여 서로 자신의 남편이고 아

버지라고 주장함.

⑨ 원님에게 상소하여 판결을 구하니, “지금 너는 진천의 추천석이 아니라 용인의 추천석이니 용인으로 돌아가라”고 처결함.

⑩ 이 일로 인하여 ‘생거진천 사거용인’이라는 말이 전래함.

이 전래담의 제보자인 박광택씨는 〈생거진천 사거용인〉은 “세상사람들이 육신의 주인은 마음(정신)일진대 육체를 더 중시한 것 같다.”고 개탄하였다.

이종구가 소개한 용인의 전설자료 첫째 이야기는,[9] 〈자료3〉의 변이라고 생각된다. 이 전래담의 결말부에는 “진천 땅 추천석의 혼이 들어간 그 사내는 생전에 자기의 주장대로 진천 땅에서 가족과 함께 행복하게 살았고, 이후 세상을 뜨자 육신은 본래 용인 땅에 살았던 추천석의 것이므로 그곳 가족이 찾아가게 되었다.”고 하였다. 〈자료3〉의 결말부는 환생한 추천석이 원님의 판결에 따라 생존시에 용인에 돌아가 살다가 죽었다는 유형이다. 이종구가 소개한 자료는 추천석이 다시 죽었을 때 시신을 용인의 자식이 장례지냈다는 유형이다.

기존의 전래담을 보다 쉽게 설명하기 위하여 주요 에피소드를 정리해 보면 다음과 같다.

〈**자료1**〉

A. 용인의 가난한 노총각이 죽어 진천 부자집 아들의 시신에 입신하여 환생

B. 진천, 용인 양가의 아내와 함께 진천에서 살다가 죽음

---

9 이종구, 〈생거진천 사거용인 이야기〉, 《용인문화》6집, 용인문화원, 2008, 43~49쪽.
*여기서는 이 자료를 편의상 〈자료3-1〉으로 구분하여 지칭한다.

C. 진천, 용인에서 살던 양가의 아들이 부친의 장례를 각기 모시고자 갈등

D. 진천군수의 판결: 부친이 생전에 진천에서 살았으니 죽은 뒤에는 용인에서 살게 함

〈자료2〉

A. 용인에 살던 모친이 남편이 죽자 진천으로 개가改嫁

B. 모친이 진천에서 살다가 죽음

C. 진천, 용인 양가의 아들이 모친의 장례를 각기 모시고자 갈등

D. 원님의 판결: 모친이 생전에 진천에서 살았으니 죽은 뒤에는 용인에서 살게 함

〈자료3〉

A. 진천의 추천석이 죽었다가 용인 추천석의 시신에 입신하여 환생

B. 환생한 추천석魂: 진천, 魄: 용인이 용인에서 살다가 진천으로 가서 살게 됨 (자료3-1: 진천에서 살다가 죽음)[10]

C. 진천, 용인 양가의 아내와 아들이 각기 자신의 남편이며 부친이라고 주장 (자료3-1: 진천, 용인 양가의 아들이 부친의 장례를 각기 모시고자 갈등)

D. 원님의 판결: 부친이 생전에 진천에서 살았으니 죽은 뒤에는 용인서 살게 함 (자료3-1: 환생한 추천석의 육체는 용인 추천석의 것이므로 용인에서 모시게 함)

위의 분석에서 보듯이 〈생거진천 사거용인〉의 필수적인 요소는 전래담의 제목에서 시사하듯이 '생거' '사거' '진천' '용인'이다. 이를 표로 정리해

10 〈자료3-1〉은 《용인문화》(6집)에 소개된 용인전설자료 첫째 이야기에 해당한다.

보인다.

	인물	생거	사거: 장례지	생거(환생)	사거
〈자료1〉	노총각(부친)	용인	용인	진천	용인
〈자료2〉	모친	용인-진천	진천	×	용인
〈자료3〉	추천석	진천	진천	용인-진천	용인

〈생거진천 사거용인〉전래담의 갈등은 '환생還生'과 '개가改嫁'에 있다. 대상 인물이 부친인 경우는 '환생'이 이전의 삶과 이후의 삶을 구별하며, 이에 따른 갈등이 발생한다. 〈자료1〉은 부친이 진천에 환생함으로써 용인·진천 양가兩家의 아내와의 갈등을 야기한다. 부친의 죽음 이후에 야기된 양가 아들의 갈등은 해결되지 않아 결국은 군수에게 상소하여 처결한다. 〈자료2〉는 모친의 개가로 인해 갈등이 발생한다. 모친의 죽음 이후 양가 아들의 갈등 역시 원님에게 상소하여 처결한다. 〈자료3〉은 생시生時가 똑같은 동명이인同名異人 용인·진천의 추천석에서부터 갈등의 조짐이 보인다. 혼백魂魄을 달리 환생한 추천석은 생존 시에도 양가의 가족들에게 갈등을 조장하고, 죽어서는 장례 문제로 갈등을 야기한다. 이 자료에서도 갈등의 해결은 원님에 의해서 처결된다. 군수(원님)의 '생거진천 사거용인生居鎭川 死居龍仁'이란 처결이 이 전래담을 생성케 한 것이다. 여기서 주목해야 할 점은 양가의 갈등의 원인이 어디에 있으며, 왜 상소하여 처결을 받을 수밖에 없었는가 하는 점이다.

대상 인물이 부친이던 모친이던 간에 갈등의 계기는 '환생'이나 '개가'에서 비롯하였다. 환생 이전과 이후의 삶이 대조적이다. 〈자료1〉에서는 용인에서 가난한 생활을 하였던 인물이 진천에서는 부자집에서 환생한다. 〈자료2〉에서는 용인에서의 생계가 어려워 진천으로 개가한다. 〈자료3〉에서는 진천의 가난한 추천석이 용인의 부자집 추천석으로 환생한다. 대상 인물이 환생하였거나 개가한 이후의 생존 시엔 보다 부유한 삶을 누렸기에 양가의 아들은 큰 갈등을 제기하지 않는다.

그런데 대상 인물의 죽음은 양가 아들의 갈등을 고조시킨다. 생존 시에는 그 같은 갈등이 없다가 죽음을 두고 문제가 발생한다. 각기 자신들이 시신屍身을 모시고자 한다. 양가의 합의가 이루어지지 않아 군수(원님)에게 처결을 요구한다. 자식으로써 부모의 장례를 맡아야 한다는 당위성이 소송에까지 이르게 한 셈이다. 위의 전래담 모두 대상 인물이 진천에 살았기 때문에 죽어서는 용인에 모셔야 한다는 명분을 채택하였다. 〈자료3〉에서는 용인 추천석의 육체를 빌렸으니 용인에 귀환하여야 한다는 처결이 내려진다. 자칫 적통嫡統을 염두에 두고 송사까지 벌렸다고 볼 수 있으나, 그렇지 않다. 〈생거진천 사거용인〉전래담에서의 전체 맥락이 효孝에 결집되어 있으며, 각각의 모티프는 이를 위해 전개된다. 양보할 수 없는 효행의 면모를 이 전래담에서 살필 수 있다. 〈생거진천 사거용인〉전래담의 참뜻인 '지효至孝'를 간과하고, 이들 자료를 '사거지 용인死居地 龍仁'을 설명하기 위한 전래담으로 인식하고 있음은 매우 안타까운 일이다.

3. '생거진천 사거용인' 전래담 발상의 근원

앞에서 살폈듯이 〈생거진천 사거용인〉전래담 가운데 〈자료1〉 〈자료3〉의 에피소드는 "생거生居-사거死居-환생還生-생거生居-사거死居"로 정리할 수 있다. 환생 이전의 "생거-사거"와 환생 이후의 "생거-사거"의 갈등과 해결이 주요 에피소드이다. 〈자료2〉는 '환생'이 '개가改嫁'로 대치되었으며, "생거生居-개가改嫁-생거生居-사거死居"의 에피소드로 구성되어 있다. 갈등의 요소는 마찬가지로 “생거-사거”이다.

〈생거진천 사거용인〉전래담의 테마는 바로 효행孝行이다. 기존 전래담이 모두 형제간의 우애보다는 효행을 강조하고 있다는 점을 간과해서는 안 된다. 부모의 ‘생거’에 대해선 갈등을 보이지 않으나, ‘사거’에 대해선 송사訟事를 마다하지 않았음이 중요 모티프이다. 생존하셨을 때는 모시지 못했지만, 세상을 마친 뒤에라도 모시고자 하는 용인·진천 양가 아들의 지효至孝야 말로 세상에 전할 만한 이야기이기에 오랫동안 구전되어 온 것이다.

따라서 생거지가 진천이고, 사거지가 용인이라는 역사적 사실만으로 〈생거진천 사거용인〉전래담의 근원으로 추정하는 것은 무리이다. 이종구의 글에서 최유경과 함께 이애李薆를 관련지었는데, 이애의 경우가 그렇다. 이애는 경신공주敬愼公主의 남편으로, 태조의 부마駙馬이며, 태종에게는 매형이 된다. 진천이 고향이며, 용인시 처인구 포곡면 신원리에 묘역이 있다. 부친의 묘가 진천에 있는데, 그의 묘가 선영에 있지 않고 현재 용인에 있는 것이 관심을 끌기에 족하다. 그러나 〈생거진천 사거용인〉전래담의 핵심적인 요소인 효행孝行이 결여되어 있다. 단순히 ‘생거진천’과 ‘사거용인’의 외형적 여건을 갖춘 이애의 사례는 용인이 풍수상 사거지死居地임을 증빙하는 것 밖에 아무런 의미가 없다. 그 같은 이야기는 전래담의 근원설화로도 형성되지 못한다.

〈생거진천 사거용인〉전래담 발상의 근원이 되는 역사적 사실에도 ‘생거진천’과 ‘사거용인’의 모티프와 효행의 테마가 필수적이다. 전래담에서의 ‘환생’은 역사적 현실에서는 불가능하다. 실제 효행담을 전설의 모티프로 각색하기 위한 설정으로 보아도 무리가 없다. 그 같은 사례는 매우 많다. ‘개가’의 모티프는 이보다는 현실적이다. 실제 있음직한 효행담이다. 최근에 채록된 전래담에서 비현실인 ‘환생’ 모티프가 아닌 ‘개가’ 모티프가 등장하는 이유도 여기에 있다.

〈생거진천 사거용인〉전래담의 발상이 된 근원을 찾기 위한 구체적인 방안으로 우선, 기존의 〈생거진천 사거용인〉전래담에서 고정적인 '사거용인'의 모티프를 전제하여 역사적 인물을 추정하고, 다음으로 '생거진천'의 모티프를 충족하는 인물을 선정하면 보다 구체적인 윤곽을 드러낼 것이다. 그리고 이 전래담의 테마인 '효행'을 충족하는 인물을 추출한다면 발상의 근원으로 설정할 수 있으리라 본다.[11]

김성환의 〈용인의 명당과 사거용인〉에 의하면,[12] 용인지역에 산재한 사대부들의 분묘만도 대략 210여기가 된다. 물론 정확한 수치는 아닐 것이다. 실제 그보다 더 많을 수밖에 없다. 그리고 현재 알려지고 있는 사대부가의 분묘는 대략 14세기부터 조성되기 시작하여 현재에 이르고 있는 것으로 나타난다. 이 가운데 '생거진천' '사거용인'의 모티프를 함께 충족하는 대상인물은 최유경(1343~1413)과 이애(1363~1414) 뿐이다. 이애의 사례는 앞에서 설명하였듯이 '효행'의 테마가 결여되어 있다. 따라서 〈생거진천 사거용인〉 전래담 발상의 근원으로 설정하기엔 부적합하다. 이 모든 요소를 충족하는 인물은 최유경으로 국한된다. 전주최씨 평도공파 문중에서는 "〈생거진천 사거용인〉이라는 말이 청백리할아버지(최유경)가 용인에 잠드신 이후 생긴 것"[13]이라고 설명한다. 좀 더 구체적인 자료를 통해 관련성을 검증하기로 한다.[14]

① 고려 충혜왕 후 4년 계미년(1343) 4월 갑자에 청원군 다율리 방정촌사

---

11 '생거진천'의 모티프는 환생이전의 경우, 용인이나 진천에서 출생해서 살았거나 〈자료3〉의 추천석은 동시에 양쪽에서 각각 출생하여 살았던 인물로 나타난다. '생거진천'의 모티프는 그만큼 가변적인 요소인 것이다. 반면, '사거용인'의 모티프는 고정적이다. 이 전래담의 핵심이 '사거용인'임을 증빙한다.

12 김성환, 〈龍仁의 明堂과 死居龍仁〉, 《용인향토문화연구》4집, 용인향토문화연구회, 2005, 55쪽.

13 전주최씨 평도공파의 후손인 최인태씨로부터 이 같은 설명을 직접 들은 바 있으며, 본고를 작성하면서 구체적인 자료를 제공 받았다.

14 평도공 최유경의 구체적인 생애는 지면 제약상 생략한다. 평도공의 전기적 사실은 전주최씨 평도공파의 족보나 묘지명, 조선왕조실록의 〈졸기(卒記)〉등 여러 문헌자료에서 살필 수 있다.

方井村舍에서 공을 낳으셨다.[15]

② 계사년(태종 13년, 1413) 6월 24일 병으로 집에서 세상을 마치시니 향년 71이시다. 임종에 이르렀을 때도 언사가 자연스러웠다. 부음이 조정에 알려지자 3일간 조회를 철폐하였다. 8월 13일에 경기도 용인현 자봉산 구동 을좌신향 언덕에 예장하였는데, 바로 조정에서 내려주신 땅이다.[16]

③ 〈효자〉 〈본조〉: 최사흥崔士興 김덕숭金德崇: 모두 효자로 정문을 세워 표창하였다.[17]

④ (최유경은)관직을 떠나 현 초평면 죽정리로 내려와 죽정竹亭이라 자호自號하고 한가로히 지내다가 태종 13년(1413) 71세로 사망하였다. 그는 효성이 지극하였는데 부친상을 당하여 6년간의 묘막생활을 하고도 슬픔을 씻지 못하였다한다.

그의 아들 역시 효성이 지극하여 모친이 병석에 눕자 자기의 허벅지를 베어 봉양하는 등 부자의 효행이 조정에 알려져 세종께서 정문 창건을 명하였다.[18]

위의 자료를 바탕으로 평도공 최유경의 생거지와 사거지를 정리하면 다음과 같다. 청원군 다율리 방정촌사에서 출생하였으며, 관직을 떠나 진천군 초평면 죽정리에 거주하다가 세상을 마치자, 용인현 자봉산 구동駒洞에 장례지냈다.[19] 평도공 최유경이 출생한 청원군 다율리는 지금의 청원군 북

---

15 *cf.*, 〈정헌대부참찬의정부사시평도공묘지명 신비문〉.

16 *cf.*, 〈조선참찬의정부사시평도공묘지명〉.

17 *cf.*, 《신증동국여지승람》, 진천현 인물.

18 *cf.*, 《진천군의 문화유적》, 충북대박물관, 진천문화원, 1998, 241쪽.
cf., 《내고장 전통가꾸기》, 진천문화원, 318쪽.

19 평도공 최유경은 한 때 과천의 막계동(幕溪洞)에 거주한 적도 있다. 경기도의 《지명유래집》에 막계

위면 대율리이다. 이곳에는 전주최씨 평도공파의 6대손 이후 줄곧 거주하였으므로 제2 세거지世居地로 여겨지고 있다. 평도공이 진천에 거주하게 된 연유는 셋째 부인인 고성이씨固城李氏가 진천 출생이기 때문이다. 평도공 최유경은 세 명의 부인을 두었다. 첫째 부인은 일선군 부인一善郡夫人 선산김씨善山金氏로 장자 사위士威를 낳았다. 둘째 부인은 상낙군부인上洛郡夫人 김해김씨金海金氏로 사의士儀를 낳았다. 셋째 부인은 고성현부인固城縣夫人 고성이씨固城李氏로 사규士規, 사강士康, 사용士庸, 사흥士興을 낳았다.[20] 평도공의 아들은 모두 6형제이다. 막내아들 사흥士興은 유복자遺腹子로 진천에서 출생하여 성장했다. 현재 진천군 문백면 구곡리 산11번지에 조선 세종 때 정려를 명하여 지은 최유경·최사흥 부자의 효자문이 있다. 문백면은 진천군의 남쪽에 위치해 있는데 평도공의 고향인 청원군과는 바로 인접한 지역이다. 따라서 가까운 곳에서 부인을 맞아드리는 것이 가능했을 것으로 보이고, 자연히 처가가 있는 진천에도 거주하고 있었다는 의미가 된다. 평도공의 아호가 죽정竹亭인데 진천군 초평면 죽정리에 거주하면서 지은 것이다.

위의 〈자료③〉 〈자료④〉에서 보듯이 평도공 최유경과 사흥士興의 효행은 세종 때 정려의 은전을 받았을 정도이니 널리 알려졌을 것이다. 〈생거진천 사거용인〉전래담의 테마인 '효행'을 충족할 수 있는 요소이다.

이밖에 평도공의 세 부인의 몸에서 아들 6형제를 출생하였다는 사실도 기존 전래담의 모티프와 거의 일치한다. 더욱 근접하는 사실은 효행으로 함께 명성을 떨쳤던 평도공 최유경과 사흥 부자의 묘소가 각각 용인과 진천에 있다는 점이다. 막내아들 사흥은 유복자이기 때문에 진천에서 세상을 마친 부친(평도공)을 진천에 모시지 못했음이 분명하다. 용인에 모시게 된 유래

동의 유래가 전하는데, 평도공이 한양성을 축성할 때 이곳에 막을 치고 머물면서 출퇴근하였다고 해서 지명이 되었다고 한다.

20 *cf.*, 〈정헌대부참찬의정부사시평도공묘지명 신비문〉.

가 구체적이지는 않지만, 공세리 묘역에는 평도공과 사위士威: 判尹公, 사규士規: 持平公, 사강士康: 敬節公, 사용士庸: 判事公의 묘소가 있다. 사흥士興: 監務公의 묘소만 진천에 있다. 사의士儀: 襄度公의 묘소는 양주에 있다.

맏아들 사위士威는 생전에는 진천에서 부친을 모셨고, 사후에도 부친의 묘소 아래 영면하여 부친의 넋을 모시고 있다. 《전주최씨계보》에 의하면, 사위는 평생을 부친인 평도공과 함께 했다. 그는 고려말엽에 벼슬하여 중랑장中郎將이 되었고, 부친을 따라 낙향했다가 좌랑, 이조의랑 등을 거쳐 한성판윤을 지냈다. 평도공이 세상을 마치자 공세리 묘역에 여막廬幕을 짓고 3년간 시묘侍墓하였다. 그리고 자신의 임종 때는 자손에게 여막 터에 자신의 묘소를 마련하라고 유언했다고 한다. 죽어서도 부친을 가까이 모시겠다는 효성에서 비롯한 것이다.

'생거진천 사거용인'이 단순히 육신을 살아서는 진천에, 죽어서는 용인에 두었다는 의미의 성어成語가 아니라, 살아서나 죽어서나 부친을 모시고자 했던 자식의 효행심에서 비롯한 것이 아닐까 한다.

4. 맺는말

일반적으로 기록문학에 비해 구비문학의 전승에 한계가 더 많은 것은 사실이다. 기록문학이 고착적인 데 반해 구비문학은 전승자의 여건에 따라 변이된다는 것이 일반론이다. 그렇다고 해서 구비전승의 과정이 변이 일변도로 전개되는 것은 아니다. 잘못 전승되는 이야기는 제3자에 의해 수정 보완되는 사례가 적지 않다. 잘못 고착된 기록문학은 수정이 불가하지만, 구비전승의 자료는 오랜 기간 동안에 수정 보완된다는 점을 전제하고 이 글을 입안立案하였다. 구체적인 방안으로, 〈생거진천 사거용인〉전래담을 수집 정리하여 세 가지 유형을 설정하고, 에피소드와 모티프, 테마를 분석하였다. 그리고 이를 바탕으로 전래담의 근원을 탐색하고자 하였다. 그 결과를 정리해 보인다.

〈생거진천 사거용인〉전래담은 용인, 진천 사람은 물론 전국적으로 알려진 이야기이다. '생거진천' '사거용인'이 별도로 전승되는 전래담이 아닌데도 진천에서는 '생거진천'을 브랜드화하여 홍보하고 있다. 반면, '사거용인'의 경우는 용인시가 '사거지'로 각인되는 점을 우려하여 꺼려하고 있다. 일부 부동산 업자들은 이 전래담을 근거로 진천은 양택지로, 용인은 음택지로 가장 좋은 곳임을 홍보하고 있다. 이러한 과정에서 〈생거진천 사거용인〉전래담의 본질이 더욱 퇴색해진 것이다.

이 전래담의 본질은 '효행'에 있다. 오랫동안 구비 전승되어온 동인動因도 '효행'에 있음을 주목해야 한다. 기존 전래담은 세 유형으로 분류되지만 모티프는 한결같이 '생거' '진천' '사거' '용인' '이복형제' '송사' '판결'이다. 테마가 '효행'임은 확고하다. 기존 전래담의 구성원이 2명의 아내(또는 남편), 동명이인, 이복형제인데도 화목이나 우애를 강조한 에피소드는 보이지 않는다. 오히려 형제간의 송사까지 발생하고, 군수(원님)의 판결로 갈등이 해결된다. 판결의 내용은 바로 '생거진천 사거용인'이다. 판관은 이복형제들의 효행심을 가상히 여겨 기회균등이란 원칙으로 처결한다. 명분과 예제禮制보다는 효행을 우선하는 판결임을 알 수 있다. 효행을 양보하지 않으려던 이복형제간의 갈등은 오히려 귀감이 될 수 있기에, 구비전승되는 것이다. 〈생거진천 사거용인〉전래담의 본질이 여기에 있음을 다시금 강조한다. 이 전래담은 결코 '생거진천' '사거용인'으로 분리되어 양택지와 음택지의 대명사로 각인되어서는 안 된다. 김성환이 〈용인의 명당과 사거용인〉에서 '사거용인'이 '사거지=용인'으로 각인되는 현실을 우려하여 용인의 명당과 기존 전래담의 차별

성을 강조한 것도 이 때문이다.[21]

여러 가지 사실을 미루어 볼 때 〈생거진천 사거용인〉전래담 발상의 근원은 평도공 최유경의 가문에서 비롯했다고 본다. 구체적인 이유를 재정리하면 다음과 같다. 우선, 기존 전래담의 테마인 '효행'과 주요 모티프인 '생거진천' '사거용인'을 충족하고 있다. 전래담의 인물 구성과 평도공의 가족 구성도 유사하다. 전래담에서 부친(또는 모친)과 2명의 아내(또는 남편), 6명의 이복형제가 나타나는데, 평도공 최유경의 가족도 세 부인과 6명의 아들로 구성되었다. 막내아들 사흥士興의 효행담과 맏아들 사위士威의 유언도 효행담으로서의 〈생거진천 사거용인〉의 근원을 설명하기에 충분하다. 실제 '생거진천 사건용인'의 대상인물인 평도공 최유경·판윤공 사위의 행적과 감무공 사흥의 행적이 구전되는 과정에서 하나의 이야기로 각색되고, '환생'과 같은 설화적 요소가 보태져 지금까지 〈생거진천 사거용인〉으로 전래되고 있는 것이다.

얼마 전에 예원무용단(단장 심규순)이 용인시 여성회관 큰어울마당에서 '생거진천 사거용인'을 공연한 적이 있다. 이 전래담을 콘텐츠화해서 처음으로 선보인 공연이다. 어떤 관람자는 "용인이 죽어서만 오게 되는 '사거용인'이라고 만 알고 있었는데, 이번 공연을 보면서 부모님들에게 정말 정성으로 효도를 다하는 그런 고장이라는 사실을 알게 되어 서울에 있는 친구들한테 용인이 효의고장이라는 것을 자랑할 수 있어 기쁘다."고 하였다. 앞으로

21 김성환은 용인이 대표적인 음택지로 알려진 것이 '사거용인'이란 말이 왜곡되어 전파된 영향이라 하였는데, 전적으로 동의한다. 이 전래담이 사거지로서의 용인을 각인하는 데 결정적인 영향을 미쳤던 것은 의심하지 않는다. 그러나 용인=명당이란 인식에 문제가 있는 것처럼 제기한 것은 수긍되지 않는다. "용인이 명당이었다면 사대부들의 묘역이 더 많았을 것이다."고 하였는데, 주변지역과의 대비 수치만으로 단정할 사안은 아니다. 이 전래담과 별개로 포은선생의 묘역이 용인에 소재한다는 사실은 용인을 명당으로 인식하는데 이 전래담 못지않은 영향을 미쳤다고 본다. 자칫 "용인이 명당이 아니다."라는 논지로 이해하기 쉬운데 굳이 〈생거진천 사거용인〉전래담의 본질이 효행에 있음을 강조하기 위하여 용인=명당이란 인식을 문제 삼을 이유는 없다. 용인의 명당에 안장하고자 선친의 시신을 지고 다녔다는 전설도 있는데, 이 역시 효행의 발상으로 볼 수 있다.

〈생거진천 사거용인〉전래담을 어떻게 전승할 것인가를 시사하는 기사이다. 이 전래담은 용인의 문화 인프라로써 구축될 수 있는 충분한 가능성이 있다. 보다 심도 있는 논의를 통해 전래담의 본질과 발상 연원의 규명, 문화콘텐츠화의 방안 등이 모색되길 기대한다.

《화경고전연구학술세미나자료집》, 화경고전문화연구회, 2008

용인지역 논맴소리의 특징

06

1. 머리말

필자는 1980년도 이후 지금까지 용인지역의 민요조사를 실시해 오고 있으며, 2008년도 남사면지역 조사로 일단락 지었다. 그동안 조사된 자료 중 일부를 간추려 《내고장 민요》(1983)을 간행한 바 있다. 《내고장 민요》에 소개된 자료는 총 190편으로 그동안 수집한 자료 중 용인읍을 중심으로 한 5개면(모현면·포곡면·내사면·이동면·원삼면)의 자료만을 선별한 것이다. 그 후 조사된 자료는 《용인군지》(1990)에 추가하였다. 《용인군지》에는 약 40여 편이 추가되었다.[1] 이후에 용인시 읍면지를 별도로 편찬하면서 재조사를 실시하였고, 일부를 보완하여 게재하였다.[2]

필자가 용인지역의 민요조사를 지속하는 기간 중에, 1998년도부터 용인대 전통문화연구소팀(박종수, 강현모)이 용인지역의 구비전승자료를 현장 채록하여 책자로 정리한 바 있다. 이 책은 주로 전설자료를 수록한 것이며, 민요자료가 약간씩 소개된 정도이다. 이후 이소라가 경기도의 논맴소리를 채록하여 정리하면서 용인시 자료를 43편 추가하였다.

용인시 민요에 대한 연구는 필자가 《태성》이란 교지에 〈용인지역 민요 개관〉을 소개한 것이 처음이다.[3] 본격적인 논문 형식을 갖춘 것은 김지태의 〈용인지역 민요에 대하여〉이다.[4] 보다 구체적인 논의는 최근 이소라가 경기도의 논맴소리를 정리하면서 용인시의 논맴소리를 정리한 것과,[5] 김혜정이

1 용인군 전 지역을 대상으로 조사하고 소개하고자 하였으나, 지면의 제약상 향토성이 짙은 자료만을 게재할 수밖에 없음을 밝혀둔다.

2 용인시의 각 읍면지 가운데 필자가 현장조사하여 민요자료를 수록한 것은 《모현면지》 《포곡면지》 《원삼면지》이다. 이후 강행된 《백암면지》 《이동면지》 《남사면지》에 수록된 자료는 논급하지 못했다.

3 홍순석, 〈용인지역 민요 개관〉(《태성》87년호, 태성고등학교, 1987).

4 김지태, 〈용인지방의 민요에 대하여〉, 《용인향토문화연구》1, 용인향토문화연구회, 1988.

5 이소라, 《경기논맴소리자료총서》3, 전국문화원연합회 경기도지회, 2004.

경기민요의 음악적 특성을 발표하면서 용인시의 자료를 분석한 것이 있다.[6]

향토 민요의 연구는 현장자료의 채록과 분석, 연구 등 단계적인 작업을 통해 가능하다. 최근 국악연구자들이 향토 민요에 대해 주목하면서 음악적 특성을 분석한 논문이 발표되고 있는데 매우 고무적인 일이다. 문제는 현재 채록한 자료의 '향토성'이다. 이전의 민요에 대한 연구는 구비문학 전공자들에 의해 채록과 정리 수준을 넘지 못하였으나, 각 지역의 향토성을 담는 데는 기여했다고 본다. 문제는 민요가 음악적 요소를 포함하고 있는데도 노랫말 위주로 채록하여 분석하였다는 점이다. 필자의 연구성과도 예외가 아니다. 민요와 같은 시가문학의 연구에 있어서 음악학 연구자들과의 공동작업이 요구된다는 사실은 오래전부터 인식하였음에도, 실제적인 작업은 별로 없었다. 다행히 용인시 민요에 대한 음악적 연구가 있어서 새로운 관심을 제고하고자 본고를 작성한다.[7]

2. 용인지역 논맴소리 채록 현황

용인지역에서 채록된 논맴소리는 다음 표에서 보듯이 74편에 이른다.[8] 이 가운데 주목되는 소리는 '찍었네'(14편), '둘레야'(11편), '상사듸야'(10

---

6 김혜정, 〈경기민요의 음악적 특성〉, 《경기도의 향토민요(상)》-경기남부지역, 27~58쪽.

7 필자가 1980년대에 현장 조사하던 당시의 녹음테이프는 거의 망실되었기 때문에 음악적 측면에서의 연구는 불가능하다. 2000년대 이후의 자료는 채록 자료를 테이프와 CD로 제작하고 있으며 음악적 연구도 가능하리라 본다.

8 필자가 용인향토대전(한국학중앙연구원, 2008)의 편찬사업에 참여하면서 구비문학을 총괄하였고, 이를 위하여 별도로 《용인향토자료목록색인》(용인문화원, 2007)을 간행한 바 있다. 여기에 수록된 민요는 810편에 달하는데 중복된 자료가 적지 않다. 이 논문을 위해 일일이 검토하여 정리한 결과 593편이다. 그리고 이 책 이후에 조사한 백암면, 이동면, 남사면 자료를 포함하면 718편에 달한다.

편), '곯었네(7편)' 등이다. 이밖에 '방아소리' '얼카뎅이냐' '대허리(단허리)' '오하타령' 등도 있는데, 인근의 다른 시군과 확연한 특징을 보이고 있다.

용인지역 논맴소리 자료일람

항목명	제보자	연령	지역	근거자료
곯았네	송영준	1909, 남	용인읍 마평리	경기도논맴소리(3), 151쪽
곯았네	박제근	1924, 남	모현면 매산리	경기도논맴소리(3), 128쪽
곯았네	박제성	1924, 남	모현면 매산리	경기도논맴소리(3), 130쪽
곯았네	장화춘	1907, 남	원삼면 사암리	경기도논맴소리(3), 153쪽
곯았네	김익채	67세, 남	처인구 호2동	경기도의향토민요(상), 503쪽
곯었네	유명수	1918, 남	백암면 백암리	경기도논맴소리(3), 160쪽
긴방아	황제하	1925, 남	모현면 매산리	경기도논맴소리(3), 125쪽
김매기 노래	고제순	58세, 남	용인읍 호리	내고장 민요, 36쪽
김매기 노래	고병주	50세, 남	용인읍 호2리	내고장 민요, 35쪽
김매기 노래	권영철	43세, 남	포곡읍 삼계리	내고장 민요, 35쪽
김매기 소리		60대, 남	백암면 백봉리	동부지역의구비전승, 198쪽
김매는 소리	이명섭	64세, 남	원삼면 가재월리	원삼면지, 984쪽
논매기 노래	김영배	52세, 남	용인읍 호리	내고장 민요, 27쪽
논매기 노래			포곡읍 둔전리	내고장 민요, 24쪽
논매기 노래	유석희	50세, 남	용인면 마평리	내고장 민요, 27쪽
논매기 노래	이창묵	1922, 남	기흥구 청덕동	경기도논맴소리(3), 143쪽
논매기 노래	지영식	54세, 남	이동면 천리	내고장 민요, 29쪽
논매기 노래	김정순	75세, 남	용인읍 남리	내고장 민요, 28쪽
논매기 노래	김종찬	69세, 남	내사면 정수리	내고장 민요, 26쪽
논매기 노래	이원태	70세, 남	모현면 왕산리	내고장 민요, 24쪽
논매기 노래	이문복	53세, 여	모현면 초부리	내고장 민요, 25쪽
논매기	김재영	1914, 남	용인시 양지면	경기도논맴소리(3), 139쪽
논매기소리	전만길, 박재근	66세, 남 59세, 남	모현면 매산3리	모현면지, 1328쪽
논매는소리	김동일	80세, 남	백암면 백암리	경기도의향토민요(상), 469쪽
논맬때소리	김학고	79세, 남	기흥구 농서동	서부지역의 구비전승, 178쪽
논맴소리	박유선	1930, 남	남사면	경기도논맴소리(3), 133쪽
논맴소리	최상돈	1930, 남	수지구 신봉동	경기도논맴소리(3), 148쪽
논맴소리	조중래		원삼면	경기도논맴소리(3), 156쪽
논맴소리	목진영	1919, 남	이동면 덕성리	경기도논맴소리(3), 167쪽

항목명	제보자	연령	지역	근거자료
논맴소리	김인식	1919, 남	기흥구 구갈동	경기도논맴소리(3), 145쪽
논애벌매기	이재천	63세, 남	포곡읍 신원2리	내고장 민요, 34쪽
느린방아	이창묵	1922, 남	기흥구 청덕동	경기도논맴소리(3), 140쪽
단허리	장화춘	1907, 남	원삼면 사암리	경기도논맴소리(3), 153쪽
대허리	장화춘	97세, 남	원삼면	원삼면지, 1002쪽
대허리	이봉의	1913, 남	수지구 상현동	경기도논맴소리(3), 152쪽
대허리	전만길	1917, 남	모현면 매산리	경기도논맴소리(3), 131쪽
둘래요	가게주인	68세, 남	기흥구 공세동	서부지역의 구비전승, 136쪽
둘레	전만길	1917, 남	모현면 매산리	경기도논맴소리(3), 131쪽
둘레	이창묵	1922, 남	기흥구 청덕동	경기도논맴소리(3), 142쪽
둘레	한순만	1919, 남	기흥구 상하동	경기도논맴소리(3), 141쪽
둘레	박제근	1924, 남	모현면 매산리	경기도논맴소리(3), 128쪽
둘레	박제성	1924, 남	모현면 매산리	경기도논맴소리(3), 130쪽
둘레(논뜯는소리)	전영원	1932, 남	기흥구	경기도논맴소리(3), 146쪽
둘레소리	황제하	1925, 남	모현면 매산리	경기도논맴소리(3), 126쪽
둘레소리	권영우	1921, 남	남사면 아곡리	경기도논맴소리(3), 137쪽
둘레소리	김학고	79세, 남	기흥구 농서동	서부지역의 구비전승, 179쪽
둘레타령	박재근	53세, 남	모현면 매산리	내고장 민요, 159쪽
방게흥게논다	박유선	1930, 남	남사면 완장리	경기도논맴소리(3), 136쪽
상사	전영원	1932, 남	기흥구	경기도논맴소리(3), 147쪽
상사	이창묵	1922, 남	기흥구 청덕동	경기도논맴소리(3), 143쪽
상사	전만길	1917, 남	모현면 매산리	경기도논맴소리(3), 131쪽
상사	송영준	1909, 남	용인읍 마평리	경기도논맴소리(3), 151쪽
상사	한순만	1919, 남	기흥구 상하동	경기도논맴소리(3), 141쪽
상사데야	장화춘	97세, 남	원삼면	원삼면지, 1002쪽
상사소리	김응식	67세, 남	기흥구 동백동	구성면지, 576쪽
상사소리	이종태	59세, 남	용인읍 운학2리	한국구비문학대계(용인편), 67쪽
상사소리	차대준 한문교 조익행	72세, 남 75세, 남 74세, 남	포곡읍 둔전리	한국구비문학대계(용인편), 107쪽
어이타덩이냐	전영원	1932, 남	기흥구	경기도논맴소리(3), 147쪽
얼카뎅이	이창묵	1922, 남	기흥구 청덕동	경기도논맴소리(3), 143쪽
오호오호야	유명수	1918, 남	백암면 백암리	경기도논맴소리(3), 160쪽
찍었네타령	조찬수	62세, 남	묘현면 일산리	내고장 민요, 31쪽
찍었네타령	박재근	53세, 남	모현면 매산리	내고장 민요, 32쪽
찍었네타령	김삼남	77세, 남	모현면 능원리	내고장 민요, 33쪽

항목명	제보자	연령	지역	근거자료
찍었네	송영준	1909, 남	용인읍 마평리	경기도논맴소리(3), 151쪽
찍었네	유명수	1918, 남	백암면 백암리	경기도논맴소리(3), 163쪽
찍었네	김익채	67세, 남	처인구 호2동	경기도의향토민요(상), 501쪽
찍었네야	이태희	1923, 남	원삼면	경기도논맴소리(3), 158쪽
찍었네야	전만길	1917, 남	모현면 매산리	경기도논맴소리(3), 131쪽
찍었네야	김영철	1917, 남	백암면 가창리	경기도논맴소리(3), 164쪽
찍었네야	이봉의	1913, 남	수지구 상현동	경기도논맴소리(3), 152쪽
찍었네야	장화춘	1907, 남	원삼면 사암리	경기도논맴소리(3), 153쪽
찍었네야	황제하	1925, 남	모현면 매산리	경기도논맴소리(3), 126쪽
찍었네야	박제근	1924, 남	모현면 매산리	경기도논맴소리(3), 128쪽

3. 용인지역 논맴소리의 유형

논맴소리는 논에 난 잡초를 제거하면서 부르는 소리이다. 노동요의 하나로, 애벌매기·두벌매기·세벌매기 때마다 다른 소리를 한다. 노동의 동작에 따라 곡조의 빠르기가 다른데, 애벌 맬 때는 느린 소리로, 재벌 맬 때는 약간 빠른 소리로, 세벌 맬 때는 빠른 소리로 한다. 용인지역에서는 논맴소리가 매우 다양하게 나타난다. 명칭 자체도 "찍었네" "둘레야" "긁었네" "방아소리" "상사듸야" "얼카뎅이냐" "대허리(단허리)" "오하타령" 등 다양하다.

용인지역에서 채록된 논맴소리는 용인시의 동남부인 양지면 지역은 이천방면으로부터, 서남부인 원삼면·이동면 지역은 오산·안성으로부터, 서북부인 모현면, 수지구 일대의 지역은 수원·광주·성남으로부터 영향을 받아 각기 그 한계지역임을 나타내곤 한다. 주변지역의 논맴소리와의 습합 양상이 현저하게 나타난다. 그리고 "찍었네" "둘레야" "긁었네" 등의 소리는 용인지역이 중심권을 형성하고 주변지역에 영향을 미친 것으로 조사된다. 용인지역의 논맴 소리는 현재 16종에 이르는 다양한 양상으로 전승되고 있다.

찍었네야

"찍었네"는 호미로 매는 애벌소리로 쓰이며, 용인시가 본고장이다. 특히 모현면 일대에서 널리 불려지고 있다. 용인시 전역에서 채집되는 반면, 인근 지역에서는 거의 구전되지 않고 있다. 받는 소리가 "어흠차 찍었네야"이기 때문에 붙여진 명칭이다.

어하 어흠차 찍었네야/ 어하 어흠차 찍었네야(후렴)
얼싸좋다 잘도하니/ 어하 어흠차 찍었네야(후렴)
노세노세 젊어서 노자/ 늙고서 병들면 못노나니
어하 어흠차 찍었네야(후렴)
젊어서 청춘에 먹놀고/ 거들거리고 놀아를 보세
어하 어흠차 찍었네야(후렴)
(이하 생략)

* 1976. 조찬수(남, 62세), 모현면 일산리

(선소리) 오하 오기 넘차 찍었네
(후렴) 오하 오기 넘차 찍었네

삼촌 종자 싹이 나서(후렴)
만국 장인 열매 맺는(후렴)
신비로운 이 농사를(후렴)
하늘 땅의 조화로다(후렴)

* 1996.5.18 안오직(74,남), 고매리

"찍었네"는 용인지역 논맴소리의 다수를 차지한다. 받는 소리에서 선율 끝을 올리는 경향이 있으며, 올렸다가 퇴성하기도 한다. 도선법 계통이 약간 많다.

둘레야 소리

용인지역 논맴소리의 특징 가운데 하나인 둘레야 소리는 전 지역에서 채록된다. 받는 소리가 "에허이나 둘레요 / 에허이나 둘레요" 또는 "둘레요-두울레요, 어하슬슬, 두울레요-"로 나타난다.

에헤이나 둘레도 오호어호어 둘레요
에레이나 둘레요 어허어허 둘레야
에헤이나 둘레요 오호이효 둘레요
(후렴) 에허이나 둘레요 / 에허이나 둘레요

여보시오 농부님네(후렴) / 요내말씀 들어보소(후렴)
월문에 월흡하니(후렴) / 소문이 적막하다(후렴)
초패왕은 초를 장창(후렴) / 역발산도 쓸데없구(후렴)
기개세라도 하릴없오(후렴) / 여보시오 농부님네(후렴)
한번 받구 한번 죄면 (후렴) / 소리도 맞추고 춤도추면 (후렴)
흥을 키워서 놀아봅시다 (후렴)
(중략)
여보시오 농부님네 / 목마르고 숨도찬데
이 논자리를 다맺으니(후렴) / 웃자리로 자리뜸하세(후렴)
자리뜸하면 줄도 잡숫고(후렴) / 쉬엄쉬엄 놀다가여(후렴)

* 1982. 8. 12, 모현면 매산3리 제보자: 전만길(남, 66), 박재근(남, 59)

둘레야 소리는 메기는 소리와 받는 소리가 각각 3분박4박 2마디씩인 경향이 보인다. 기음종지를 선호한다. “찍었네”에서는 도선법류가 두드러졌으나, 용인시의 서북부지역에서 구전되는 “둘레야 소리”에서는 도선법류와 함께 솔선법류가 두드러진다.

긁었네 소리

“긁었네”는 두벌 맬 때 손으로 풀을 뽑으면서 부르는 논맴소리이다. 여주 · 용인 · 이천시가 그 문화중심에 있으며 광주시 · 안성시 · 양평군 등 경기도 동남부권에서 구전된다.

오호 긁았네 헤이

오하 둘러매기가 좋 –헤이/ 오호 긁았네 헤이

사람은 많은데/ 오호 긁았네 헤이

소리가 적에/ 오호 긁았네 헤이

하나 둘이 받더래로/ 오호 긁았네 헤이

우렁차게 받아주게/ 오호 긁았네 헤이

오호 긁았네/ 오호 긁았네 헤이

어하 두리기 좋흐해/ 오호 긁았네 헤이

팔짝에다 힘을 주어/ 오호 긁았네 헤이

벅벅벅벅 허벼주게/ 오호 긁았네 헤이

이논배미 얼른매고/ 오호 긁았네 헤이

막걸리 참을 다 떼여보세/ 오호 긁았네 헤이

떴다떴다 뭐가 떴나/ 오호 긁았네 헤이

술동이가 떠나오네/ 오호 긁았네 헤이

* 1987.5.19, 장화춘(1907.남, 농업)

"곯었네"는 용인 전 지역에 전파되어 있다. 기음종지곡이며, 도선법 계통이 우세하다. 메기고 받는 형식으로 가창될 때는 메기는 소리와 받는 소리가 각각 3분박 4박 2마디씩으로 채록된다. 그렇지만, 가창속도는 "찍었네" 곡에 비하여 느린 편이다. 메김구 없이 반복구만 계속 몇 회 복창해 나가기도 한다. 받음구 내지 반복구는 "에헤 곯었네 / 어하 두루기 좋와"가 많이 나타난다. 용인·안성·광주 지역에서 둘째마디에 '두루기가 좋아'라는 어휘를 즐겨 쓰는 반면에, 여주나 양평에서는 '뎅이만 슬슬 굴려라'류가 많이 나타난다.

방아소리

방아소리는 긴방아와 느린방아소리로 구분된다. 수지지역에서 채록된 "에기나 방오"를 보면, 받는소리의 선율 일부는 양산도를, 메기는 소리의 첫 구절은 방타타령을 연상시킨다.

에~ 힘들 들구 날도 덥고 한데
우리소리나 한 번 해보세~
에~에
그럼 이제 후렴을 받아요.
(후렴) 에~에~에이리~ 방오~

에이~ 예이리~ 방오~ 노세
방오하는 우리 농근
이~ 이~ 에이리 방오~
힘도 들고 날도 더우니
에이~ 에이리~ 방오~
노세, 노오라 젊어서 놀아

에이~ 에이리~ 방오~

일락 서산에 해 떨어지니

에이~ 에이리~ 방오

노세 노오라 젊어만 놀아

에이~ 에이리~ 방~ 오

늙어지면 못 노오나니~

에이~ 에~이~리~ 방~오

* 1999.5.16, 김학고(82,남), 농서리

느린방아소리는 받는 소리가 "에에야아라 바앙응으응응오"로 나타난다.

정이 깊어 마음을 씨다듬어

정이 인생은 늙지말고

정에 기워서 올러보세

우리 인생은 간곳이 없고

만물 중에서 홀로간다

* 구성면 청덕리, 이창묵(1922, 남)

상사소리

모현면 일대에서는 "상사타작"이라고도 부른다. 용인지역의 상사소리는 "짜른 상사" 형이며, "에넬넬" 계통 대신 '어헐럴럴' 쪽이 대다수를 차지한다.

김매러가세 김매러가세

우장을 허리에두르고

김매러가세

이논배미 얼른매고

저논배미로 건너가세

세마지기 노배미가

반달만큼 남았네

네가무슨 반달이냐

초승달이 반달이지

얼얼럴럴 상사뒤야

* 1979.2.17, 고병주(남, 50세, 농업), 용인읍 호 2리 365

에~얼럴럴 상사뒤야 / (후렴) 에~얼럴럴 상사뒤야

에~얼럴럴 상사뒤야 / 한 마디를 도로 갖고

한 마디는 그냥 갖고 / 천하지 대본은 농부로다

이 논배마다 벼를 심고 / 장잎이 훨훨 날아

어 얼럴럴 상사뒤야 / 올 농사 잘 지으면

부모님께 공양하고 / 어 얼럴럴 상사뒤야

여봐라 농부들 말들어라 / 동지섣달 엄동설한

춘하추동 다지나고 / 춘하춘봄 되었구나

에~얼럴럴 상사뒤야 / 상살로구나 상살러냐

누구를 그려서 상살러냐 / 부모를 그려서 상사로구나

* 1976. 모현면 능원리에서 제보자: 김삼남(남, 77세)

단허리(대허리)

“대허리”는 “단허리”와 함께 용인 전지역에 전파된다. 다른 지역에서는 재벌 맬 때 부르는데, 원삼면 일대에서는 애벌 맬 때 불렀다고 한다.

오 얼싸 단허리야

삼동허릴 굼일면서/ 오 얼싸 단허리야

왕쿵정쿵 널려가세/ 오 얼싸 단허리야

멧줄맹이 엎어댕이/ 오 얼싸 단허리야

멧돌데이를 정잘하면/ 오 얼싸 단허리야

이듬맬제도 잘해지나니/ 오 얼싸 단허리야

이팔청춘 소년들아/ 오 얼싸 단허리야

백발보고 웃지말게/ 오 얼싸 단허리야

어제청춘 오늘백발/ 오 얼싸 단허리야

가련하다 가련도 하다/ 오 얼싸 단허리야

* 노래: 장화춘(1907.남, 농업), 1987.5.19

"대허리"는 충주시·평택시·화성시 등에서 광범위하게 전파되고 있다. 본래는 이듬소리지만 여주군 점동면과 용인시 원삼면 사암리에서는 호미로 애벌맬 때 불렀다고 한다. 용인시에서는 대허리와 단허리가 공존하지만 전자가 조금 더 우세하다.

얼카덩이냐 소리

이 소리에서는 메기는 소리가 따로 없고 "얼카덩이냐"만 계속 주고받다가 끝엔 "어-"하고 치며 나온다.

어이얼카덩이냐 잘두나 한다

얼카덩이냐 잘두나 한다

* 기흥읍, 전영원(1932, 남)

"얼카덩이냐"는 호미로 논맬 때의 소리로 서부 충남지방이 본고장이며, 용인시에서는 잦은 얼카덩이냐 유형이 전파되고 있다. 양지면을 제외한 동남부지역에서는 2음 또는 4음으로 구성된 매우 단순한 선율형태로 구전된다.

오하 소리

"오호아(워-하)" 소리는 주로 애벌 맬 때 부른 소리이다. 모를 심고 처음 김을 매는 까닭에 노동의 속도가 느리고, 김매는 소리도 이에 맞춰 느린 곡조로 부른다. 메기는 소리의 사설이 없이 "오호아(워-하)"를 반복하기도 한다.

오호 화-워- 힐래래 호야
오호 화-워- 힐래래 호야
애헤 고련에 오호아 두리기 조와
한 번 즈면 양석이요
두 번 즈면 삼백출이라네

* 1976.6, 금인영(남, 농업), 용인읍 고림리 임원부락

오하류는 호미로 논을 매는 애벌 때에 느린 속도로 가창되는 경향이 있다. '한마디 오하소리'와 '두마디 오호야'는 이천을 문화중심으로 하여 용인·여주·광주·안성·양평군에서 수집된다. 두마디 오호야소리는 메김소리와 받음소리가 각각 3분박4박 2마디씩이며 경쾌한 곡풍이며, '한마디 오하소리'와 함께 그 잦은 논맴소리로서 발견되곤 하는데, 보통속도로 부르기도 하고, 에염싸는 소리 내지 논둑으로 나오기 직전에 메기는 소리 없이 한마디 외치는 소리로도 불리운다.

용인에서는 양지면 양지5리와 포곡면 금어리에서는 '한마디 오하소

리'만 불리우며, 원삼면 조중래 창에서는 에염소리로서 1회 채록되었다. 백암면 지역에서는 '한마디 오하소리'와 '두마디 오호야'가 함께 채록된 바 있다.

4. 용인지역 논맴소리의 음악성

용인지역 논맴소리의 음악적 특징은 기존에 연구된 성과 가운데, 이 글의 논지와 관련된 성과를 추록한 것이다. 본인의 전공영역에서 벗어난 분야이기 때문에 불가피하게 전재하였다.[9]

1) 토리

김혜정의 연구성과에 따르면, 경기 동부지역에서 채록된 민요자료는 메나리토리가 집중적으로 활용되고 있음을 알 수 있다. 이 가운데 용인지역 논맴소리에 나타나는 메나리토리를 정리해 보인다.

지역	곡명	출현음
백암면 면분회	모심는소리	미솔라도레미
	논매는소리	미솔라도레미
용인시 호2동	논매는소리-찍었네	미솔라도레
	논매는소리-굶았네	미솔라도레미

메나리토리는 대부분 '미솔라도레미'의 음계구성을 벗어나지 않으나 아래쪽으로는 '레'음을 더 확장하여 사용하는 경우가 있고, 위쪽으로 '솔라'

9 이 부분은 김혜정의 〈경기민요의 음악적 특성〉(《경기도의 향토민요》(상)-경기남부지역, 27~58쪽)을 전재한 것이다. 별도의 글로 작성 시 공동연구의 과제로 삼아 재정리할 계획이다.

음을 확장하여 사용하거나 '파'나 '시'음이 섞이는 경우가 간혹 나타난다. 아래쪽으로의 음계 확장은 대부분 수심가토리와의 접변 때문으로 여겨진다.

2) 박자 활용 양상

경기민요에서 가장 많이 활용되는 박자는 3소박 4박이다. 용인지역 논맴소리에서 활용된 박자는 대부분 3소박 4박이다. 물론, 불규칙적인 박자를 사용한 경우도 있다. 논맴소리 가운데 애벌매기의 경우 속도가 느린 계통의 곡이 모두 불규칙 박을 활용하고 있다. 용인시 호2동에서 채록한 〈논매는소리-찍었네〉가 대표적인 사례이다.

5. 맺음말

용인 지역은 한남정맥 연관의 산지들로 인하여서인지 동남방과 서남방을 제외하곤 각각의 전 면적에 대해 11%전후의 적은 논면적을 가지고 있다. 역사적으로 동남방은 양지군 지역이었고, 서남방은 처인현 지역으로 그 북부의 용구현 지역과 구별된다.

애벌은 호미로 매고 두벌이나 세벌 때는 손으로 풀뽑는다. 북을 치면서 논매는 소리를 멕이는 성향이다. 논맨 후 귀가시에 장원질소리가 없이 농악만 울리는 것은 경기도의 일반적 현상이다.

찍었네야는 호미로 매는 애벌소리로 쓰이며, 용인시가 그 본고장으로, 3개지역에서 모두 채집된다. 받음구는 "오흠차 찍었네야"가 다수를 차지했다. 받음선율 끝을 올리는 경향이며, 올렸다가 퇴성하기도 한다. 도선법 계통이 약간 많다.

둘레 곡의 받음구는 "둘레요-두울레요, 어하슬슬, 두울레요-"에서 처럼 둘째마디 첫 부분의 노랫말이 '어하슬슬' 계통인 것이 대표적이다. (메)와 (받)이 각각 3분박4박 2마디씩인 경향이 보인다. 기음종지를 선호한다. 용인시가 문화중심인 찍었네 곡은 도선법 류가 두드러졌으나, 용인시의 옛 용구현 방면과 서남방 처인현 방면 및 화성시가 문화중심인 둘레곡에서는 도선법 류와 함께 솔선법 류가 두드러진다.

긇었네 곡은 여주·용인·이천시가 그 문화중심에 있으며 광주시·안성시·양평군 등 동남부 경기도에서 두벌 때에 손으로 풀뽑으면서 불렀던 논맴소리이다. 용인시의 옛 3개 지역에 두루 전파되어 있다. 기음종지 곡이며, 도선법 계통이 우세하다. 멕받형식으로 가창될 때는 (메)와 (받)이 각각 3분박 4박 2마디씩으로 채보되기도 하지만, 가창속도는 찍었네 곡에 비하여 느린 편이다. 메김구없이 반복구만 계속 몇 회 복창해 나가기도 한다. 받음구 내지 반복구는 "에헤 긇었네 /어하 두루기 좋와"처럼 용인과 광주군의 것은 둘째마디에 '두루기가 좋아'라는 어휘를 즐겨 쓰는 반면에, 여주군이나 양평군에서는 '뎅이만 슬슬 굴려라'류를 애용한다. 안성시에서는 안성천 이동以東의 옛 죽산군과 금광면에서 수집되며, '두루기 좋와' 쪽이다.

긴방아와 느린방아가 용구현과 처인현 방면에서 발견된다. 에기나 방오를 수지면에서 녹음하였는데 받음선율 일부는 논맴양산도를, 메김의 첫 귀는 방타타령의 첫귀를 연상시킨다.

용인시의 상사류는 짜른상사 형이며, '에넬넬' 계통 대신 '어헐럴럴' 쪽이 대다수를 차지한다.

대허리류는 충주시와 그 주변지역이 문화중심에 있으며, 동남부 방면과 평택시 및 평택시에 인접한 화성시의 양감면과 장안면에 전파되어 있다. 본래는 논이듬소리지만 여주군 점동면과 용인시 원삼면 사암리에서는 호미로 애벌맬 때 불렀다는 예가 나온다. 용인시에서는 주로 원삼면에서 수집되었으며, 대허리와 단허리가 공존하지만 전자가 조금 더 우세하다. 여주군에서는 대허리와 단허리가 공존하며, 양평군에서는 지제면을 제외하고는 '단허리'의 경향이다. 충청도에서는 대허리 쪽이, 강원도에서는 단허리 쪽이 우세하다.

얼카덩어리류는 호미로 논맬 때의 소리로 서부 충남지방이 본고장이며, 용인시에서는 잦은 얼카덩어리류가 동남방의 옛 양지군 방면을 제외한 지역에서 2음 또는 4음으로 구성된 매우 단순한 선율형태로 녹음되었다.

'한마디 오하소리'와 '두마디 오호야'는 이천을 문화중심으로 하여 용인, 여주, 광주, 안성, 양평군에서 수집된다. 오하류는 호미로 논을 매는 애벌 때에 느린 속도로 가창되는 경향이 있다. 두마디 오호야소리는 메김소리와 받음소리가 각각 3분박 4박 2마디씩이며 경쾌한 곡풍이며, '한마디 오하소리'와 함께 그 잦은 논맴소리로서 발견되곤 하는데, 보통속도로 부르기도 하고, 에염싸는 소리 내지 논둑으로 나오기 직전에 메김구없이 한마디 외치는 소리로도 불리운다. 문화중심을 벗어나는 안성군과 양평군의 '두마디 오호야소리'마을에서는 오하소리와 공존하지 않는다. 용인시에서는 이천시에 인접한 백암면 백암리에서 오하소리와 공존하는 예가 나왔다. 양지면 양지5리와 포곡면 금어리에서는 '한마디 오하소리'만 불리우며, 원삼면 조중래 창에서는 에염소리로서 1회 가창된다.

사도소리류는 고양시·과천시·양주군 및 김포시 방면에서 논맴소리로 수집되는 바, 용인시에서는 수지면 신봉리에서 예전에 웃세대에서 많이 불렀던 것으로 그 흔적만 전하고 있었다.

우야소리류는 그 문화중심이 고양시·파주시·양주군 방면에 있는 경기도 출처의 논맴소리 내지 회다질 때의 끝소리로서, 용인시는 그 한계지역에 속하며, 서남부 처인현 지대나 동남부 양지군 지대에선 발견되지 않았고, 받음구 예는 "우야 훠도" 또는 "우여 네헤"였다.

행상류 논맴소리가 양지면 양지 5리와 이동면 덕성리에서 나왔으나 해당마을 행상소리와는 구별된다. 예전엔 없었던 소리로 파악된다. 칭칭이도 호미로 빨리 매기에 좋다고 하여 수지면 신봉리에서 새로이 유용한 소리이며 예전 노인들은 부르지 않았던 것으로 짐작된다.

용인시의 양지군·처인현·용구현 3개 지역은 각기 주변지역에서 유입된 갖가지 논맴소리들을 전해 받았다. 동남방인 양지군 지역은 이천방면으로부터, 서남방인 처인현 지역은 방게류 등 그 서남쪽으로부터, 그 북쪽의 용구현 지역은 서북부 경기도로부터의 소리를 전해 받아 각기 그 한계지역임을 나타내곤 한다.[10] 또한 용인시가 문화중심에 있는 찍었네야·둘레 곡·곯었네 등을 창출하여 16종에 이르는 풍성한 논맴소리지대를 형성하고 있다.

10 이소라, 《경기논맴소리자료총서(3)》, 122~124쪽.

《용인학연구》1집, 용인발전연구센터, 2006

용인시 지역축제의 활성화 방안

07

1. 여는 말

최근 설명회를 가진 〈용인시 2006 횃불축제 기본계획〉에서도 그간의 우려를 떨칠 수 없다. 문화관광부에서 집계한 통계에 의하면, 2005년도 전국지역축제가 1천 200건이 넘는다.[1] 그 가운데, 국가에서 지정한 지역축제는 37건이다.[2] 불행히도 인구 70만 남짓한 용인시의 경우는 지정된 축제가 한 건도 없다. 용인시 당국에서 시민의 반응을 직접 확인할 수 있는 지역축제 추진을 서두르는 것은 당연한 일이다. 용인문화원의 '2005년도 워크숍'의 주제를 〈용인지역의 문화환경과 축제문화〉로 선정한 것도 가장 시급한 과제이기 때문으로 이해된다.

이 글에서는 용인지역의 문화환경과 지역축제 범주 내에서 그간의 실적을 검토 분석해서 개선방안을 제시하고자 한다.

2. 용인시 축제의 현황과 문제점

용인시는 최근 몇 차례 외부의 전문 업체에 의뢰하여 용인지역의 문화관광 추진계획과 지역축제의 추진계획을 발표하였다. 대표적인 사례로 〈용인시 관광비전21 추진종합계획〉 〈용인시 2006년 횃불축제 추진기본계획〉이다. 이러한 계획을 추진하면서 여러 차례 설명회를 통해 각계의 의견을

---

1 이 통계수치는 문화관광부에서 각 시군에서 제출한 자료를 정리해서 집계한 것으로, 홈페이지에 게재되어 있다. 강원도의 축제 상황은 미제출로 통계 수치에서 제외되었다.

2 김사헌, 〈용인지역문화축제의 활성화 과제〉, 《지역혁신과 용인지역연구》, 용인발전연구센타, 2004. 12, 94~95쪽.

수렴하였다. 그럼에도 실제 그 같은 계획이 추진되어 성과를 내보인 적은 거의 없다. 2005년도에 추진해온 횃불축제의 경우도 그간 용인지역민의 이해와 참여도 측면에서 보완되었다고 할 수 있으나, 용인지역의 문화 환경을 깊이 있게 분석한 결과물이라고 보기엔 미흡하다.

우선, 용인지역의 문화행사를 주로 시행하고 있는 용인문화원·용인예총에서 2005년도에 시행한 문화행사를 살펴 기초 자료로 삼고자 한다.

용인지역내 주요 문화행사 및 축제

행사명	일시 / 장소	행사내용	비고
포은문화제	매년 5월~6월중 3일간	천장행렬, 제례, 상산제, 한시백일장 등	용인문화원 주관
시민의 날 행사	매년 9월 30일 공설운동장, 문예회관 등	기념행사, 체육행사	용인시 주관
용구문화제	매년 10월 초 공설운동장, 문예회관 등	시민장기자랑 한마당, 민속경연대회, 각종전시회, 전국궁도대회 등	문화원/예총 주관
용인예술제		거리축제, 도자기체험, 시화전, 군악대시범, 시민화합의 밤	예총 주관

위의 표에서 보듯이, 현행 용인지역 축제문화의 문제점은 타지역 축제의 일반적인 문제점을 그대로 안고 있다. 우선 기존의 연구자들에 의해 지적된, 전국 1천여 건에 이르는 축제의 문제점을 정리해 보이면 다음과 같다.[3]

① 주민의 자생적 자발적 지역축제가 아닌, 처음부터 인위적이고 전시적이고 상업적인 관광축제가 대부분을 차지한다.

② 지역적 향토색이나 차별화된 특성 없이 획일화되어 축제가 열리고 있으며, 모방축제도 적지 않다.

③ 축제의 절반이 봄(4~5월), 가을(9~10월)에 집중적으로 열리고 있다.

---

3 김사헌, 〈용인지역문화축제의 활성화 과제〉, 89~90쪽.

④ 대다수의 축제가 "유치목표 ○○만 명"하는 식으로 목표를 과도하게, 그리고 범위를 넓혀 잡고 있다.

용인지역은 위에서 지적한 지역축제의 일반적인 문제점 외에 지리적 여건이나 문화여건상 별다른 문제점을 안고 있다. 지리적 여건상 예로부터 동서부 지역의 이질적 요소가 아직도 대립되어 있다. 지역 축제의 목적이 해당 지역 주민의 화합과 단결을 전제로 한다는 점에서 용인지역 동서부의 대치적 양상은 커다란 장애요소가 아닐 수 없다. 더욱이 동부지역과 달리 서부지역은 신도시로 개발되면서 거주민이나 지역의 문화적 정서가 판연히 구별된다. 같은 시의 권역에서 이처럼 대치적인 사례도 흔하지 않을 것이다.

현행, 용인시 축제가 용인지역의 문화환경을 적극 반영하지 못하고 있다는 사실도 커다란 문제이다. 용인지역은 조선시대 기호학파의 터전이요, 예학의 본향이라 할 수 있다. 포은 정몽주, 정암 조광조선생의 명성만으로도 이미 널리 알려진 유교문화유산을 용인시에서는 방치하고 있다. 조선조 후기 여성실학자로 부각되고 있는 사주당 이씨를 선양하여 축제화한다면, 전국 여성단체가 참여하는 거국적 축제가 이뤄질 수도 있다. '사거용인死居龍仁', '명당明堂'으로도 유명한 용인의 지형적 여건을 바탕으로 축제를 기획할 수 있으리라 본다. 최근 용인문화원에서 주관하고 있는 '포은문화제'는 이런 점에서 용인지역의 문화환경을 반영한 축제라 할 수 있다.

용인지역에는 이동면 서리를 비롯해 여러 지역에 도요지가 발굴되어 학계의 관심사가 되고 있다. 그럼에도 이천·여주·광주 등 인근 지역에서 추진하고 있는 도자기축제에서 제외되고 있다. 적지 않은 학술조사 용역비를 지출하고 있으면서도 용인시민에게조차 별다른 관심을 유도하고 있지 못한 대표적인 사례이다.

용구문화제는 용인의 지역축제로 특성화해야 함에도 불구하고, 다른 시군의 행사와 크게 다르지 않다. 매년 전국궁도대회를 유치하여 실시하고 있음에도 지역민에게조차 홍보되지 못하고 있다. 처인성의 유래를 보면, 고려시대 몽고군 침입 시 김윤후가 몽고의 장수 살리타이를 활로 사살한 곳이다. 이런 유래를 도외시한 채, 처인성이 아닌 다른 지역에서 전국궁도대회가 이뤄진다는 사실도 납득이 가지 않는다. 더욱이 2005년도에 처인구가 개청되었음에도 아무런 사업이 추진되고 있지 않는 실정이다.

동홰놀이, 할미성대동굿 등 민속문화유산도 거의가 전국민속경연대회 참가를 위해서 이뤄지고 있다. 여러 가지 민속놀이가 각 지역에서 용인시의 행사지원비를 받아 매년 실시되고 있음에도 지역축제로 활성화되지 못한 실정이다.

용인시에서 주관하는 시민의 날 행사는 각 지역의 체육대회와 연예인 초청 공연으로 진행되고 있는 셈이다. 적지 않은 예산을 사용하고 있으면서도 참여 인원을 동원해야 하는 문제점을 벗어나지 못하고 있다.

최근 용인시에서는 이러한 문제점을 해결하기 위하여 전문 축제기획단체에 용역사업으로 의뢰해서 몇 차례 공청회를 실시한 바 있다. 그럼에도 아직까지 추진되지 못하고 답보 상태에 있다. 지역의 축제에서 그 지역의 문화환경을 무시한 채 타지역에서 성공한 축제의 사례를 바탕으로 축제를 기획하고 추진한다는 것 자체가 무리이다. 구체적인 사례를 들어보자. 〈2006 횃불축제 기본계획〉의 내용을 정리해 보이면 다음과 같다.

2006횃불축제기본계획

	1일차	2일차	3일차	4일차	5일차	6일차	7일차	8일차	9일차
일일행사	개회식	횃불전투 *차전놀이 *줄다리기 *오제미싸움 *강강수월래	승천의빛 *마스게임 *전문퍼포먼스 *동홰놀이	U&I Festival *대학문화공연 *동아리마당 *먹자골목 *맥주페스티벌	Candle Party	Big Camp Fire *촛불의식 *점화식 *소원비행기	화이어맨페스티벌 *저글링 *화이어팅 *매직쇼 *칵테일쇼	용인카니발 *퍼레이드카 *폭죽놀이 *가면무도회	화이어워크 *폐회식 *축하공연 *불꽃놀이
상설행사	멀티미디어쇼 Fire 퍼포먼스 Candle Fair 용인근대화사진전 체험행사 동홰점화식 아! 처인성(연극공연)								
특별행사	축하공연					Self Fire			
	College Day (일일 한 개 대학이 주체가 된 대학문화축제)								

위의 축제계획안이 최근에 작성된 것이라는 점에서 그간의 문제점을 보완했다는 사실은 인정된다. 그럼에도 용인지역민의 적극적인 호응을 받지 못하고 있다. 이유는 무엇인가? 대다수가 지적하였듯이 용인의 지역적 특성이 고려되지 못하였다는 것이다. 위의 내용은 전국 어느 시군에서도 추진할 수 있는 방안이다. 용인지역의 문화연건을 감안하여 대학문화축제를 특별행사로 계획하고 있음은 주목할 만하다. 그러나 차전놀이·줄다리기·오제미싸움·강강수월래 등의 민속놀이는 용인지역의 문화적 정서를 담기에 부족하다. 용인지역의 민속문화 환경을 감안하였다면, 이런 민속놀이를 구성하지는 않았을 것이다.

이러한 점에서 보면 〈관광비젼21종합계획안〉에서 제시한 지역 문화축제 관광자원화 계획은 용인지역의 특성을 살린 계획이었다고 할 수 있다.

관광비전21종합계획안

용인 처인성 문화제
.주제 : "한민족 항쟁의 역사 이야기."
•개최장소: 처인성지, 도립박물관, 용인문예회관 등
•개최시기: 매년 10월
•행사내용: 처인성지 영상쇼, 김윤후출전식, 용인명품거리축제, 몽골의복 및 전쟁장비 전시 등

용인 막사발 가마 축제
•주제 : "물, 불, 흙, 백자의 청초함을 찾아서"
•개최장소: 서리상반도요지, 고안리, 이동면 옹기요지 등
•개최시기: 매년 4월
•행사내용: 진혼제, 제작체험, 학술심포지엄 및 세미나, 도자기 만들기 대회 등

용인 애니-사이버 페스티발
•주제 : "Dream in Cyber World..."
•개최장소: 전대리 일대, 삼성반도체 주변등
•개최시기: 매년 12월
•행사내용: 가상현실체험, 게임/애니메이션체험, 소프트웨어 전시, 관련 학술대회 및 부대행사 등

동양 선(禪) 축제
•주제 : "신과 인간세계의 만남."
•개최장소: 할미산성 주변, 한국민속촌, 도립박물관 등
•개최시기: 매년 7월
•행사내용: 전통굿, 국제샤머니즘 전시회, 무속 심포지엄, 사이버점, 꿈해몽, 운세보기 등

현 시점에서도 〈관광비전21종합계획안〉이 〈2006 횃불축제기본계획〉보다 용인시의 문화환경에 적절한 계획이었다고 생각된다. 우리는 지역축제의 성공적인 사례로써 이천도자기축제 · 금산인삼축제 · 무주반딧불축제 등을 꼽고 있다. 이들 지역축제의 성공적인 요인은 전국지역축제의 모범사례로 분석, 연구되고 있다. 2000년부터 문화관광축제로 출발한 무주반딧불축제는 짧은 역사에도 불구하고 크게 성공한 사례로 꼽는다. 용인시는 이들 축제의 성공적 사례를 그대로 모방하거나 답습하기보다는 성공적인 요인을 깊이 있게 통찰하여 수용해야 한다. 대부분 성공한 사례로 꼽히고 있는 지역축제는 다음 몇 가지 요인을 지니고 있다.

첫째, 명확한 축제의 성격 및 목표가 뚜렷하게 설정되어 있다. 전통축제·지역축제·관광축제·문화관광축제 등 축제의 성격을 명확하게 구분하고, 목표를 구체적으로 설정하고 있다. 지역전통문화의 발굴과 계승을 통해 지역민의 화합을 목표로 성공한 사례로 강릉단오제, 안동하회마을의 탈춤축제 등을 들 수 있다. 이들 축제는 오랜 역사와 전통으로 외부에 점차 인지되면서 자리 잡은 성공적인 사례이다.

둘째, 지역의 이미지를 부각시킬 수 있는 독창적인 소재를 발굴해서 기획하고 있다. 대표적인 사례로, 무주반딧불축제는 무주=반딧불=청정지역이라는 이미지의 제고로 무주에서 생산되는 농산물의 청정이미지를 부각하여 고부가가치의 효과를 거두고 있다. 또한, 지역의 고유 이미지를 연상시킬 수 있는 소재의 개발로 성공한 축제의 사례로, 남원춘향제(남원=춘향), 이천도자기축제(이천=도자기), 금산인삼축제(금산=인삼), 안동하회탈춤축제(안동=하회탈), 부산자갈치축제(부산=자갈치) 등을 들 수 있다.

셋째, 참여형 프로그램을 개발하여 운영하고 있다. 우리의 전통놀이는 대부분 대동놀이의 형태로 전승되어진다. 특정한 공연자와 관람자의 구별이 별로 없이 함께 어우러지는 한마당의 놀이 형태로 이루어진다. 공연 뒤에는 뒤풀이가 마련된다. 이런 전통적 형태를 지금의 축제문화에도 적극 고려해야 성공할 수 있다. 이천도자기축제에서 가장 많은 사람들이 즐기는 곳이 바로 도자기 체험장이다. 햅쌀축제에서 인절미 만들기를 시도한 사례도 성공적인 요소로 꼽고 있다.

넷째, 축제의 성공적 요소 가운데 가장 중요한 요소는 '재미'이다. '볼거리' '먹거리'와 연관해서 관객의 본능적 욕구를 충족시켜야 한다. 우리말에 "굿이나 보고 떡이나 먹지"라는 말이 있다. 아무리 방관자적인 입장의 사람도 볼거리와 먹거리가 있으면 몰려들 수 있다는 점을 시사한다. 재래시장을 찾는 촌로들의 재미는 물건을 매매하는 행위보다 먹거리의 충족에 있다. 장터는 만남의 공간이기에 자연스럽게 몰려든다. 그 자체가 볼거리이다. 파장 때의 난장판 광경은 다음 장날을 기대하게 한다. 지역축제는 이 점을 중시해야한다.

다섯째, 적절한 시기와 공간이 설정되어 있다. 축제의 개최시기나 기간, 공간도 축제의 중요한 요소이다. 전국 대부분의 축제가 5월과 10월에 집중되고 있으므로 이 시기의 장·단점을 판단해서 결정해야 한다. 농산물의 판매를 부수적인 효과로 노린다면, 부득이 10월에 개최할 수밖에 없다. 그렇지 않은 관광축제라면 가급적 이 시기를 피하는 것이 좋다.

지역축제의 개장 시간도 적극 고려해야한다. 축제 본래의 시간대는 거의 야간에 이루어져 왔다. 지금은 대부분의 축제가 오전 10시경에서 개장하여 해질 무렵에 폐장하고 있다. 주말이나 휴일을 제외한 평일의 경우 모두가 근무하는 시간대이다. 이런 시간대에 축제를 연다면, 참가자가 적을 수밖에 없는 것은 당연하다. 일본의 '마쯔리'는 대부분 퇴근시간대에 개장해서 심야까지 개장된다. 중요도로까지 폐쇄해서 축제를 행하고 있는데도, 커다란 문제가 없이 추진되고 있다. 주말과 휴일에는 전일제 프로그램을 운영하고, 평일에는 야간행사에 보다 중점을 두는 프로그램의 개발과 운영방법이 마련되어야 한다.

연구자들의 통계에 의하면, 우리나라 지역축제의 평균 축제기간은 5.2일이라고 한다. 외국의 성공적인 축제들이 대부분 7일 이상이며, 특히 주말에 시작하여 다음 주말까지 포함하는 10일 이상으로 운영되고 있다. 주말을 2회 이용할 수 있는 기간의 설정은 거의 공식적인 기간임을 염두에 두어야 한다.

축제의 공간을 어느 곳에 두는가도 매우 중요하다. 대부분 지역축제가 교통편의적인 방편으로 종합운동장과 같은 곳에서 이루어지고 있는데, 이 역시 문제점이다. 폐쇄된 운동장 공간의 이미지는 관객을 유치하는 데 장애적 요소이다. 열린공간의 이미지로 부각되는 공간을 고려하여 선정해야 한다.

3. 용인시 축제의 활성화 방안

앞에서 살펴본 전국지역축제의 문제점과 성공적 요소는 용인지역의 경우도 예외가 아니다. 아니, 기존 용인지역축제의 경우는 그 같은 요소에 몇 가지 제한적 요소를 더 지니고 있다. 용인시의 지형적·경제적·인문적 환경이나 규모가 인접한 이천시·안성시에 비해 비교대상도 되지 않을 정도로 우위에 있음에도 지역축제의 규모나 인지도는 절대 열세에 처해있다. 그 원인이 어디에 있는가?

우선, 축제기획자들이 용인지역의 문화적 환경을 명확하게 분석하고 있지 못하고 있다. 지리적 여건에서 용인지역은 예로부터 동·서부권역의 이질감이 고질적 병폐였다. 생활문화권의 차이에서 제기되는 이질감을 문제점으로 인식하면서도 해결방안을 제시하지 못하고 있다. 필자의 견해로는 그 같은 요소를 대립과 갈등으로 이해할 것이 아니라, 변별적 요소로 인정해야 한다고 본다. 인위적으로 시청사를 중간 지역인 현재의 위치인 삼가동에 신설했다고 해서 자연적으로 해결될 요소가 아님을 인정해야 한다. 이질적 요소를 인위적으로 통일하려는 의도보다는 변별적 요소를 장점으로 살려 부각할 필요가 있다. 즉, 동화同化= 和而同보다는 조화調和: 和而不同의 묘를 추구해야 한다. 가령, 동부지역에서는 용인의 전통문화 육성에, 서부지역에서는 현대문화 창달에 중점을 두어 다양한 축제문화를 개발하여야 한다.

둘째로, 축제의 성격을 명확하게 제시하지 못하고 있다. 현행 축제는 용인문화원, 용인예총이 중심이 되어 기획 추진하고 있으며, 축제의 성격이 명확하지 않다. 축제의 성격을 관광축제·지역축제·전통축제 가운데 어느 쪽에 목표를 둘 것인가를 명확히 해야 한다. 용인문화원이 포은문화제와 같은 전통축제에 중점을 둔다면, 예총은 지역축제에 중점을 두어 역할을 분담할 필요가 있다. 용인시 전체 차원에서의 전국적, 국제적 규모의 축제는 자매

국가 도시인 중국 양주시, 미국 플래툰시 등과 연계한 축제를 모색하는 것이 바람직하다.

셋째로, 우리나라의 성공한 축제는 대부분 관광축제에 중점을 두고 있다. 관광축제를 육성하여 외지의 관광객을 유치하고, 지역의 특산품을 판매, 홍보하는 전략으로 프로그램이 집약되어 있다. 용인시의 경우는 이 같은 축제가 추진되고 있지 못하다. 우선, 용인지역의 특산물과 지역 이미지를 부각하는 소재 개발에 역점을 두어야한다. 용인지역에서 추진하는 전국규모나 국제규모의 축제는 관광축제를 목표로 해야 할 것이다. 구체적인 사례로, 1970년대까지만 해도 운학동 마을 주민의 대다수가 떡을 만들어 용인시장에 내다 팔아서 자제들의 학비를 보탰다. 이 마을을 다시 '떡 마을'로 개발하여 특성화하고, '떡 축제'를 모색하는 것도 가능하다. 이미 전국적으로 홍보된 '백암순대'를 단지 상품명으로만 인식시킬 것이 아니라, 백암의 일부 지역을 '순대 마을'로 정하고, '순대'를 테마로 한 축제도 가능하리라 본다. 용인의 특산물로 고문헌에 기록된 장아찌를 개발하여 관광축제화하는 것도 시도해볼 만하다.

넷째로, 용인지역의 특성상 지역·전통문화 축제는 각 구청 행정단위로, 관광축제는 용인시 문화관광 정책 단위로 기획, 추진되어야 한다. 가령, 처인문화제는 처인구청 생활권역에서 보다 집약적으로 추진될 필요가 있다. 기흥구는 첨단 IT산업과 연관한 축제를 개발, 추진하는 것도 바람직하다. 수지구는 주민의 문화의식을 분석해서 예술제 성격의 축제 개발이 바람직하다. 지역의 축제가 지역주민의 통합에 목적을 두고 있다고 해서, 용인시민을 하나로 연대하려는 목적의 지역축제만 개발하려는 시도는 무모하다. 용인의 지리적·문화적 환경을 고려하여, 생활권에 부합하는 테마의 축제를 개발하고, 상호 교류하는 관계에서 보완적인 만족감을 고취하는 것이 더 바람직하다.

다섯째로, 용인지역에 소재한 문화환경(미술관·박물관·대학·에버랜드· 민속촌 등)을 적극적으로 활용할 수 있는 소재와 프로그램이 개발되어야 한다. 각 대학의 축제내용과 기간을 집약하여 시민, 청소년과 함께하는 축제를 개발하면 여러 면에서 상생의 효과를 거둘 수 있을 것이다. 대학의 축제가 지역의 축제와 같이 5월과 10월에 실시되고 있음에도 아직 연계한 프로그램 개발이 저조한 편이다. 용인시에서는 대학의 축제문화와 지역의 축제문화를 하나로 연대할 수 있는 프로그램 개발이 타시군과 차별화할 수 있는 좋은 여건이라고 생각한다. 한국민속촌·에버랜드 등의 관광사업 단체와의 연대도 보다 적극적으로 개선할 필요가 있다.

여섯째, 용인지역에서 추진하고 있는 축제는 주관부서나 주관자, 참여자가 매우 제한적이다. 고정적이기까지 하다. 20회 이상 추진해온 용구문화제의 사례에서도 확인할 수 있듯이 행사기획자나 운영위원회 등이 행정부서 범위 내에서 기획 운영되고 있다. 적어도 용인지역에 소재한 문화 단체와 대학 내의 전문 인력을 참여시켜 '용인지역축제위원회' 또는 '용인지역축제문화개발위원회' 등의 상설위원회가 문화정책 차원에서 설치되어야 한다. 현 시점에서 용인시 청사에 소재한 문화예술원은 이 같은 사업을 추진할 수 있는 기구와 조직이 시급하다.

4. 맺음말

용인시는 경제적·지형적 여건상 타시군에 비해 지역축제의 개발과 활성화 가능성이 무난하다고 본다. 문제는, 현재 상황에 대한 절실한 문제의식과 적극적인 추진의지에 달려 있다. 이제는 용인시의 상징적 건물인 '문화복지행정타운'에 걸맞는 정책이 실시되어야 할 때이다. 용인시는 용인지역의 축제가 우리나라 지정 지역축제에 1건도 선정되지 못하였다는 사실을 심각하게 받아들여야 한다. 그리고 조속하게 대책을 세워야 할 것이다.

* 이 글은 2006년도에 <용인시의 문화환경과 지역축제>라는 제목으로 발표했던 것인데, <문화환경> 부분이 이 책의 <용인시 역사문화의 이해>와 중복되므로 지면의 제약상 생략하였다.

2부 용인의 인물

《인문과학연구》12집, 강남대 인문과학연구소, 2004

포은 정몽주선생이 용인지역에 끼친 영향

08

1. 머리말

한 지역의 마을 형성은 주로 명현名賢들의 연고지를 중심으로 이루어진다. 가령, 한 마을에 명현의 묘역이 이루어지면, 자손들의 시묘侍墓와 함께 생활터전이 자연스럽게 근접 지역에 형성된다. 아니면, 명현들이 치사致仕하여 전원생활을 즐기거나 은둔隱遁하기 위하여 한 지역에 처음으로 정착하면서 마을이 형성되기도 한다. 후학을 양성하기 위한 목적으로 한 지역에 정착하면서 마을이 형성되는 사례도 적지 않다.[1]

용인지역의 마을 형성도 예외는 아니다. 용인지역에서는 선현의 묘역에 관련한 경우와 일시적으로 관직에서 물러나 우거寓居하면서 정착하게 된 경우가 많다.[2] 묘역과 관련하여 마을을 형성하게 된 대표적인 사례가 모현면 능원리의 영일정씨迎日鄭氏 포은공파圃隱公派 후손들의 동족촌이다. 마을 이름인 '능원리陵院里'도 여기에 연유한다. 영일정씨가 이곳에 정착한 것은 포은선생의 묘소를 천장遷葬한 이후인 15세기이다.[3]

포은선생의 묘역이 용인지역에 조성된 것은 단순히 영일정씨 동족촌의 형성이라는 차원에서 논의되고 말 문제가 아니다. 포은선생이 용인지역에 영면한 이후 전국 유림들이 이곳에 와서 숭배하였고, 충렬서원忠烈書院이 건립된 이후로는 본격적으로 포은선생의 학풍을 진작하려는 노력이 기울여졌다. 《충렬서원선생안忠烈書院先生案》에 등재된 선생의 명단은 실로 조선조의 학문을 이끌어나간 명현들로 꽉 차 있다. 기호학파畿湖學派의 맹주인 도암陶菴

---

1 이처럼 명현들이 한 마을에 정착하면서 동족 집성촌을 이루게 되는데, 이들을 일반적으로 입향조(入鄕祖)라 부르고 있다.

2 용인지역의 동족촌 형성에 대해선, 이용석이 《용인의 역사지리》(용인시사총서6), 202~226쪽에서 구체적으로 다루고 있다. 정만조의 〈조선시대 용인지역 사족의 동향〉(《한국학논총》19집, 1996)에서도 구체적인 증빙 사례를 살필 수 있다.

3 포은선생의 시신을 천장한 것은 조선 태종6년(1406)이다.

이재李縡선생이 그 가운데 들어 있다. 도암선생은 충렬서원을 근거지로 하여 용인지역은 물론 기호畿湖 지역에 도학道學을 전수한 대유大儒이다. 이러한 사실로 미루어, 조선시대의 용인은 유학儒學의 성지聖地라 해도 과언이 아니다. 그것은 바로 동방이학東方理學의 종조宗祖인 포은선생의 문화적 역량이라고 할 수 있다.

이 글에서는 바로 이점을 중시해서 논지를 전개하고자 한다. 이제까지 포은선생에 관련한 연구는 그의 사상과 학문 등에 국한된 범주에서 다루어져 왔다. 이 글에서의 논의는 비록 지엽적인 문제라는 점에서 제한성이 있지만, 새로운 시각에서의 규명이라는 점에서 포은학 연구의 범주를 확대하는 데 시금석이 될 것이다.

2. 포은선생의 천장遷葬과 세거성씨의 형성

1) 포은선생의 천장

포은선생의 묘역은 모현면 능원리 문수산 기슭에 위치한다. 모현면은 용인의 가장 북쪽에 위치하며 크게 능원리·오산리·동림리 권역과 매산리·일산리·왕산리·갈담리와 초부리의 5개리를 포함하는 권역으로 나뉘어진다.[4]

모현의 행정구역은 조선 태종 때부터 지금까지 변함없이 존속하였다. 태종 13년(1413) 행정구역 개편 시 '용구龍駒'와 '처인處仁'을 합친 '용인龍仁'이라는 명칭이 생겼을 때부터 '모현慕賢'이란 행정명칭이 쓰였으며, 지금까지 거의

4 일반적으로 앞의 3개 리를 '水上'이라고 하고, 아래의 5개 리를 '水下'라고 지칭한다. 드물게는 경안천 건너의 매산리와 일산리를 '水中'이라고 부르기도 한다.

600여 년간 존속하는 셈이다. '모현慕賢'이란 행정명칭은 바로 포은선생의 유해를 이곳에 천장한 것과 직접 연관된다.

포은선생의 묘소는 본래 개성의 풍덕豊德에 있었으나, 조선 태종 6년(1406) 3월 현재의 위치인 모현면 능원리 문수산 기슭으로 천장하여 부인 경주이씨慶州李氏와 합장하였다.[5] 그리고, 태종은 권근權近의 요청에 따라 포은선생을 영의정으로 추증하는 동시에 문충공文忠公이라는 시호를 내려 그의 충절을 기렸다. 태종 10년(1410)에 함부림咸傅霖이 지은 〈포은선생행장圃隱先生行狀〉에 그 같은 사실이 기록되어 있다.

> 우리 성조가 천명을 받으려 할 때 공이 절의節義를 위하여 운명하니 곧 임신년(공양왕4, 1392) 4월 4일이었으며, 수는 56이었다. 처음에 해풍군海豊郡에 장사하였다가, 영락 병술년(조선 태종6, 1406) 3월에 용인현의 치소 북쪽에 있는 쇄포촌灑布村의 언덕에 이장하였다. 을유년乙酉年: 태종5년, 1405에 선정 문충공 권근이 상서하여 봉증封贈을 더하고, 자손을 녹용하여 후인을 권려하기를 청하니, 전하가 아름답게 여겨 받아들여서 대광보국숭록대부 영의정부사 수문관대제학 감예문춘추관사 익양부원군을 추증하고 문충文忠이라 증시贈諡하였다.

위의 행장에서 보듯이 모현면이란 행정지명이 생기기 전에는 '쇄포촌灑布村'으로 불려졌던 것이다. 모현면 연혁지에도 "본래는 쇄포면灑布面이라 하였던 것을 조선 태종 때 고려 충신 포은 정몽주선생의 유해를 능원리에 천장한 이후부터는 '충신을 사모한다'는 뜻에서 '모현慕賢'으로 개칭하였다."고

---

5 용인지역에는 포은선생의 묘소에 얽힌 이야기가 많이 분포되어 있다. 전하는 바에 의하면, 풍덕에 묘를 썼다가 후에 고향인 경상도 영천으로 천묘할 때 지금의 풍덕촌동에 이르자 앞에 세웠던 명정(銘旌)이 바람에 날려 현재의 묘소 위치에 떨어져 안장했다고 한다(*cf.*, 《모현면지》제9편 2장 전설).

기록하고 있다.[6] 적어도 용인시 관내의 많은 읍, 면들이 1914년 일제초기에 행정구역을 개편할 때 두 개의 면이나 네 개의 면을 합쳐서 하나의 면을 이룬 반면, 모현은 행정구역이 변하지 않고 그대로 이어져왔다는 특징을 갖고 있다.[7] 바로 포은선생의 학덕學德을 기리기 위한 배려에서 가능했음이 분명하다.

2) 세거성씨의 형성

포은선생의 묘소를 모현면 능원리로 옮기면서 모현면 일대에 영일정씨가 자리하게 되는 계기를 맞게 되었다. 정만조鄭萬祚 교수는 포은선생의 천장보다는 당시의 사회적 관례를 통해 볼 때 혼인관계에 의한 연고를 가졌던 것으로 추정하고 있다. 포은선생의 장남인 종성宗誠의 처가는 죽산박씨竹山朴氏 박중용朴仲容의 집안으로 여말선초부터 죽산에 세거하였다. 조선총독부에서 펴낸 《조선의 취락》에 의하면, 유명한 동족촌의 하나로 백암면 옥산리를 들고 있으며, 조사 당시 죽산박씨가 41호(254명)이며, 타성이 7호(36명)를 차지하는 것으로 기록하였다. 죽산박씨가 용인지역에서 세거성씨로 정착하기 시작한 것은 대략 500~600여 년 전이다.[8] 죽산과 용인의 지리적 근접성, 자녀균분상속 등의 사회적 배경으로 추정해 볼 때 영일정씨가 모현면에서 자리를 잡고 세거할 수 있게 된 기반이 죽산박씨와 무관하지 않을 것이다.[9]

또한, 15세기 무렵 영일정씨와 함께 모현면으로 이거해 온 연안이씨延安李氏와의 관계도 세거성씨의 형성에 적지 않은 영향을 미쳤을 것으로 생

6 《동국여지승람》에는 '慕賢'으로 기록되어 있으며, 《용인읍지》류에는 대개 '慕賢村面'으로 기록되어 있다.

7 기흥면(器興面)은 기곡면(器谷面)과 구흥면(駒興面)을 합친 명칭이고, 남사면(南四面)은 남쪽의 4개 면을 합쳐서 만든 면이란 뜻이다. 외사면(外四面)은 백암면(白岩面)으로, 내사면(內四面)은 양지면(陽智面)으로 바뀌었으나 역시 4개 면을 합쳤다는 의미가 포함되어 있다.

8 *cf.*, 조선총독부, 《朝鮮の聚落》, 1935, 222~223쪽.

9 정만조, 〈조선시대 용인지역 사족의 동향〉, 《한국학논총》19집, 국민대 한국학연구소, 1996, 76~78쪽.

각된다. 입향조인 이석형李石亨, 1415~1473은 포은선생의 손자인鄭保의 사위이다. 이석형의 아들 혼渾, 1439~1483은 용인이씨龍仁李氏와 혼인관계를 맺으면서 용인 일대에서 지배세력의 일원으로써의 위치를 확고하게 다질 수 있었다. 15세기 무렵 용인지역의 영일정씨·연안이씨·용인이씨 등은 대개가 중앙의 훈구계열로써 활동하였으며, 상호 통혼관계通婚關係가 중요한 연결고리로 작용했던 것이다. 통혼通婚은 여말선초의 집권 세력층이나 조선조의 벌렬閥閱은 당대 최상위 계층으로 지속적으로 관인을 배출하여 정치적, 사회적 특권을 세습하기 위한 수단으로 이용되었다. 영일정씨·연안이씨·용인이씨가 모현면 지역에서 세거 성씨를 형성할 수 있었던 것도 이러한 통혼관계에서 비롯했다고 볼 수 있다. 이러한 여건 외에 포은선생의 묘소와 저헌樗軒 이석형李石亨 선생의 묘소가 같은 지역에 나란히 위치하고 있다는 사실은 더욱더 양쪽 가문의 유대를 공고히 하는 연결고리였음이 분명하다. 해주오씨가 오산리에 터를 잡게 된 것도 추탄楸灘 오윤겸吳允謙선생의 부친인 오희문吳希文이 저헌선생의 현손玄孫인 이정수李廷秀의 사위가 되고, 처가와 가까운 오산리로 들어온 이후부터이다.

결국, 포은선생의 천장으로 인해 영일정씨가 모현면 능원리에 정착하여 세거성씨를 형성하고, 통혼으로 연안이씨가 세거성씨를 형성하게 되었으며, 이어 연안이씨와 해주오씨가 통혼함으로써 해주오씨가 세거성씨를 형성하게 된 것이다.[10] 이 세 성씨의 동족촌 형성 양상을 정리해 보이면 다음과 같다.

10 모현면 능원리·오산리는 영일정씨·연안이씨·해주오씨의 묘역이 분포되어 있어 있으며, 문수산을 경계로 각 문중 입향조의 묘역과 종가가 위치하고 있다.

① 영일정씨迎日鄭氏

영일정씨의 시조는 종은宗殷이다. 정씨의 시조는 지백호智伯虎라고 하는데 신라의 전신인 사로육촌斯盧六村의 촌장 중 한사람이었다. 종은은 그의 후손이 되는데 계보를 파악할 수 없고, 종은의 후손 또한 계보가 실전되었다. 《영일정씨대동보迎日鄭氏大同譜》에 의하면, 고려 인종 때 추밀원 지주사樞密院知奏事를 지낸 정습명鄭襲明을 시조로 받드는 지주사공파知奏事公派와 감무監務를 지낸 정극유鄭克儒를 시조로 하는 감무공파監務公派로 크게 나뉘며, 자피子皮를 시조로 하는 양숙공파襄叔公派가 있다. 영일정씨의 가장 뛰어난 인물로는 포은선생을 들 수 있다. 포은선생의 9대손 유성維城은 조선 현종 때 우의정에 올랐고 청빈하기로 이름이 높았다. 하곡霞谷 정제두鄭濟斗는 강화학파江華學派의 태두泰斗로 주자학 일색이던 당시에 지행합일知行合一의 양명학陽明學을 일으켰다. 또 감무공파의 후손으로는 송강松江 정철鄭澈이 유명하며 특히 가사문학의 발전에 큰 자취를 남겼다.

모현지역에 세거한 영일정씨는 지주사공파의 후손이다. 15세기 무렵 포은선생이 영의정으로 추증되고, 문충공의 시호를 받은 이후 포은의 종손은 여러 차례 복호復戶와 녹용祿用의 시혜施惠를 누린다. 구체적인 사례로, 조선 태종4년 5월에 정언正言이 되었으나, 오랫동안 이문훈도吏文訓導 등의 한직에 머물던 맏아들 종성宗誠이 세종 22년 4월에 이조참의吏曹參議에 제수되었다.[11] 그리고, 정종定宗의 4남인 선성군宣城君과 양녕대군讓寧大君의 장남인 순성군順城君을 사위로 맞아 왕실과 혼인관계를 맺었다. 이 당시야말로 영일정씨 가문의 성세라고 할 수 있다.

그러나 종성의 아들인 보保가 세조 집권 이후 사육신을 옹호하는 발언을 한 것이 말미가 되어 가산이 적몰籍沒되는 등 곤경에 처하게 되었다.[12]

11 *cf.*, 《세종실록》, 권89, 22년 4월조.

12 *cf.*, 《세조실록》, 권5, 2년 12월 을묘조.

정보의 정치적 성향과 피죄被罪는 영일정씨 후손의 성쇠에 큰 영향을 미쳤다. 동생인 수修의 후손이 강화도에 이거移居하였으며, 16세기 이후 용인지역에 거주하는 영일정씨 집안의 관료 진출자가 매우 희소하였다. 17세기 후반 서인이 정국을 주도하면서 군신간의 의리가 크게 강조되고, 마침내 숙종 25년(1699)에 사육신을 포상하게 되었는데, 정보에게도 이조참의가 추증되었다. 이 때 다시 포은선생과 설곡雪谷선생의 충절이 크게 부각되었다.

한편, 모현지역에 영일정씨가 세거성씨를 형성하게 된 시기를 조선 숙종 무렵으로 추정하고 있는데 그 논지는 다음과 같다.

> 포은선생의 유택이 자리 잡은 직후에 입향한 것 같지는 않다. 포은선생의 순절이 조선 개국초의 조정에서는 그다지 탐탁하게 여기지 않았던 듯 하며, 손자인 설곡 정보가 사육신 사건에 연루되어 귀양을 갔었기 때문에 실제로 종가의 정착은 그 뒤의 일이라고 생각된다. 이는 조선왕조 내에서의 포은선생에 대한 평가와도 관계가 있다고 생각되는데 성리학이 정치의 지도이념이었던 조선왕조에서는 충과 효가 강조될 수밖에 없었고, 국가가 안정되고 성리학이 뿌리를 내릴수록 포은선생에 대한 평가와 예우가 높아졌다고 생각된다. 실제로 후손들이 완전하게 제약에서 벗어난 것은 숙종 때 사패지를 받고 난 이후라는 주장이 설득력이 있다고 생각된다.[13]

포은선생의 천장 이후 영일정씨가 모현면 지역에 이거하였으나, 세거성씨로서의 정착은 숙종 이후라는 견해이다.

포은선생의 6대손 진震, ?~1587은 세 아들을 두었는데 장자 응선膺善은 별좌공파別坐公派를, 둘째인 명선明善, 1549~1575은 판서공파判書公派를, 셋째인 종

13 정양화, 〈모현의 세거성씨〉, 《모현면지》, 용인문화원 향토문화연구소, 2003, 577쪽.

선從善, 1551~1617은 포천공파抱川公派를 이루게 된다. 장자 응선의 후손들은 주로 능원 일대를 중심으로 세거하였다. 둘째 명선의 후손들은 구성면 청덕리 일대로 이거하여 정착하였다. 셋째 종선의 후손들은 왕산리 왕곡으로 이주하여 동족촌을 이루었다. 그의 손자인 지한之翰에 이르러서는 능원리와 쌍벽을 이루는 세거지가 되었다.

② 연안이씨延安李氏

연안이씨는 중시조를 1세로 하여 크게 4대문파로 나뉜다. 모현지역에 세거성씨를 형성한 연안이씨는 판소부감공파判小府監公派에 속하며, 중시조인 현여賢呂를 1세로 하여 세계를 헤아리고 있다. 연안이씨가 명문거족으로 거듭나는데 기여한 인물은 저헌 이석형선생이다. 이후 가문이 크게 번창하여 이귀李貴·이시백李時伯·이정귀李廷龜와 그의 자손들이 줄줄이 현달하여 조선시대를 통하여 최고 명문거족의 하나로 성장하였다.

연안이씨가 용인지역에 자리 잡게 된 것은 저헌 이석형[14]선생이 모현에 이거하면서부터이다. 저헌선생은 포은선생의 손자인 정보의 사위로 들어가면서 한 때 이곳에 우거하였으며, 사후에는 포은선생의 묘소 옆에 나란히 묘역이 조성되었다.

저헌선생은 세종 때 삼장원三壯元으로 명성을 떨친 인재로 지제교, 한성부윤 겸 성균관사 등을 역임하였다. 학문에 조예가 깊은 그는 집현전 부교리 재임 시 《치평요람治平要覽》의 찬술에 관여하였고, 《대학연의집략大學衍義輯略》21권을 지었다. 성종 2년에는 좌리공신佐理功臣에 책봉되는 등 훈구세력의 일원으로 영향력이 매우 컸다. 그의 아들 혼渾 역시 과거에 급제하여 당시

14 저헌 이석형선생은 세조 때 명신으로 포은선생의 손자인 설곡 정보의 사위이다. 설곡은 그의 딸이 친정에 와서 난산(難産)으로 일찍 죽자 본래 자기의 묘자리로 잡아 놓았던 곳에 묻어주어 오늘날 이석형선생의 묘가 자리 잡게 되었다고 한다.

용인지역의 대표적인 사족인 용인이씨와 혼인관계를 맺어 위치를 확고히 하였다.

저헌선생의 묘역을 조성한 이후 모현면에 세거성씨를 이룬 연안이씨의 후손들은 능원리 안골과 동림리, 그리고 갈담리 갈월과 초부리 상부곡과 하부곡 일대에 동족촌을 형성하였다. 그리고 영일정씨와 더불어 모현의 최대 가문으로 자리 잡게 되었다.[15] 현재 능원리와 동림리 일대에는 저헌선생의 후손이 살고 있으며, 갈담리 갈월에는 저헌선생의 현손인 이정수李廷秀의 둘째아들 지贄의 후손들이 세거하고 있다. 갈월마을은 전통적인 마을의 경관이 잘 보존되어 있으며 씨족중심의 마을의 질서도 다른 곳에 비해 잘 남아있다. 현재 연안이씨의 대표적인 세거지역이라 할 수 있다.

③ 해주오씨海州吳氏

해주오씨는 시조의 7세손을 전후하여 20여 분파를 이룬다. 모현면 오산리 일대에 거주하는 해주오씨들은 오윤겸吳允謙을 파조로 하는 추탄공파楸灘公派와 오윤해吳允諧를 파조로 하는 만운공파晩雲公派의 후손들이 대부분이다.

해주오씨가 오산리에 터를 잡게 된 것은 오윤겸의 부친 오희문吳希文이 저헌 이석형선생의 현손인 이정수李廷秀의 사위가 되고 처가와 가까운 오산리로 들어온 이후부터이다. 오희문의 아들은 오윤겸[16]으로 영의정에 올랐고, 그의 후손들이 줄줄이 현달하여 명문거족을 이루게 된다. 특히 모현의

---

15 모현 출신 근대인물로 고종 때 협판군국사무(協辦軍國事務)겸 기계국총관(器械局總管)을 지낸 이조연(李祖淵)이 유명하다. 이조연은 능원에서 출생하였으며, 초부리 상부곡에서 수학하였다. 갑신정변으로 개화파에게 화를 당했다. 후에 이조참판에 추증되었고 충렬공(忠烈公)의 시호를 받았다.

16 오윤겸을 파조로 하는 추탄공파를 이루게 되는데 추탄공파는 해주오씨가문의 주요한 종파 가운데 하나이다.

지배적인 가문이었던 영일정씨와 연안이씨, 그리고 의령남씨[17] 등과 지속적으로 통혼하면서 중앙정계는 물론 모현지역에서 유력한 가문을 형성해 온 것으로 보인다. 그러나 조선시대 후기에 당쟁이 격화되면서 오산리의 해주오씨들은 주로 소론계열에 속하게 되어 더 이상 세력을 확대하지 못하고 오산리를 중심으로 세거하게 되었다. 오산리라는 지명도 오씨의 종중산이 있기 때문에 붙여진 명칭이다.[18] 현재 오산리 본동일대에는 해주오씨 종가, 재실, 사당 등이 세워져 있고 해주오씨 시조단이 설치되어 있는데 이는 해주가 현재 북한지역에 있기 때문에 설치한 듯하며 남한에서의 해주오씨의 본산은 오산리라고도 할 수 있다.

해주오씨를 빛낸 인물로는 인조반정 이후 영의정까지 오른 오윤겸과 그의 조카인 오달제吳達濟, 그리고 손자인 오도일吳道一, 현손인 오명항吳命恒이 유명하다. 모두 오산리에 뿌리를 둔 해주오씨의 후예들이다. 근대에는 원삼면 출신의 의병장 오인수吳寅秀와 오광선吳光鮮 장군 등의 독립운동가를 배출하였고 3.1운동 당시 33인의 한 사람인 오세창吳世昌 등을 배출하였다.

포은선생의 천장과 통혼으로 형성된 영일정씨, 연안이씨, 해주오씨 가문들은 조선시대의 지배계층의 한 축을 차지했었고, 또 그 후에 들어서도 시대의 변화에 따라 다소 부침은 있었다고 해도 유교가 중심이었던 조선시대에는 정신적인 우월감과 자부심, 그리고 실질적인 권세가 있었다고 생각된다. 그리고 지금까지도 그 여세가 남아있다고 생각된다. 적어도 조선시대에는 모현의 중심이 포은, 저헌선생의 묘역과 충렬서원이 있는 능원리 일대가 당연히 정신적 중심의 위치에 있었을 것이다.

17 삼학사의 한 분인 오달제(吳達濟)는 남구만(南九萬)의 고모부가 된다.

18 실제로 능원리 오산리 일대에서는 들이 오씨네 종중산을 '吳山', 영일정씨네 종중산을 '鄭山'으로 부르기도 한다.

3. 충렬서원과 용인지역 유림의 활동

용인지역은 예로부터 유학과 관련이 깊다고 할 수 있다. 일찍이 고려 말에 이석지李釋之가 남곡南谷에 은거하면서 학문과 산수풍경을 즐기며 여생을 보냈다는 기록이 《동국여지승람》용인현 우거조에 있다. 그의 손자 이종검李宗儉·이종겸李宗謙 두 사람 역시 일찍부터 벼슬에서 물러나 남곡에 살면서 효우당孝友堂을 짓고 산수풍경을 즐겼다는 기록이 있다. 이색이 고려 우왕 3년(1377) 12월 8일에 지은 〈남곡기南谷記〉[19]에, "용구 동쪽에 남곡이 있는데 나와 같은 과방科榜에 오른 이선생이 산다." 그는 "가정 이곡의 문생으로 급제하여 정언을 거쳐 3품에 올랐다" 그가 "끼친 사랑은 백성의 마음에 남았다"고 한 것 등으로 보아 이석지가 용인지역에 적잖은 영향을 끼쳤음을 알 수 있다.

조선조에 들어와서 전국 군현 단위로 향교를 설립할 당시 용인현에도 향교가 설립된 것으로 생각된다. 조선조의 수도인 한양과 근접한 용인은 다른 지역보다도 빨리 유학의 기틀이 마련되었으며, 더욱 급속히 파급되었을 것이라 여겨진다. 구체적인 사례로, 세종 1년(1419)에 문과에 급제한 후 보령현감을 지낸 강여중康汝中과 세종 26년(1444)에 장원급제하여 우참찬에 오른 황효원黃孝源, 1414~1481을 비롯해 강여중의 아들 강효문康孝文은 세종 29년(1447)에 생원 1등에 합격하고, 세종 32년(1450)에 문과 급제 후 예조참판에 오르게 되었다. 또한 외사면 옥산리 출신으로 세종 14년(1432)에 사마시에 합격하고, 2년 후에 알성문과에 급제한 뒤 예빈시 직장을 시작으로 지제교를 거쳐 영의정에까지 오른 박원형朴元亨, 1411~1469을 비롯해 어모장군禦侮將軍 이질李侄의 아들 이말손李末孫은 성종 11년(1480)에 진사에, 양지에 사는 유문창柳文

19 《牧隱文藁》卷1, 記.

昌과 성균관 사성 허추의 아들 허신許信은 생원에 합격하는 등 한 해에 3명이 급제한 사례가 있다. 성종 14년(1483)에 이사온李思溫이 생원에 합격한 것으로 보아 용인지역에는 고려말 조선초에 이미 신유학이 전래되었음을 쉽게 짐작할 수 있다. 이후 정암靜庵 조광조趙光祖, 1482~1519선생은 19세 되던 해에 부친상을 당하고 수지면 심곡리에 유택을 마련하여 3년간 시묘하는 동안 어머니를 봉양하면서 유학에 몰두하였는데, 이로 인하여 용인지역의 선비들에게 성리학에 대한 관심을 증대시키는 계기가 되었다.

한편, 조선 태종6년(1406) 포은선생의 천장으로 인해 묘소를 중심으로 그의 후손 일부가 이거하여 살게 되고, 포은선생이 동방이학의 조종으로 추숭됨에 따라 전국 각처 유림들의 묘소를 찾는 발걸음이 이어지게 되면서 용인지역에 유학이 더욱 급속도로 확산되었다.

포은선생 묘소 아래에 있는 영모재永慕齋는 이미 17세기에 건립되어 전해오는 재실齋室로 묘제사를 위한 주 기능과 강학 기능을 함께 수행해 왔다. 재실은 전통적으로 묘제사를 지내기 위하여 마련된 건물로서 제사에 참여하는 후손들의 숙식 제공, 제수, 제기의 관리, 음복, 망제望祭를 위한 주 기능과 함께 후학 양성을 위한 강학講學 장소로서의 기능을 갖기도 한다.

《포은선생집》을 보면 "영모재는 포은선생의 묘 아래에 있는데 우암 송시열이 편액扁額을 썼으며 후손이 세웠다. 재齋에는 종약사조宗約四條가 있다. 첫째는 삼가 추원追遠한다. 둘째는 종법宗法을 밝힌다. 셋째는 은애恩愛를 돈독히 한다. 넷째는 훈적訓迪을 엄하게 한다."는 기록이 있다.[20] 그리고, 재실 동쪽 종주실문 위쪽에 '강당講堂'이란 편액이 걸려 있는데, 이로 보아 영모재가 한 때 후학들을 가르치는 강당으로 사용되기도 했던 곳임을 알 수 있다.

포은선생 종택宗宅의 가묘家廟인 포은영당圃隱影堂도 전국의 유림과 관

20 《포은선생집》 권4, 재사서원.

료가 찾아와 경배敬拜하는 공간이다. 숙종 기미년(1679)에 건립한 이 영당 안에는 감실龕室이 있다. 감실에 한시각韓時覺이 모사模寫한 포은선생 영정이 위패와 함께 모셔져 있으며, 철향撤享된 구본舊本 영정이 궤장櫃藏되어 있다. 또 선생의 친필이 담겨진 고간古簡, 숙종어제어필肅宗御製御筆, 포은시첩圃隱詩帖, 우암선생친필현액尤菴先生 親筆懸額, 숙종어제어필시판肅宗御製御筆詩板 등 현액 3점이 보관되어 있다. 포은선생과 관련된 이들 자료는 경배자의 심금을 울리기에 족하였다. 이곳에 와서 경배하고 지은 문인들의 시작품이 헤아릴 수 없이 많다. 한 예로, 포은선생의 유상遺像을 영당에 봉안하면서 지은 이정구李廷龜의 시를 보인다.

遺像儼然 新廟奐如 유상이 엄연하여 새 사당이 밝으매
今涓吉長 載安神居 이제 길일을 택하여 신거에 모십니다
陟降瞻仰 洋洋如在 오르내리면서 유상을 뵈오면 양양하여 계신 듯 하매
明禋告由 鎭保永世 정결하게 고하니 길이 진보하소서

한편, 저헌선생의 묘를 중심으로 하여 연안이씨가 세거성씨를 형성하게 되고, 16세기에 들어서면서 기흥읍 지곡리에 음애陰崖 이자李耔, 1480~1533선생이, 보라리에 정암선생의 사종四從인 방은方隱 조광보趙光輔·회곡晦谷 조광좌趙光佐 등이 은거하면서 용인지역의 유학 풍토는 전국 유림의 귀추가 되었다. 용인지역에서 관학官學 중심의 학문풍토가 사학私學 우선으로 변화하는 계기도 이 때부터 형성되었다.

충렬서원의 건립은 그 같은 여건 속에서 이루어진 성과물이다. 용인지역에서는 일찍부터 포은·정암 두 선생을 배향하는 서원을 세우고자 하였다. 그러나 재력이 부족하여 이루지 못하다가 선조 9년(1576)에 이계李啓와 이지李贄를 비롯한 유림의 공의公議로 포은·정암선생의 묘도墓道 중간지점인 죽

전竹田에 죽전서원竹田書院을 창건하였다. 이 때 공의에 참여한 이계는 바로 이정구의 부친이다. 이후 임진왜란 당시 병화로 인해 죽전서원이 소실되어 한때 향화香火가 끊긴 적도 있으나, 유림의 노력으로 포은의 묘소아래에 충렬서원을, 정암의 묘소 아래에는 심곡서원深谷書院을 건립하였다.

충렬서원의 경우, 선조 38년(1605)에 경기도관찰사로 있던 이정구가 현감 정종선鄭從善, 진사 이시윤李時尹·정충전鄭忠傳 등과 함께 논의하여 포은선생의 묘소 아래에 충렬사忠烈祠를 세우고 위패를 봉안하였다. 춘추로 제향을 올리면서 3년여 공사 끝에 동서재 3칸, 문루 3칸을 지었다. 위층은 강당이며, 주방과 고사 등을 갖추었다. 그리고 다음해인 광해군 1년(1609)[21]에 '충렬忠烈'이라 사액을 받았다. 그리고 얼마 후에 죽창竹窓 이시직李時稷·설곡雪谷 정보鄭保를 추가 배향하였다. 이후 숙종 32년(1706)에 다시 후손 정제두鄭齊斗·정찬조鄭纘祖를 비롯한 여러 유림의 공의로 옛터 서쪽 가까운 곳에 이건移建하였다.

용인지역에 충렬·심곡서원이 생기면서 큰 변화가 일어났다. 그동안 여러 차례 사화와 전란을 겪고 난 뒤 의리사상義理思想이 더욱 강조되고, 왕도정치王道政治의 염원이 더 강해지면서 포은선생은 동방이학東方理學의 조종祖宗으로, 정암선생은 도학의 종장宗匠으로 더욱 추숭되었다. 따라서 충렬·심곡서원에는 당대 최고의 학덕을 갖춘 인물이 원장에 추대되었다.

특히, 충렬서원의 원장은 당대 최고 명망가들이었다.[22] 충렬서원의 역대 원장을 기록한 《충렬서원선생안忠烈書院先生案》에서 구체적인 사실을 확인할 수 있다.

충렬서원의 원장으로 역임한 인물 가운데, 용인지역의 인물 외에도 많은 저명한 인물이 들어 있다. 이정구李廷龜, 오윤겸吳允謙, 조익趙翼, 김육金堉,

21 《學校謄錄》上.

22 근래에 재임한 원장 또한 서상린, 정동성, 조종익, 이웅희 등 역대 국회위원이거나 이기창 등 학교장들이었다. 이 같은 사실은 충렬서원의 비중이 그만큼 컸음을 시사한다.

홍명하洪命夏, 송시열宋時烈, 김석주金錫冑, 민정중閔鼎重, 박세채朴世采, 권상하權尙夏, 이재李縡, 이정보李鼎輔, 김원행金元行, 홍직필洪直弼 등은 우리나라의 대표적인 학자이다.

충렬서원역대원장[23]

	성명	본관	관위	재임년도	기간	비고
1	이정구(李廷龜)	연안(延安)	우의정	?		1564~1635
2	오윤겸(吳允謙)	해주(海州)	영의정	?		1559~1636
3	조익(趙翼)	풍양(豊壤)	좌의정	?		1579~1655
4	이경석(李景奭)	전주(全州)	영의정	?		1595~1671
5	김육(金堉)	청풍(淸風)	영의정	?		1580~1658
6	심지원(沈之源)	청송(靑松)	영의정	?		1593~1662
7	정유성(鄭維城)	연일(延日)	우의정	?		1596~1664
8	홍중보(洪重普)	남양(南陽)	우의정	?		1612~1671
9	홍명하(洪命夏)	남양(南陽)	영의정	?		1607~1667
10	조복양(趙復陽)	풍양(豊壤)	예조판서	?		1609~1671
11	송시열(宋時烈)	은진(恩津)	좌의정	1680~1689	10년	
12	김수항(金壽恒)	안동(安東)	영의정	1683~1689	8년	
13	김석주(金錫冑)	청풍(靑風)	우의정	?		
14	민정중(閔鼎重)	여흥(驪興)	좌의정	1681~1692	12년	
15	박세채(朴世采)	반남(潘南)	동부승지	1688~1695	8년	
16	이여(李畬)	덕수(德水)	영의정	1696~1698	2년	
17	민진장(閔鎭長)	여흥(驪興)	우의정	1698~1700	4년	
18	이여(梨畬)	덕수(德水)	영의정	1701~1718	19년	
19	권상하(權尙夏)	안동(安東)	산림학자	1701~1722	21년	
20	이희조(李喜朝)	연안(延安)	이조참판	1718~1722	5년	
21	정호(鄭澔)	연일(延日)	영의정	1724~1725	1년	
22	민진원(閔鎭遠)	여흥(驪興)	우의정	1725~1736	12년	
23	이재(李縡)	우봉(牛峯)	공조판서	1737~1746	9년	
24	박필주(朴弼周)	반남(磻南)	이조판서	1747~1748	2년	
25	민응수(閔應洙)	여흥(驪興)	우의정	1748~1750	3년	

23 역대 원장의 명단은 《충렬서원선생안》을 정리한 것이다. 대부분이 공경대부로서 경재임(京齋任)을 두었음을 알 수 있으며, 원장의 재임기간이 중복되기도 하고, 죽은 이후에도 재임한 것으로 기록되어 있는 등 오류가 있다. 정밀한 고증이 뒤따라야 할 것이나 이는 다음 기회로 미루고자 한다.

	성명	본관	관위	재임년도	기간	비고
26	권적(權商)	안동(安東)	이조판서	1750~1754	5년	
27	민우수(閔遇洙)	여흥(驪興)	산림학자	1754~1756	3년	
28	유척기(兪拓基)	기계(杞溪)	영의정	1756~1767	12년	
29	이정보(李鼎輔)	연안(延安)	이조판서	1759~1766	8년	
30	김원행(金元行)	안동(安東)	산림학자	1768~1772	5년	
31	조중회(趙重晦)	함안(咸安)	이조판서	1781~1782	1년	
32	유언집(兪彦鏶)	기계(杞溪)	이조참의	1782~1783	1년	
33	김이안(金履安)	안동(安東)	좨주	1784~1799	4년	
34	이민보(李敏輔)	연안(延安)	판돈령	1799~1802	3년	
35	심환지(沈煥之)	청송(靑松)	영의정	1799~1802	4년	
36	조진관(趙鎭寬)	풍양(豊壤)	이조판서	1803~1808	6년	
37	이채(李采)	우봉(牛峯)	호조참판	1808~1820	13년	도암 손자
38	이광헌(李光憲)	우봉(牛峯)	예조참판	1821~1825	5년	도암 증손
39	이광문(李光文)	우봉(牛峯)	이조판서	1825~1838	18년	도암 증손
40	조인영(趙寅永)	풍양(豊壤)	영의정	1838~1852	14년	
41	홍직필(洪直弼)	남양(南陽)	좨주	1851~1852	2년	
42	이경재(李景在)	한산(韓山)	영의정	1860~1872	13년	

전하는 바에 의하면 경대부京大夫들이 서원의 원장인 관계로[24] "조선시대 사대부의 자제들이 이곳에 와서 공부한 이가 많았다고 하며, 한 때는 능골에 400여호가 살았다"고 전한다.[25] 정찬휘鄭纘徽가 지은 〈포은선생집중간발圃隱先生集 重刊跋〉에서도 그 같은 시사를 받는다.

그런 뒤에 송곡松谷 조복양趙復陽이 연로에 주선하여 판본을 충렬서원에 실어 왔는데, 대개 이 서원이 선생의 묘소 아래에 있고 또 서울에 널리 펼

24 충렬서원의 원장이 경대부로 보임된 이유는 여러 가지를 들 수 있겠지만, 용인지역에 공경대부(公卿大夫)들의 묘역이 늘어나면서 그 후손들이 우거(寓居)하거나 왕래하면서 자연스럽게 관여하게 되었을 것이다. 명망 있는 경대부들이 서원의 원장으로 보임하면서 많은 선비들이 용인지역에 모여들었고, 이로 인해 용인지역의 유학(儒學)이 전성기를 이루었다.

25 정덕교(1943~)씨의 구술. 그는 능원리 출신으로 기흥읍 부읍장을 역임하였다.

곳이 되기 때문이다.[26]

충렬서원을 중수하던 당시의 제반 상황을 기록한《충렬서원중수록忠烈書院重修錄》에서도 충렬서원이 얼마나 영향력이 있었던 서원이었는지를 가늠할 수 있다.

이 책에는 서원을 중건하는데 소요된 인력과 물력을 상세히 기록하고 있는데 "병오년 정월 초8일부터 일한 역군役軍이 모두 2,995명이다."고 하였다. 이 중건 사업의 규모를 대강 짐작할 수 있다.

용인지역에서 충렬서원을 중심으로 수준 높은 강학이 이뤄지자 서원을 중심으로 수학한 인물들이 사회 전면에 부상하게 되었다. 구체적인 사례로, 이석형의 6대손인 이시직李時稷의 예에서 볼 수 있다. 그는 용인에서 출생하여 기호학파를 형성한 사계沙溪 김장생金長生, 1548~1631의 문하에 들어가 성리학을 수학하였으며, 인조 2년(1624)에 문과에 급제하여 시임봉상판관時任奉常判官이 되었다. 그의 6촌 아우인 이시정李時程, 1578~1653은 서울출신으로 진사가 되어 성균관에 입학했으나, 광해군의 폐모론이 일자 능골로 낙향하여 학문에 정진하는 한편 후학을 가르치기도 하였다. 18세기를 전후하여 충렬서원의 이건 문제로 정제두鄭齊斗 · 정찬조鄭纘祖 등을 비롯한 여러 유림의 공의가 있었던 것으로 보아 정제두와 정찬조 역시 이곳을 출입하며 학문을 연마하였던 것으로 생각된다. 그리고 추탄 오윤겸선생의 후손들이 능골 인근인 오산리에 터전을 마련하였으며, 약천 남구만선생이 모현면 갈담리에 은거하였다. 도암 이재선생은 이동면 노루실에서 태어나 김창협金昌協의 문인으로 정암靜菴과 율곡栗谷선생을 사숙했으며, 벼슬길에 나가 판서에까지 이르렀다. 영조 초년에 노론의 입장에서 소론을 배척하는 상소를 하였으나 받아들여

26 *cf.*, 〈포은선생집중간발〉《포은집》

지지 않자 용인으로 낙향하여 저술과 후진을 가르치며 일생을 마쳤다. 성리학에 깊은 조예를 갖춘 도암선생은 〈충렬서원학규忠烈書院學規〉 〈심곡서원학규深谷書院學規〉 〈용인향약절목龍仁鄕約節目〉 등을 지어 용인 지역사회와 사학의 규범을 제정하여 풍속을 바로잡고자 노력하였다. 특히 《주자가례朱子家禮》를 체계화하여 《사례편람四禮便覽》이라는 명저를 저술해 예법을 전수하는데 힘을 기울였다. 그로 인해 사대부로부터 평민에 이르기까지 유교를 숭상하기에 이르렀고, 주자가례에 따른 예법이 존중되게 되었으며, 미풍양속이 널리 진작되었다. 실제 생활 속에 유학이 녹아들게 하는데 그가 끼친 영향은 실로 지대하였다.

도암선생의 〈충열심곡양원강유근유문忠烈深谷兩院講儒勤諭文〉에서 살필 수 있듯이 포은·정암의 서원이 용인에 있음은 용인지역의 유림 입장에서 볼 때 행운이 아닐 수 없다. 그럼에도 서원에서 강학하는 이들이 점차 줄고 급기야는 폐철될 지경에까지 이르게 됨을 도암선생은 매우 안타깝게 여기고 있다.

> 우리 포은선생은 실로 동방이학의 조종이시며, 정암 문정선생께서 또 뒤를 이어 일어나서 천명하셨다. 이에 의지해 우러를 수 있으며. 이곳에서 지속하여 수학할 수 있으니, 이 어찌 우리들 한 고을의 행운이 아닐 수 있겠는가. …(중략)… 매달 강학하는 인원이 줄기만 하고, 늘지 않아서 그 세가 반드시 철폐되고 말 것이니, 어찌 애석하지 않으리요 …(중략)… 같은 고향에서 20년간 강학했다는 이름을 있으나, 실제로 강학한 결과가 없으니, 나 또한 부끄러울 뿐이다.[27]

---

27 《도암집》, 권25;35a.

〈충렬서원학규〉에서도 용인지역에 포은선생의 묘역과 서원이 있어 향사를 모시고 있음은 남다른 특혜라고 하였다.

> 우리 포은선생께서는 도학을 창도하여 밝히시고, 실로 백대의 종사가 되셨다. 우리나라 사람으로서 누군들 망극한 은혜를 입지 않은 자가 있겠는가. 하물며 우리 지방은 선생의 의리衣履가 소장된 곳이고 향사를 받든 지가 수백 년에 이르렀다. 우리 같은 하찮은 학사들이 만약에 선생의 학문에 뜻을 두지 않고, 선생의 글을 읽지 않는다면, 무슨 얼굴로 선생의 사묘祠廟에 들어갈 수 있으랴[28]

도암선생은 충렬·심곡서원의 운영에 직접 관여하면서 〈심곡서원학규〉 〈충렬서원학규〉 〈용인향숙절목〉 등을 지어 용인지역에서 강학을 주도하였다. 도암선생 사후[29]에는 그의 고제자高弟子 중 한 사람인 왕림旺林 이행상李行祥, 1725~1800이 저헌 이석형의 원찰願刹인 은적암隱寂菴, 충렬서원, 서재사書齋祠를 오가며 후학을 가르쳤으며, 충렬서원을 중심으로 한 기호학파의 학맥을 계승하였다. 이행상은 저헌선생의 후손으로 이신로李莘老의 손자이다. 능원리에서 태어나 도암선생의 문하에서 수학하였다.[30] 왕림 이행상은 송단宋湍·성덕명成德明과 함께 동암문하陶菴門下의 삼처사三處士로 불린다. 이행상선생의 문집인 《왕림유고旺林遺稿》에 충렬서원의 학풍과 인물들, 그리고 서원 활동 등에 관한 기록이 있는데, 충렬서원에서 수학한 문인 가운데 대표적인 인

---

28 《도암집》, 권25;22a.

29 도암선생이 세상을 떠나자 그의 여러 제자와 용인의 유림들이 그가 후진을 양성하며, 학문과 저술에 몰두하던 이동면 천리 노루실에 한천서원(寒泉書院)을 건립하였으며, 순조 2년(1802)에 사액을 받았다.

30 지금의 모현면 동림리(東林里)는 동산(東山)마을과 왕림(旺林)마을의 명칭에서 유래한 것인데, 왕림은 바로 이행상(李行祥)의 호이다. 그를 주변에서는 왕림선생(旺林先生)이라 불렀다.

물로 도암 이재선생, 왕림 이행상, 양명학파로 알려진 정제두, 도암선생의 손자 이채李寀 등이 눈에 띈다. 또한, 이 책에 일부 제자들의 성명을 부기附記하였는데, 충렬서원의 유생인 정규채鄭奎寀, 김성로金星魯, 한천서사寒泉書社 유생인 이경증李景曾, 이채李寀, 용인유생인 박현수朴玄壽, 정성채鄭星寀 등과 송황중宋璜中, 최석경崔錫慶, 신덕우辛德羽, 성봉묵成鳳默, 정환흠鄭煥歆, 이청수李淸秀 등의 이름이 들어 있다.

용인지역은 한 때 남인계와 서인계가 공존하기도 하였으나, 서인계가 노·소론으로 분화되자 노론계에 속해있던 도암선생의 영향하에 점차 노론계가 주도하는 양상으로 변화되었다. 수많은 사대부들의 묘소 앞에 세워진 묘비나 신도비의 찬자가 대부분 노론계의 문장가들이라는 사실이 이를 증빙한다. 충렬서원의 원장도 거의 대부분 노론계의 인사로 보임되었음을 알 수 있다.

적어도 대원군의 서원철폐령으로 1871년에 충렬서원이 훼철되기 전까지는 용인지역은 유학자들의 이목이 집중되었던 곳이었으며, 기호학파의 발상지이자 핵심이었다. 그러나 전국 1천여 곳의 서원·사우 중 '일인일사一人一祠'의 원칙에 따라 47곳만 남게 되고, 나머지는 모두 훼철되면서 용인에 소재했던 3개의 서원 중 심곡서원만 존재하게 되었다. 뒤이어 갑오개혁으로 인하여 근대 교육제도가 도입되면서 서원을 중심으로 발전하던 용인지역의 유학은 크게 위축되었다.

충렬서원이 훼철된 후 영모재에서 추원재追遠齋라 이름하고 정한영鄭漢泳이 약간의 서재를 모아 학생들을 가르쳤다는 기록으로 보아 훼철된 후에도 그 면면은 이어졌던 것 같다. 훼철된 충렬서원은 1911년에 유림의 탄원으로 사묘祠廟인 충렬사忠烈祠로 복원되었고, 정택기鄭澤基를 중심으로 맹보순孟輔淳·김학조金學祖 등 인근의 많은 선비들이 〈충렬서원모현계보린회忠烈書院慕賢稧保隣會〉를 조직하여 활동하면서 1920년경 서원의 옛 모습을 되찾게 되었다.

서원 서쪽에 20평정도 크기의 교사를 짓고 사립 모현강습소慕賢講習所를 열어 신구학문을 교육하기도 하였다.[31]

4. 맺음말

이제까지 살려본 논고는 매우 제한적인 논의라는 점에서 한계를 벗어날 수 없다. 포은선생이 용인지역에 끼친 영향을 구체적인 물적 자료만 대상으로 정리한다는 것 자체가 문제일 수 있다. 포은선생이 우리나라 역사에서 평가되는 바도 '충절'로 집약되는 만큼, 정신적 가치가 더욱 평가되어야 할 것이기 때문이다. 그렇다고 해서 추상적인 논지만 제시하는 것은 입론 자체가 불가할 것이다.

분명, 용인지역에서의 포은선생의 위상은 다른 인물에 비할 수 없을 정도로 막대하다. 지금 우리 시대엔 그 위상이 감해져가고 있는 실정이지만, 조선시대 유학자들이 바라보는 용인지역, 특히 모현은 유학의 성지로 인식하였을 것이다. 동방성리학의 조종으로 추숭되는 포은선생의 묘역이 모현면 능원리에 있다는 사실만으로도 용인지역에 대해 관심을 가질 만 했고, 그에 따른 지역의 변화는 자연스런 결과였다.

여말선초에는 용인지역에서 용인이씨, 죽산박씨 등 몇 성씨만이 세거성씨로 등장하였다. 15세기 이후에는 모현면에 영일정씨 · 연안이씨 · 해주오씨 등이 정착하여 동족촌을 형성하게 되고, 다른 성씨와 통혼하면서 점차

31 용인유림들은 1906년에 용인향교에 명륜학교를 설립하여 용인지역에 최초로 '학교'가 탄생되었으며, 현 신갈초등학교 전신인 사립용인보통학교로 발전하였다. 양지면에는 용동중학교의 전신인 신생학원이 설립되어 양지중등교육기관의 효시를 이루었다. 또 각 서원에서는 강습소와 문정중학교를 설립하여 현대교육에 나름대로 이바지하였다.

세거성씨가 늘어났다. 그만큼, 용인지역이 사족의 거점으로 인식되었던 것이다. 이러한 지역의 변화를 여는 계기가 바로 포은선생의 천장이었던 것이다. 도암선생의 지적대로 포은선생의 묘역·영모재·포은영당, 그리고 충렬서원이 용인에 있다는 사실 자체가 긍지를 가질만하다. 그러한 자긍심에서 용인지역의 유림들은 포은선생의 학통을 계승하고자 분발하였음이 분명하다. 월사 이정구, 노봉 민정중, 하곡 정제두, 도암 이재, 왕림 이행상 등이 그 대표적인 학자들이다. 특히, 도암선생은 충렬서원, 심곡서원, 한천서사, 용인향교를 관여하며, 직접 강학하였던 대유이다. 《충렬서원선생안》에 살폈듯이 원장을 맡았던 인물들이 거의 다 우리 역사에서 명망을 떨쳤던 경대부요, 거유였다는 사실은 주목할 만하다. 노론계를 중심으로 한 기호학파의 형성은 바로 충렬서원을 거점으로 이루어졌다는 점에서 더욱 관심을 기울일 필요가 있다.

현재 모현지역의 세거성씨들은 그 수효나 세력이 점차 사라지고 있다. 그러나 우리의 선조들이 남긴 자취나 끼친 영향은 크게 변하지 않을 것이다. 앞으로도 용인시가 발전함에 따라 모현지역도 더 변화하고, 인구도 더욱 늘어날 것으로 예상된다. 용인시의 동북부에 위치한 모현지역 역시 난개발로 인한 변화 속에서 안전할 수 없다. 이제라도 포은선생의 학덕을 흠모하여 우리 선조들이 명명한 '모현慕賢'의 지명에 걸맞은 모현만의 문화를 이루어 가도록 노력해야 할 것이다.

《용인향토문화연구》4집, 용인향토문화연구회, 2002

십청헌 김세필의 전기적 고찰

09

1. 머리말

십청헌 김세필金世弼선생은 조선중기의 문신이자 학자로, 기묘명현己卯名賢으로 널리 알려져 있다. 선생은 고려말의 충신이신 상촌桑村 김자수金自粹의 고손이며, 성종조의 명신 김영유金永濡의 손자이다. 명문가의 가학家學을 계승한 선생은 신진 사림들과 교유하며, 경술經術과 사장詞章을 함께 힘써 이룩하여 당대의 사유師儒로 추중되었다. 선생이 후학에 끼치신 도학道學과 정치사상은 이미 정평 받은 바 있다. 그러나 시문에 대한 연구는 전무하다. 그것은 선생의 시문이 낮아서가 아니고, 선생을 평함에 정절貞節과 도학사상만을 앞세우기 때문이다. 선생은 시문집으로 《십청헌집十淸軒集》을 남겼는데, 택당澤堂 이식李植은 "선생의 시는 여유가 있으면서도 평이한 것을 주로 하였고, 마음대로 문장을 구성하였어도 조금도 막힘이 없었다先生之詩 以富蓄平鋪爲主 矢口成章無少滯碍"라고 평한 바 있다. 또한, "학문을 함에는 격물格物·치지致知·성의誠宜·정심正心을 앞세웠고, 글을 지음에는 아름답고 화려하게 꾸미는 습관을 끊어버렸다."고 평하였다. 이러한 선학들의 평가는 선생의 시문이 사림파문학의 특징을 잘 드러내고 있음을 말해준다. 사림파문학에 대한 연구가 아직 미천한 만큼, 십청헌 김세필의 시문은 앞으로 많은 관심을 끌 것으로 기대한다.

이 글은 그 같은 기대를 충족하기 위한 첫 작업으로 마련되었다. 여기서는 김세필 문학 연구의 필수적 요소인 전기적 사실에 국한하여 다룬다.

2. 그의 가문과 생애

1) 가계家系

십청헌 김세필(1473~1533)은 조선 중기의 문신·학자이다. 기묘사화 때 화를 당한 대표적 인물이기에 기묘명현己卯名賢으로 유명하다. 그의 전기적 사실도 《기묘명현록己卯名賢錄》에 비교적 자세하게 전하며, 《중종실록》 《퇴재집》 《음애일기》 《해동잡록》 《대동야승》(기묘록 보유) 등 여러 문헌에 단편적인 기록이 산재해 있다. 그와 절친한 모재慕齋 김안국金安國이 행장行狀을 지은 바 있다고 하나 전하지 않는다. 이후 이를 근거로 지었다는 송시열宋時烈의 〈십청헌선생신도비명병서十淸軒先生神道碑銘并序〉와 박필주朴弼周의 〈십청김선생시장十淸金先生諡狀〉이 가장 구체적인 기록이다.[1] 이들 자료와 주변의 단편적인 기록을 보충해 그의 전기적 사실을 정리해 보이면 다음과 같다.

김세필의 자字는 공석公碩이며, 호는 십청헌十淸軒 또는 지비옹知非翁이라고 하였다. 시호는 문간文簡이다. 본관은 경주慶州이다. 신라 경순왕敬順王의 넷째 아들인 대안군大安君 은열殷說의 후손으로, 고려 때 검교檢校 태자태사太子太師를 지낸 김인관金仁琯이 그의 가문의 시조가 된다. 이 때 신라 김씨로부터 경주 김씨로 이관移貫되었다. 태사공太師公은 고려 예종睿宗 때 낭중郎中으로 사신이 되어 요遼에 갔다 온 적이 있다. 십청헌 김세필은 바로 태사공의 12대손이다.

김세필의 고조부 김자수金自粹, ?~1413는 고려조의 충신이다. 호는 상촌桑村이다. 고려 공민왕 23년(1374) 문과에 급제한 후 주로 언관직에 임명되어 고려말의 어지러운 정사를 바로 잡으려고 힘썼다. 구체적인 사례를 그가 올린 상소를 통해서 알 수 있다. 그는 상소에서 왕대비에 대해서 효성을 다할

1 이들 자료를 바탕으로 경주김씨 문간공파 기념사업회에서 김동옥 편, 《십청헌김선생실록》(1996); 김경재·김동진 공저, 《김세필선생의 생애와 사상》(1999)를 편찬하였다.

것, 왕세자의 봉숭례奉崇禮를 서두르지 말 것, 사전祀典에 기재된 바를 제외하고는 일체의 음사陰祀를 금지하고, 무당의 궁중 출입을 엄단할 것, 숭불을 억제하고 연복사탑의 중수공사를 중지할 것, 언관의 신분을 보장할 것 등을 제시하였다.

이 상소를 통해 김자수의 유교적 학문세계와 정치사상을 가늠할 수 있다. 이점은 김세필이 중종에게 올린 상소와도 거의 일치한다. 그는 불교적인 장례가 일반적인 당시의 상황에서도 모친상을 당하여 여막에서 3년을 지냈고, 이 때문에 그에게 효자 정려가 내려졌다.

정언·판사재시사·충청도 관찰사·성균관대사성 겸 세자좌보덕·판전교지사·좌상시·형조판서를 역임하였다.

고려왕조가 망하자 안동으로 낙향했고, 조선조에 들어와서는 태종이 형조판서로 부르자 나아가지 않았으며 〈절명사絶命詞〉를 지어 놓고 경기도 광주의 추령楸嶺에서 자결했다. 성리학의 토대가 '효'에서 출발하고 '충'으로 이어진다는 것을 고려할 때 김자수는 성리학의 진수를 체득하여 이를 실천했다고 할 수 있다.

증조부 김근金根은 벼슬이 평양 소윤少尹에 이르렀으며, 훗날 병조판서에 증직되었다. 조부 김영유金永濡, 1418~1494는 조선 성종成宗 때의 명신으로 2등 공신이었고, 정2품 자헌대부 지중추부사를 역임하였다. 호는 퇴재退齋, 시호는 공평恭平이다. 경주김씨 태사공파에서 가문의 성세를 이룬 인물이 바로 공평공이다.

김영유는 조부 김자수의 영향을 크게 받았다. 그는 세종 29년(1447) 문과에 합격한 후 성종대까지 관직 생활을 하면서, 공평하고 청렴근검한 자세로 일관하였다. 성종 5년(1474) 경상도 관찰사로 재직하면서 당나라 때 육지陸贄가 펴낸 〈육선공주의陸宣公奏議〉를 올려 국왕을 보필하고자 한데서 그의 정치관이 잘 드러나 있다.

상촌 김자수가 재야 사림의 대표적인 인물인 반면, 그는 관인 세력의 인물이라 할 수 있다. 그는 조부 김자수로부터 내려오는 가학의 전통을 계승하면서도 자신의 노력으로 당대에 재상의 반열에까지 올라섰다. 그가 주목되는 것은, 당대의 훈구 세력에 버금갈 만큼 정치적인 기반을 확보였음에도 대다수 훈구세력들이 저지르는 정치적, 경제적 비리와는 거리를 두었다는 점이다. 이점에서는 재야 사림의 자세와 상통한다.

부친 훈薰은 자字가 국형國馨이며, 벼슬이 상의원 첨정尙衣院 僉正에 이르렀다. 훗날 공조판서에 추증되었다. 모친은 진천송씨鎭川宋氏로 군수郡守 학翯의 따님이다.

십청헌 김세필은 둘째 아들로 태어났다. 형인 원필元弼에 대해선 구체적인 기록이 없어 살필 수 없다. 부인 고성이씨固城李氏는 회양부사淮陽副使 이탁李鐸의 따님이다. 고성이씨와의 사이에서 3남을 두었다. 장자 숙[illegible]은 자字가 도광道光으로 23세의 젊은 나이에 죽었다. 차남 구[illegible]는 자가 덕광德光으로 참봉에 제수되었으나 벼슬하지 않았다. 나중에 좌승지에 추증되었다. 삼남 저[illegible]는 자가 학광學光이다. 기해년(중종34, 1539)에 과거에 급제하였으며, 을사사화 때 지평持平으로 재임 중 삼수三水에 유배되었다가 사사賜死되었다. 선조 때 신원되었다.

결국 김세필은 고조부 김자수로부터 성리학적 가치인 효와 충을, 그리고 조부 김영유로부터는 관료로서의 공평하고 염근한 자세를 가학의 전통으로 익혀, 관직에 나가 그대로 실천했다고 할 수 있다. 언관言官을 통한 활동 또한 가문의 전통과 무관하지 않다. 언관을 통한 활동은 이후에도 가문의 전통으로 전하고 있다. 김세필 자신이 그렇고, 그의 셋째 아들 김저의 경우가 그렇다.[2]

2 김자수, 김영유에 대한 연구로 유주희, 〈김영유의 생애와 정치사상〉; 이종호, 〈상촌 김자수의 생애와 사상〉, 《안동문화》14집, 1993 등이 있다.

2) 생애生涯

① 출중한 학식과 시재詩才

김세필은 성종 4년(1473)에 한성 명례방明禮坊에서 통정대부 상의원 첨정 공조참판 김훈金薰의 둘째 아들로 출생하였다. 어릴 적부터 총명할 뿐 아니라 밤을 세워가며 책을 읽었는데, 밤에 순찰하는 군졸들까지 감명하여 이 댁에 앞으로 큰 경사가 있을 것이라고 했다.[3]

성종 21년(1490)의 임헌시臨軒試에 많은 선비들이 시험을 보았는데, 김세필은 18세 연소자로 장원하였다. 성종은 김세필의 영특함을 확인할 뜻으로 친히 '裙·君·分' 세 운자韻字를 내려 시를 짓게 하였다. 이 때 김세필은 〈낙하시落霞詩〉를 다음과 같이 지어 올렸다.[4]

秦女初裁紅錦裙	진녀가 붉은 비단 옷을 만들어서
欲憑歸鴈寄郎君	기러기 가는 편에 낭군께 보내려 하는데
東風萬里知無力	봄바람도 만리 밖은 힘이 미치지 못함을 아는지
吹散須臾幅幅分	불다가는 흩어져서 잠깐사이에 갈기갈기 갈라지네

〈권2;1a〉

이 시는 진晉나라 때 양양襄陽에서 소식을 끊고 진수鎭守하는 남편 두도竇滔에게 회문시廻文詩를 보내 자기를 기억하게 했던 진천秦川 여자의 고사를 인용한 작품이다. 자신을 '진녀'에게 비의하여 미력한 정성이나마 임금을 위해 다 바치겠다는 다짐과 훗날 기억해 달라는 바람을 함께 표현하였다. 성종은 이 시를 보고 기뻐하며 상을 내려주었다.

---

3 〈附家先記聞〉(《십청헌집》 권4;14b~17b).

4 〈附家先記聞〉(《십청헌집》 권4;14b~17b).

② **관직 생활**

김세필은 성종 21년(1490) 임헌시에 합격하였지만, 훗날 더 큰 인물로 쓰고 싶은 성종의 뜻에 따라 합격이 보류되었다. 연산 1년(1495)에 사마시司馬試에 합격하였고, 다음해 대과大科에 합격하였다. 2년간의 권지權知 생활을 마친 후, 연산 4년(1498)에 정9품직인 종사랑從仕郎으로 홍문관 정자弘文館 正字로 임명되어 관직을 시작하였다. 2년 후인 연산 6년(1500) 4월에는 정7품으로 승진하여 무공랑務功郎으로 홍문관 박사博士직을 맡았다. 같은 달에 종6품직인 선무랑宣務郎으로 다시 승차되어 홍문관 부수찬副修撰에 임명되었다. 연산 10년(1504) 3월에 정5품직인 통선랑通善郎으로 사헌부 지평持平을 맡아 언관言官으로써 활동하였다.

중종 1년(1506)에는 홍문관 부교리副校理를 거쳐 교리校理로 승진하였다. 다음 해에는 이조 정랑吏曹 正郎으로 관리의 임면任免을 추천하는 요직을 담당하였다. 중종 3년(1508)에는 의정부 검상檢詳에 임명되었으며, 그 해 7월에 정4품직인 봉렬대부奉列大夫로 승진하여 의정부 사인舍人을 맡았다. 11월에는 다시 홍문관 응교應敎를 맡았다. 중종 4년(1509)에 종3품인 중직대부中直大夫로 승진하여 홍문관 전한典翰을 맡았다. 중종 5년(1510)에는 정3품인 통훈대부通訓大夫로 승정원 동부승지同副承旨의 직책을 감당하였고, 그 해 8월에 당상관堂上官인 통정대부通政大夫에 오르고, 홍문관 부제학副提學이 되었다. 중종 6년(1511) 1월에는 승정원 우부승지右副承旨를, 그 해 5월에는 예조 참의禮曹 參議에 임명되었다. 6월에는 사간원의 대사간大司諫이 되어 간관諫官의 수장首長이 되었다. 중종 7년(1512) 1월에 병조 참지兵曹 參知를 잠시 맡았고, 4월에는 다시 홍문관 부제학이 되었다. 같은 달에 다시 승정원 우승지右承旨를 거쳐, 9월에는 중추부 첨지中樞府 僉知가 되었다.

이 해 10월에 처음으로 외직인 전라도 관찰사로 나갔다. 그곳에서 토호土豪들의 세력을 억제하는 등 괄목할만한 선정善政을 베풀었지만 노모를 봉양하기 위하여 6개월 만에 사임하였다. 한 달 후에 성균관 대사성에 임명되었고, 11월에는 종2품인 가선대부嘉善大夫로 승진되어 겸동지성균관사가 되었다. 중종 9년(1514)에는 사간원 대사간 직을 다시 맡아 간쟁 업무를 주장하였다. 중종 10년(1515) 1월에는 노모를 봉양하기 위하여 광주목사를 자임해서 두 번째로 외직에 나갔다가, 2년 만에 사임하고 돌아왔다.

중종 14년(1519) 3월에 장례원 판결사掌禮院 判決事에 임명되었고, 한 달 후인 4월에 다시 겸동지성균관사가 되고, 5월에는 이조참판을, 10월에는 예조참판을 번갈아 맡았다. 중종 15년(1520)에는 세 번째 외직인 황해도 관찰사로 나갔다. 그러나 선생의 뛰어난 학식 때문에 1개월 만에 성균관 동지로 복귀하여 경연經筵을 전담하였다. 이 해 경연 석상에서 "잘못을 하였으면 고치기를 꺼려하지 말라過則勿憚改" 대목에서 조광조의 사사賜死가 지나쳤음을 직언하다가 중종의 미움을 사서 충주 음죽현陰竹縣 유춘역留春驛, 지금의 충북 음성군 생극면으로 유배되었다. 2년 후인 중종 22년(1517)에 사면을 받아 방면되었다.

중종 23년(1518)에 다시 조정의 부름을 받아 정2품직인 자헌대부資憲大夫로 중추부 지사中樞府 知事에 제수되었으나, 곧 사은謝恩하고 충주의 지비천知非川에 작은 집을 짓고 머물면서 후진을 양성하였다. 그가 세상을 마친 뒤 유림들에 의해 기묘명현己卯名賢으로 추대되고, 영조 22년(1746)에 정2품인 정헌대부靖獻大夫로 이조판서에 추증되었다.

③ 갑자사화와 거제도 유배

갑자사화는 연산군 10년(1504)에 연산군의 생모인 윤씨의 폐비문제에 관여했던 관리들을 숙청한 사건이다. 이 때 김세필은 청풍淸風으로 정배되었다. 뒤이어 "추숭하는 절차가 예禮에 이미 극진하게 되었으니, 다시 더할 것이 없다."고 간쟁한 대간들의 죄를 더하였다. 이 때 권달수는 수범首犯이라

고 하여 참형시키고, 김세필은 특별히 사형을 감하여 거제도에 유배시켰다.[5]

김세필은 거제도에 유배당하여 울분의 세월을 보내면서 많은 시를 지었다. 〈대가서부지待家書不至〉에서 당시 정황을 가늠할 수 있다.

家書裁幾帛　집의 편지는 몇 필의 비단에 쓰길레
千里邈無傳　천리 길 아득히 전해 오지 않는가
破褐風霜急　찢어진 베옷은 바람과 서리에 급박한데
窮途歲月遷　궁핍한 타향 길에 세월만 가네
殷郵應見辱　은우殷郵가 응당 욕을 보는데도
陸犬不時旋　편지는 제때에 돌아오지 않기에
朝暮占乾鵲　아침저녁으로 까치소리 점치나니
秖爲愁緖牽　다만 근심의 단서만 끌어낸다네.

〈권1;16a~16b〉

외딴 섬에서의 궁핍함과 근심스런 정황이 핍진하게 나타난 시이다. 얼마나 집의 소식이 그리우면 아침저녁으로 까치 소리에 점쳤겠는가?

〈구절향신인래희이부지久絕鄉信人來喜而賦之〉에서는 유배지를 찾아온 하인을 만나 가족의 안부를 듣고는 콧등이 시큰하여 눈물을 참지 못하는 심정을 토로하였다. "처음엔 기뻐서 벌떡 일어났으나/ 집안에 무슨 사고 있나 두려워/ 재갈 문 입처럼 멍하니 있다가/ 한참만에 아이들 소식 물었네初欣推枕起, 復畏道何事, 茫如鉗在口, 久乃問童稚"[6] 라고 한 시구에서 유배지에서의 절박했던 심정을 헤아릴 수 있다.

5 《연산군일기》 권56, 10년 12월 2일(무오);13집 676쪽.

6 〈久絕鄉信人來喜而賦之〉(《십청헌집》 권1;1a~1b).

④ 중종반정과 재등용

무오사화와 갑자사화를 일으키고 폐정을 거듭하던 연산군은 병인년(1506) 9월 1일 박원종, 성희안 등의 반정군에 의하여 쫓겨나고, 진성대군이 중종으로 즉위하였다. 중종은 귀양 갔던 인재들을 불러들여 재등용하였다. 김세필도 거제도의 유배생활에서 풀려나 홍문관 부교리로 재등용되고 경연을 맡았다.

또한, 김세필은 중종 즉위후 실시한 사가독서자에 선발되었다. 사가독서는 국조의 고사에 의거하면 문형文衡을 배양하기 위한 것이다. 여기에 선발된 사람은 김세필 · 이행李荇 · 김안국金安國 · 홍언충洪彦忠 · 신상申鏛 · 유운柳雲 · 김안로金安老 · 김영金瑛 · 이희증李希曾 등 9명이었다. 이들은 모두 한 때 인재로써 엄선된 자들이었는데, 김세필이 첫 번째로 선발되었다.[7]

⑤ 목민관 활동

김세필은 주로 중앙 정계에서 활약하였지만, 외직에 나아가 목민관으로서도 많은 치적을 남겼다. 그가 외직에 보임한 것은 전라도 관찰사, 광주목사, 황해도 관찰사 등 세 번이었다. 중종 4년(1509)에도 대마도 경차관敬差官으로 임용되었지만, 79세의 노모를 모셔야 하기 때문에 사양하였고, 체직遞職을 허락받았다.

김세필이 처음 외직에 보임된 것은 중종 7년(1512)으로, 전라도 관찰사에 임명되었다. 그가 전라도 관찰사로 재임해서 행한 손꼽히는 치적은 남원의 토호土豪 · 품관品官들이 백정을 함부로 차지하고 마음대로 부리는 폐단을 없앤 점이다.[8]

관찰사의 임기는 1년이지만 김세필은 노모의 병 때문에 전라도 관찰

7 《중종실록》 권1, 원년 12월 3일(정미); 14집, 100쪽.

8 《중종실록》 권21, 10년 4월 20일(정미); 15집, 70쪽.

사로 임용된 지 6개월 만에 사직을 청하였다. 조정에서는 그의 청을 받아들여 자리를 옮겨 대사성大司成으로 삼았다.

김세필은 중종 11년(1516)에 두 번째로 외직인 광주목사에 부임하였다. 이는 노모를 봉양하기 위하여 자원한 것이다. 이 때 노모의 나이 86세였다. 광주로 부임하자 전라도 관찰사의 경험을 살려 토호들을 억제하는 일을 우선하였다. 토호들도 예외 없이 부역賦役을 시키고, 수령이 수확물을 살필 때 잘못해서 국고가 넉넉지 못하게 되지나 않을까 걱정하여, 수확이 충분한 곳에는 종래보다 1등급을 더하여 세금을 징수하였다. 이 일 때문에 원망하는 사람도 적지 않았다. 그래서 사람들이 말하기를 "옛날에는 군郡을 다스리다가 공명功名을 손상한 사람이 더러 있더니, 이 사람의 명망은 외직에 보임한 것 때문에 도리어 적어졌다."고 하였다.

그러나 경기감사京畿監事는 그가 광주목사의 직임을 마쳤을 때, 치적을 높이 평가하여 조정에 "청렴하고 부지런하며, 성실히 봉사하고 공정하였다廉謹奉公"[9]고 상계하였고, 조정에서는 1계급을 가자加資하는 특전을 베풀었다. 이 일에 대하여 대간들 중에 이의를 제기하는 상소가 있었으며, 조정에서의 논의가 불가피하였다. 정광필鄭光弼은 김세필이 명망이 있는 사람으로, 예전에는 부역하지 않던 세력가들의 노비까지 모두 사역을 시켜 이 때문에 혹 원망하는 자가 있다고 하였고, 소세양蘇世讓은 수령이 호족들을 억제하는 것은 마땅한 일이라고 하며, 김세필의 치적을 칭찬하였다. 한성 판윤 한세환韓世煥 역시 김세필이 부역을 고르게 하여 백성들의 지지를 받고 있음을 자신의 체험을 들어 칭찬하였다. 다만 세금 거두는 일을 너무 철저하게 하기 때문에 일부 백성들로부터 원망 받고 있음을 지적하였다.

9 《중종실록》 권27, 15집, 255쪽; 12년 1월 병신.

김세필이 광주를 다스릴 때 신이 고을에서 상喪을 치르고 있었습니다. 그 때 장경왕후가 승하하시어 가까운 곳에 능실을 닦았으므로 근방 여러 고을에 아주 일이 많았으나, 광주만은 일이 없었습니다. 신이 백성에게 물으니 부역이 고르기 때문이라 하였습니다. 이것을 보면 잘 다스렸다고 할 수 있습니다. 다만, 재상災傷에 대하여 답험踏驗하는 일을 전에는 너그럽게 하였었으나, 김세필은 아주 세밀하게 하였으므로 백성이 원망하였다는 말을 신이 들었습니다.[10]

이처럼 김세필은 관가의 일을 처리함에 있어 원칙을 고수하여 융통성이 없었으므로 너그럽지 못하다는 평을 들었던 것 같다.

김세필은 중종 15년(1520)에 세 번째 외직인 황해도 관찰사에 보임되었다. 그러나 남곤南袞의 주청으로 부임한지 한 달도 못되어 성균관 동지成均館 同知로 옮겼다.

⑥ 기묘사화와 유춘역 유배

기묘년(중종 14년, 1519) 봄, 남곤·심정·홍경주 등 훈구 대신들에 의해서 조광조·김정·김식 등 신진사류가 희생되었을 때 김세필은 중국에 사신으로 북경에 갔다가 돌아오는 길이었다. 그는 북경으로부터 돌아오는 도중에 형조참판에 임명되었으며, 특진관特進官으로 경연經筵에 입시入侍하였었다. 마침 《논어》의 "허물이 있으면 고치기를 꺼려하지 말라過則勿憚改"는 문장을 강하였다. 이 때 중종에게 나아가 아뢰기를, "전하께서도 또한 허물이 있습니다."하였다. 중종이 "무슨 일인가?" 하문하자, 눈물을 흘리면서 조광조의 사사賜死가 지나쳤음을 간곡히 아뢰었다.

---

10 《중종실록》 권29, 12년 8월 20일(계해); 15집, 319쪽.

예기에 이르기를 '군자의 허물은 일식 · 월식과 같아서, 허물이 있으면 사람들이 다 볼 수 있고, 고치면 사람들이 다 우러러본다.' 하였습니다. 사람은 다 요순이 아니니, 어찌 매사에 선할 수 있겠습니까? 필부일지라도 허물이 있으면 고치려고 하는데, 하물며 백성의 위에 있는 임금은 어떠해야 하겠습니까? 임금이 잘못하셨다고 해도 능히 고친다면 백성이 우러러보는 것이 어찌 해와 달이 광명만 할뿐이겠습니까?

조광조는 새로 벼슬하여 일 만들기 좋아하는 사람이었으나, 어찌 간사한 마음이 있었겠습니까? 다만 세상을 경험하지 못하고 학문이 모자라므로 마침내 나라의 일을 그르치게 되었을 따름입니다. 처음에는 총애가 비길 데 없다가 하루아침에 단연히 사사賜死하셨으니, 이 일을 사책에 써서 만세에 전하면 만세 뒤에서는 어떻게 생각하겠습니까? 잘못이 있거나, 죄가 있으면 내쳐서 징계하는 것이 옳았을 것인데, 사사까지 하셨으니 지나칩니다. 김식과 같이 간사한 자라면 처형하지 않을 수 없었겠으나, 조광조 같은 자야 어찌 간사한 마음이 있었겠습니까? 그러나, 상께서 이것을 지나치다고 생각하시는지 모르겠습니다. 은총이 저러하다가 하루아침에 사사하셨으니, 일이 매우 참혹합니다. 미세한 죄수일지라도 어찌 차마 이렇게 할 수 있겠습니까? 이후로는 조정의 기색이 암담해질까 염려됩니다.[11]

김세필은 누구나 허물은 있을 수 있으나, 허물을 고치냐 못 고치냐가 중요하며, 조광조를 사사한 것은 지나친 처사였으니, 바로 잡아야한다는 것이다. 중종은 조정에서 그의 죄명을 정한 것이 가볍지 않았으므로 그렇게 하지 않을 수 없었다고 변명하였다. 사관은 김세필의 진언에 대하여 다음과 같이 논평하였다.

11 《중종실록》 권40, 15년 9월 13일(정묘); 15집, 689쪽.

조광조 등은 행사가 지나치기는 하였으나 그 속마음은 간사하지 않았는데, 이제까지 한 사람도 쟁론하여 드러내지 않았으므로, 뜻 있는 선비들이 슬프고 분하게 여겼다. 김세필은 학문과 강개가 있어서 비로소 이런 논의를 하였는데 그 말이 매우 격절하였으므로 듣는 사람들이 봉황의 울음에 견주었다.[12]

위와 같은 일이 있자 조광조를 죽게 한 영의정 김전·좌의정 남곤 등은 재상 반열에 있는 자가 국론을 어지럽힌다고 하면서 김세필을 추고推考할 것을 주청하였다. 이에 중종은 "강론 때의 일 때문에 추고까지 한다면 지나치지 않은가?"하고 받아들이지 않았다. 그러나 그들은 끈질기게 김세필을 죄주어야 한다고 몰아쳤고, 중종도 마지못해 김세필을 추고하라고 하였다. 조광조의 사사문제는 이미 국론으로 정해진 것인 만큼, 더 이상 논의하지 말아야 하는데, 김세필이 재상 지위에 있으면서 국론을 분열시켰다는 것이다. 이러한 조치에 대하여 사관은 다음과 같이 논평하고 있다.

언로가 트이고 막히는 것은 나라의 보존과 위망에 관계되는 것인데, 삼공으로서 굳이 김세필을 국문하여 다스리기를 청하였으니, 이들은 쓸모없는 자이다. 이유청은 박직하고 무식하며, 남곤의 대절은 이미 북문에서 떨어졌으므로 워낙 책망할 것도 없으나, 김전은 효행과 덕행이 있고 정직하고 평탄한 사람인데, 이 때에 이르러 역시 이런 말을 하니, 지식 있는 사람들이 '김전은 어두운 병폐가 있다.' 하였는데, 그 말이 마땅하다.[13]

말한 것이 잘못되었더라도 말한 사람은 죄줄 수 없으며, 말을 가리지 않

12 《중종실록》 권40, 15년 9월 13일(정묘); 15집, 689쪽.

13 《중종실록》 권40, 15년 9월 17일(신미); 15집, 690쪽.

> 고 아뢴 것도 임금을 믿기 때문이니, 위험한 말을 하여도 죄주지 않는 것이 어찌 치도의 빛나는 것이 아니겠는가? 삼공이 김세필을 죄주도록 청한 것을 애석하게 여기는 사람도 있었다.[14]

김세필은 이 일로 결국 옥중에 갇혔다. 옥중에서 올린 상소에서도 자신은 조광조와 정책노선의 차이를 갖고 있었지만, 그를 죽이기까지 한 것은 지나쳤음을 거듭 강조하였다.

> 지난번 경연에서 조광조의 일을 논할 때 신은 '지식이 없고 경박한 사람을 차서에 의하지 않고, 초탁하여 은총이 여러 신료보다 다르므로 기세가 날로 성해서 나라의 일을 어지럽히게 하였다.'고 생각하여, 이것을 반복하여 아뢸 즈음에 어세語勢가 어그러지는 것을 깨닫지 못하고 망령되게 사사까지 언급하였습니다. 신은 조광조와는 나이 차이가 있고, 벼슬한 시기도 달라서 조금도 친분이 없습니다. 신은 올해 정월에 광주목사에 제수되었다가 정축년 정월에 어미의 상을 당할 때까지 5~6년 동안 외방에 있었는데, 조광조가 하는 짓을 듣고서 늘 몹시 통분하여 남들에게 개탄하였습니다. 기묘년 3월에 상을 마치고 조정에 벼슬하여 마침 조광조와 함께 경연에 모신 일이 한 두 번이 아니었는데, 그의 언어 동정을 보고서는 경망하고 일 만들기를 좋아하며 상께서 총애하시는 것을 믿고 꺼리는 것이 없다는 것을 더욱 알았습니다. 신이 그 때 한 말씀으로 하늘의 뜻을 돌려서 나라의 일이 잘못된 것을 구제하지는 못하였으나, 시비가 이미 정해진 오늘에 와서 신이 어찌 조금이라도 현란한 마음을 갖겠습니까? 말이 한 번 그릇되면서 정상을 드러내지 못하여, 전에 조정을 염려하고 조광조를 개

14 《중종실록》 권40, 15집, 690쪽; 15년 9월 신미.

탄하던 마음을 끝내 성감聖鑑에 드러내어 아뢰지 못하고서 죄에 빠졌으니, 신은 억울하여 견딜 수 없습니다. 엎드려 바라건대 성상께서 신에게 다른 마음이 없음을 통찰하여 살려주시는 은혜를 내려주소서.[15]

의금부에서는 김세필의 죄를 곤장 백대杖一百 도형徒刑 3년으로 조율照律하였지만, 중종은 그의 공로를 감안하여 죄를 1등급 감하여 속장贖杖시키고, 음죽현 유춘역留春驛에 유배시켰다.

⑦ 지비헌知非軒의 생활

김세필은 2년간 유춘역에서 유배 생활을 보내고, 중종 17년(1521)에 풀려났다. 그 후 조정에서 중추원 부사中樞院 府事의 직책을 제수하였으나, 곧 사은謝恩하고 충주 지비천知非川에 낙향하여 후진들의 양성에 힘썼다. 이곳은 지금의 충북 음성군 생극면 팔성리로, 그 당시는 인가가 없이 갈대만 우거진 들판이었다. 그는 이곳에 초가집을 짓고, 앞 시내를 '지비천知非川'이라 명명하고, 동리 이름을 '지비촌知非村'이라고 하였다. 자신의 호도 '지비옹知非翁'이라 하였다. 이 때 김세필의 나이 50세였다. 그가 지비촌에서 후학을 교육하려 했던 것은 바로 공자의 제자 거백옥蘧伯玉의 고사에서 연유한 것이다. 친구 권도원權道原이 보낸 시의 운을 빌어 지었다는 〈차권도원기시운次權道原寄示韻〉 시구에 그 같은 정황이 잘 나타나 있다.

晩築此墟里　늦게서야 이 마을에 집을 지었으니
問名義可知　이름을 물으면 그 뜻을 알 수 있겠지
顧我非蘧氏　생각건대 나는 거씨蘧氏가 아니건만

---

15 《중종실록》 권40, 15년 9월 21일(을해); 15집, 692쪽.

竊美斯所爲　그가 하던 일을 아름답게 생각한다네

〈권1;4b~5a〉

눌재 박상朴祥이 이 때 충주의 수령으로 있었는데, 김세필을 위하여 집 짓는 것을 도와주었다. 집 모양이 공工자와 같았기에 공당工堂이라 불렀다. 공당 가운데는 청당廳堂을 만들고 양쪽은 침실을 만들었으며, 선생은 왼편에 거처하고, 학도들은 오른편에 거처하였으며, 중청中廳은 수강하는 장소로 사용하였다. 그리고 매양 청당에서 강의하기를 학궁學宮의 제도와 똑같이 하였다.

이 당시는 대부분의 선비들이 기묘사화의 참변을 겪은 뒤라서 학문하기를 꺼려하였다. 그럼에도 김세필과 김안국은 충주와 여주에 각각 거처하면서, 후진을 양성하였다.

세상에서 전하기를 눌재가 충주에 있을 때 매년 봄마다 환상곡還上穀 수십 곡斛을 얻어다가 두 사람에게 나누어 보내고, 가을에는 자기가 대신 갚았다고 하며, 두 사람도 그것이 녹미祿米와는 다르다고 여겨 사양하지 않고 받았다고 한다.

그리고 김세필이 거처하던 마을의 이름을 '말마秣馬'라고 한 것은, 눌재가 선생을 방문하러 왔을 때 매양 앞 냇가 무성한 숲 아래서 말에게 꼴을 먹였던 연유로 해서 얻어진 이름이라 한다. 그가 이곳에 머물면서 살자 오래지 않아 점점 촌락이 이루어지고, 지금까지 수백 년 동안 마을의 호수가 더욱 불어났다고 한다. 옛 노인들은 "선생께서는 형가形家의 설에도 널리 통달하였으며, 선견지명이 있었다."고 칭송하였다. 세상을 등지고 후진 양성에만 몰두하던 김세필은 중종 28년(1533)에 향년 61세로 세상을 마쳤다.

⑧ 기묘명현록과 증직

김세필이 세상을 마친 후 5년 뒤인, 중종 33년(1538)에 기묘사화 때 처벌받은 모든 사람에게 직첩職帖을 돌려주었다. 김세필은 지중추부사의 직첩을 돌려받았다. 때를 맞춰 사림들은 기묘사화에 희생당한 명현들을 기리기 위하여 《기묘당금록己卯黨禁錄》을 편찬하였다. 이밖에도 김안국의 《모재집慕齋集》, 김육金堉의 《기묘명현록》, 《대동야승》 등 여러 기록이 있는데, 찬술자의 입장에 따라 기묘명현들의 명단에 다소 차이가 있다. 그러나 김세필은 모든 문헌에 포함되어 있다. 이 같은 사실은 김세필이 사후에도 사림들의 끊임없는 추앙을 받았음을 시사한다.

현종 13년(1672)에 충주에 사는 선비 한치상韓致相 등이 상소하여, 이자李耔·이연경李延慶·김세필·노수신盧守愼을 함께 제향하는 서원에 사액賜額을 청하였다. 당시는 서원이 남설되어 서원의 설립을 금지시키던 상황이었다. 그러나 이 서원은 특별히 예조禮曹의 건의에 따라 사액을 허락하였다. 그 해 11월에 서원에 예관을 보내어 「팔봉서원八峰書院」이라는 편액을 내리고 제사를 지내게 하였다.[16]

영조 22년(1746)에 영의정 김재로金在魯가 기묘명현들에게 모두 시호諡號를 내릴 수는 없으니, 벼슬이 정경正卿으로서 학행이 뛰어난 인물만 선발하여 증직贈職 증시贈諡하자고 건의하였다. 이 때 김세필은 가선대부 이조참판에서 정2품직인 자헌대부 이조판서로 추증되었다.[17]

16 《현종실록》 권20, 13년 11월 2일(계유); 37집, 28쪽.

17 《영조실록》 권64, 22년 9월 6일(기해); 43집, 224쪽.

3. 교유관계交遊關係

김세필의 경우 그의 학문이나 사상의 형성과정에 있어서 가학家學의 전통 다음으로 영향을 준 것은 사우지도師友之道였다. 조선 성종조의 사림들이 중앙에 진출하게 된 동인이 사우관계에 밀접한 영향을 미쳤듯이, 김세필의 경우도 그가 교유한 인물의 성향에 적잖이 영향을 받았다.

1) 신진 사림과의 교유

① 제년회第年會 회원과의 교유

과거제도 실시 이후 같은 해 과거 시험에 합격한 자들은 모임을 이루어 결속을 도모하였다. 같은 해 대과大科에 합격한 자들은 동년회同年會를 결성하였다. 이에 비하여 소과小科인 생원 진사과에 합격한 자들은 별다른 모임을 결성할 수 없었다. 그러나 생원과를 합격하고 다시 대과에 합격한 사람들은 서울에서 종종 모임을 갖고 제년회第年會를 거행하였던 듯하다. 김세필이 지은 〈강이수제년회서姜而叟第年會序〉에서 보듯이 제년회의 취지는 붕우형제의 의리는 물론, "일이 생기면 서로 도와 이루고, 허물이 있으면 서로 고쳐주어 교훈과 승진이 있으며, 각각 입신출세에 부담을 주지 않는다"는 데 있으며, 시우詩友로써의 사귐에 의미를 두었다.

〈강이수제년회서姜而叟第年會序〉를 보면, 중종 21년(1526) 6월 24일에 강이수姜而叟가 자기 집에서 방회榜會를 열어 옛정을 나누었던 것 같다. 이들이 생원시에 합격한 뒤 32년째 되던 해이다. 이 날 참석자는 심의沈義 이하 15인뿐이었다.

> 지난날에는 우리가 서울에서 모이면 수십 명이 모여서 시강詩講하였으며, 서로 얼굴 대하고 술로서 마음 속 생각을 털어놓았었다. 제년회를 거행하

지 않은 해가 없었고, 또 어떤 해에는 여러 번 모임이 있기도 했다. 근년에 들어서는 나라에 일이 여러 번 일어나 이합집산이 심하였고, 예를 폐하고 행하지 못하여 믿음이 얇아졌으니, 참으로 안타까운 일이다. 오늘의 행사는 여러 해 만에 열렸으니 각자의 기쁨을 적어 잊지 않는 것이 좋겠다.[18]

위의 글로 보아 소과에 급제한 이들이지만 의기가 투합해 여러 차례 모임을 가졌던 것 같다. 이 모임이 지속되지 못한 것은 바로 무오·갑자·기묘사화 때문이다.

김세필이 제년회 회원 가운데 친밀하였던 사람은 역시 대과에 다시 급제하여 같이 일하던 이들이다. 소과에 같이 급제한 100명 중 20여 명이 연산 1년(1495)부터 중종10년(1516) 사이에 대과에 합격했다. 김세필은 특히, 이장곤李長坤·이현보李賢輔·홍언충洪彦忠·박세평朴世平·홍언국洪彦國·심의沈義 등과 가깝게 지냈다.

이장곤李長坤, 1474~1519은 김굉필의 문하로 김세필과 어린 시절부터 친했으며, 거의 평생을 같이하였다. 같은 해에 생원시에 급제하여 제년회 회원이었으며, 갑자사화 때 거제도로 유배되었고, 기묘사화 이후에는 여주에 은거하기도 하였다.

이현보李賢輔, 1467~1555와는 소과와 대과를 같은 해에 급제한 인연으로 절친하였다. 영흥훈도永興訓導로 있던 이현보를 천거하여 훗날 명재상에 오르게 한 사람이 바로 김세필이다.

18 金世弼, 〈姜而叟第年會序〉(《십청헌집》 권3;23a~25a).

② 동년회同年會 회원과의 교유

김세필은 연산 2년(1496)에 대과에 합격하였다. 33명이 동년회 회원이었다. 이 가운데 이유녕李幼寧·어득강魚得江·박은朴誾·문근文瑾·이철균李鐵鈞 등과 교유가 활발하였다. 《십청헌집》에 소재한 시작품을 보면, 특히 어득강과 친밀하였다. 다른 회원들과는 친밀도가 떨어지는데, 아마도 상호 경쟁 관계에 있었거나, 출신 성분이 달랐기 때문인 듯하다.

어득강魚得江, 1470~1550은 1492년에 진사가 되고, 1495년에 과거 급제한 후 곡강군수·장령·교리·대사간 등을 두루 거쳤다. 그는 관인으로서의 자세가 공평하고 청렴하였기 때문에 정치적 파란기에도 불구하고 큰 어려움 없이 관직 생활을 하였다. 김세필도 이 점을 높이 평가하였다. 구체적인 예로, 〈답객문증어자유득강별서答客問贈魚子游得江別序〉에서 김세필은 어득강의 장점을 세 가지 들고 있다.[19] 첫째 친구와 사귀는데 당시의 세태가 권익에 따라 이루어지는데 반해 의로움과 성실함으로 일관하고 있고, 둘째 당시의 수령이 백성의 고혈을 짜서 자기를 살찌우는데 급한데 비해, 그는 백성을 보호하는데 힘써 그가 다스리는 고을은 백성이 흩어지지 않았고, 셋째 대부분의 관인들이 청요직을 얻기에 분주한데, 어득강은 그런 자리가 주어졌음에도 불구하고 물러나 있었다. 관료로써 이 세 가지 자세는 김세필도 지향하는 바였다. 김세필이 관직 생활을 어득강과 같은 자세로 임하고, 조광조의 사사賜死 문제에 대한 언급으로 유배된 이후 복직되었으나, 스스로 관직에서 물러날 수 있었던 것도 그에게 영향을 받은 바라 할 수 있다.

③ 《성종실록》 편찬에 참여한 기사관記事官과의 교유

관료가 되어 실록 편찬사업에 참여한다는 것은 매우 영광스러운 일

19 *cf.*, 〈答客問贈魚子游得江別序〉(《십청헌집》 권 3;25a~27b).

이었다. 김세필 역시 《성종실록》편수에 참여하게 된 것에 대해 자긍심을 가졌다. 《성종실록》은 연산 1년(1495) 10월에 실록청을 설치하고 편찬에 착수하여, 4년 후인 연산 5년(1499) 2월에 일을 마쳤다. 당시 실록 편찬의 최고 책임자인 영사관은 신승선愼承善이고, 실제 편찬 실무를 맡았던 기사관은 김천령金千齡 · 이효돈李孝敦 · 유희저柳希渚 · 권달수權達手 등 38명이었다. 이 가운데 김천령·유희저·이유녕·성중엄·문근·정희량 등은 김세필과 같은 해에 과거 급제한 동년회 회원이다. 참고로, 실록 편찬에 참여한 기사관 가운데, 정희량의 《사우록師友錄》에 기록된 인물이 있는데, 김세필이 정희량과 친한 만큼 이들과도 돈독한 교유관계를 가졌음이 분명하다. 대표적인 인물이 이우李堣 · 권민수權敏手 · 이행李荇 · 박은朴誾 · 성중엄成重淹 · 홍언충洪彦忠 · 이장곤李長坤 · 이여李膂 등이다. 실제 《십청헌집》에 이들과 교유한 시편이 적지 않다.

정희량은鄭希良, 1469~?은 성종 23년(1492) 국자시에 급제한 이래 여러 벼슬을 역임하였으나, 연산조의 폐정에 회의를 품고 스스로 벼슬에서 물러나 방외인의 길을 걸었다. 시문 외에 역학에 뛰어난 그는 무오사화를 예견하고 병을 핑계로 사임하였다. 갑자사화 직전에 34세의 나이로 아예 세상에서 잠적을 감춰 이후의 생애를 확인할 수 없다.[20] 김세필과는 젊어서 절친하였다.

권민수權敏手, 1466~1517는 1494년에 과거 급제한 후 홍문관 정자 · 부수찬·사간원 정언·병조좌랑을 역임하였으며, 1504년 갑자사화 때 이조좌랑으로 재임 중 직언하다가 유배되었다. 이 때 김세필 등과 어울렸다. 그의 동생 권달수權達手, 1469~1504는 1492년에 과거 급제한 후 이조좌랑, 부교리 등을 역임하였다. 1504년에 연산군이 폐비 윤씨를 종묘에 모시려 하자 부당함을 주장하였다. 이 때 의금부에 하옥되어 국문을 받다가 죽었다. 김세필도 권달수와 함께 참형에 처해질 위기에 있었으나, 권달수만 수범首犯이라 하여 참형

20 *cf.*, 홍순석, 〈허암 정희량론〉, 《한국고전문학의 이해》, 한국문화사, 1998.

되었던 것이다. 김세필이 이들 형제에 대해서 애틋한 감정을 갖는 것도 이 때문이다.

④ 갑자사화 때 유배된 인물과의 교유

김세필은 갑자사화 때 거제도에 오랫동안 유배되었다. 이 때 최숙생·홍언충·이행·강유선康惟善·이여李膂 등은 3년간 유배 생활을 함께 하면서 망형지교忘形之交를 맺고 지냈다.

김세필이 거제도 유배 시 가장 힘이 되어준 친구는 이행과 홍언충이었다. 가장 어려웠던 시기의 교우였기에 이들과의 교분은 각별하다. 이행李荇, 1478~1534은 1495년 과거에 급제한 후 예문관 검열, 성균관 전적, 홍문관 교리 등을 거쳤다. 1504년 갑자사화 때 사간원 헌납을 거쳐 홍문관 응교로 있으면서, 폐비 윤씨의 복위에 반대하다가 충주에 유배되었고, 이어 함안으로 옮겨졌다가, 1506년 초에 거제도로 유배지를 옮겼다. 이 때 김세필과 함께 거제도에서 유배 생활을 하면서 의기가 투합되어 평생 친구로서의 관계를 유지하였다. 이행은 김세필과 마찬가지로 중종반정 후 홍문관 교리에 복직되고, 부응교로 승진되어 사가독서하였다. 그런데, 이행은 김세필과 절친한 관계에 있으면서도 정치적 견해에는 다소 차이가 있었다. 구체적인 사례로 이행은 박상과 김정 등이 폐비 신씨의 복위를 상소하자 이를 반대하였는가 하면, 조광조를 비롯한 신진사류와 관계가 좋지 않았다. 김세필이 조광조 일파의 왕도정치를 지지한 바와는 차이가 있다. 기묘사화로 조광조 일파가 실각하자 이행이 청요직을 두루 거친데 반하여, 김세필은 조광조의 사사賜死가 지나쳤다는 진언을 하다가 유배되고, 얼마 후 관직이 다시 제수되었으나, 부임하지 않았다.

이처럼 정치적 견해는 다소 달리하였음에도 두 사람의 친분은 남달랐다. 김세필은 남산 청학동에 있는 이행의 집에 자주 놀러가 술을 마시고 친구들과 즐겼다. 〈소요동逍遙洞〉이라는 시의 제목아래 "김공석이 거제도에 귀양 가 있으면서 이용재·최앙재와 주고받은 시가 매우 많았지만, 지금은 거의 남아 있지 않다."[21]고 한 기록에서도 이행과의 교분을 충분히 짐작할 수 있다. 기묘사화 이후 김세필이 벼슬을 버리고 충주의 농가에 있을 때는 〈공석낙직재충주농사公碩落職在忠州農舍~〉[22]라는 시를 보내어 위로하였다. 건강이 악화된 김세필에게 〈권지주증공석勸止酒贈公碩〉이라는 시를 보내 술을 끊을 것을 강권하고 있는 모습에서 두 사람의 친분을 거듭 확인할 수 있다.

朋友雖異體　　벗이란 비록 서로 다른 사이지만
義與兄弟均　　의는 형제와 다름없이 같은 것이리니
藥言苟相廢　　충언을 진실로 돌아보지 않는다면
胡貴於天倫　　천륜이 귀할 게 뭐 있으랴
況君千金軀　　더구나 그대는 천금같이 중한 몸인 것이
上有鶴髮親　　위로 백발의 부모님이 계시지 않는가
事又與吾異　　그대 하는 일 나와는 비록 다르지만
剛制莫逡巡　　술을 억제하기를 망설이지 말게나
因玆及諸友　　인하여 여러 벗에게도 권할 것이요
不但書君紳　　그대의 허리띠에만 써두지는 말게

〈권4;19b〉

김세필은 늙은 부모님을 모신 귀한 몸이니 더욱 금주할 것을 권유한다. 그리고 자기의 충고를 꼭 들어주기를 바랐다. 그는 "벗이란 비록 피는 서로 다르지만, 의는 형제와 다름없이 같은 것이니, 충언을 진실로 돌아보지 않

---

21 *cf.*,《십청헌집》권3;22b.

22 *cf.*,《십청헌집》권4;19a~b.

는다면, 천륜이 귀할 게 뭐 있으랴"고 하였다.

홍언충洪彦忠, 1473~1508도 평생 교유하였던 인물이다. 이행·홍언충·김세필 등과 함께 거제도로 유배되었으며, 이들은 유배지에서 자주 만나 산수를 유람하고 시를 지었다. 다음 시작품 〈궤직경산소겸시공석饋直卿山蔬兼示公碩〉은 이행이 산나물을 캐서 홍언충과 김세필에게 보내면서 지은 것인데, 유배지에서의 교유관계를 가늠하기에 족하다.

采采山中菜	산중에 들어가 나물을 캐는데
傾筐亦不盈	광주리 기울여도 차지 않는구려
相思人甚遠	그리운 사람 멀리 떨어져 있어
有信物無輕	보내는 물건이니 가벼이 마소
功莫煩庖宰	요리사 번거롭게 할 필요가 없이
眞堪佐麴生	그대로 술안주에 제격이라오
南隣舊御史	이웃에 사는 옛 어사께서도
一笑與同評	한 번 웃고 같이 평해 주구려

〈권4;20a〉

이 외에 홍언충의 형제인 홍언국洪彦國·언승彦昇·언방彦邦·언필彦弼 등과도 함께 교유하였다.

⑤ 사가독서자들과의 교유

중종 반정 이후 김세필은 정업원淨業院에 들어가 사가독서하게 되었다. 이 때 함께 선발된 사람은 이행·김세필·김안국·홍언충·신상申鏛·유운

柳雲·김안로金安老·김영金瑛·이희증李希曾 등 9명이었다.[23] 이 가운데 이행·김안국·홍언충은 평생을 두고 교유했던 인물이다.

⑥ 《성리대전》을 진강했던 관리들과의 교유

중종은 경연을 좋아하여 주강晝講에서 모자라면 야대夜對까지 이어졌으며, 경연관들을 우대하였다. 중종 4년(1509)에는 중종이 사정전思政殿에 나아가 경서經書를 전공하는 문신들을 시강侍講케 하였다. 이 때 김세필은《대학》을 중종 8년(1513)에는 예조판서 김응기·대제학 신용개 등이 김세필·김안국·유운·성운·김양진·홍언필 등으로 하여금 홍문관 관원과 더불어《성리대전》을 홍문관에서 강습하여 이해하기 어려운 곳은 선배들에게 질문하게 하고, 진강할 때에는 다시 정통한 사람을 가려 전강殿講하도록 준비시켰다. 중종 14년(1519)에는《성리대전》을 진강할 인재를 선발하였는데, 남곤·김안국·이자·김정·조광조·김세필·신광한·김정국·홍언필 등 21인이었다.[24] 이처럼《성리대전》을 진강하던 21인 중에 김안국·김정국 형제와 이자·홍언필 등과 매우 친했으며 김정·신광한 등과도 교유관계를 돈독히 하였다.

김안국金安國, 1478~1543은 조광조·기준 등과 함께 김굉필의 문인이다. 1503년에 과거에 급제한 후 홍문관 부교리·장령·대사간·공조판서 등을 거쳐 1517년에는 경상도 관찰사로 파견되어 왕도정치의 토대가 되는 소학小學과 향약鄕約을 보급하는데 앞장섰다. 기묘사화 때 겨우 화를 면하고 경기도 여주에 낙향하여 후진을 가르치며 여생을 보냈다. 김세필이 김안국 형제와

---

23 《십청헌집》에는 실록에 기록된 金世弼·李荇·金安國·金安老·李希曾 등 5명과 李沆·金淨·沈義·李彦浩·洪彦弼·成世昌·蘇世讓·鄭士龍·黃汝獻 등 9명으로 도합 14명이 선발된 것으로 기재되어 있다.

24 《십청헌집》에는 李耔 대신에 柳雲이 수록되어 있으며, 남곤은 제외시켰다.

친분을 나누었던 시기는 중종 반정 후 정업원에서 사가독서를 함께 하면서부터였다. 김안국이 여주에서 후학을 교육하고 있을 때, 김세필 역시 관직에서 물러나 지비천에 은거하면서 후학을 교육하고 있었다. 관직에 있었을 때는 신진 사림의 입장에서 왕도정치를 지향하였고, 만년에는 시골에 은둔하여 후학을 양성하는 등 두 사람은 행적을 거의 같이하였다. 이 같은 정황이 두 사람을 더욱 가깝게 했다. 박상의 역할이 컸음은 물론이다.

김안국의 《모재집》에 김세필에게 보낸 시가 6편이 전할 뿐,[25] 《십청헌집》에는 전하는 작품이 없다. 김안국은 김세필이 충주에 내려가 있을 때 그가 어디 있는지 몰라 헤맸던 안타까운 심정을 〈답김공석간答金公碩簡〉에서 다음과 같이 토로하였다.

省咎何妨斷信音　근신하는 데 무슨 방해가 되기에 소식마저 끊었는가
四年魂夢費追尋　사년 동안 그대 찾노라 몽혼夢魂을 허비하였네
應知髮暎靑山晩　응당 푸른 산 저녁놀에 흰머리 흩날리며
共切葵傾白日心　일편단심 임금 위한 충성 간절할 줄 알겠네

〈권4;20b~21a〉

이 시의 "사년 동안 그대 찾노라 몽혼夢魂을 허비하였네"라는 시구에서 김세필과의 친분을 확인할 수 있다. 김안국은 김세필의 장모가 돌아갔을 때 만사를 지어 위로하였고,[26] 김세필이 죽은 뒤 행장을 지었다고 한다. 김안

25 〈神勒寺尙均師 持小圖一軸 下有十淸軒敍詩 示余索題〉(《慕齋集》 권4;20b) 〈贈金廣牧公碩〉(《慕齋集》 권2;36a) 〈金承旨世弼妻母挽〉(《慕齋集》 권3;4b) 〈公碩公謝人見訪韻 遂次之〉(《慕齋集》 권) 〈再遊神勒寺 醉題尙均師詩軸 軸有十淸軒金公碩序詩〉(《慕齋集》 권4;6b) 〈答金公碩簡〉(《慕齋集》 권4;13b)

26 金安國, 〈金承旨世弼妻母挽〉(《慕齋集》, 권2).

국의 아우인 김정국과도 교유했음을 3편의 시[27]를 통해 확인할 수 있다.

이자李耔, 1480~1533는 1504년에 장원 급제한 후 사헌부 감찰, 이조좌랑을 역임하였다. 그러나 연산군의 폭정이 절정에 치닫자 관직 생활에 환멸을 느끼고 술로 세월을 보냈다. 이 무렵 거제도로 유배된 이행, 김세필 등과 어울려 술과 시를 주고받았다. 중종반정 후 다시 발탁되어 홍문관 수찬·적제학·대사헌이 되었다. 조광조, 김정 등과 달리 도학정치를 완만하게 추진하고자 노력하였다. 이자는 사림파의 한 사람이었으나 성품이 온유하고 교제가 넓어 훈구 세력과도 원만하게 지냈다. 1519년 기묘사화가 일어나자 여기에 연좌되어 파직되었다. 그 후 음성, 충주 등지에 은거하여 이연경李延慶, 김세필 등과 학문을 토론하며 여생을 마쳤다.

신광한申光漢은 중종에게 《성리대전》을 진강하면서부터 교유하였던 것 같다. 신광한이 김세필을 흠모하면서 지은 작품이 2편 전하는데,[28] 〈기모동박대구찬寄茅洞朴大丘璨〉의 끝 부분에 다음과 같은 기록이 있어 신광한, 이자와의 교유 활동을 가늠할 수 있다.

> 기재企齋·음애陰崖·십청十淸선생이 해마다 3월 3일과 9월 9일에 개산에서 모이기로 약속하였다. 뒤에 신공과 이공은 왔는데 선생은 이미 돌아가셨으므로 산양의 회포를 견딜 수가 없어서, 이 시를 지어서 박찬에게 부쳤다.[29]

---

27 〈書扇面 和公碩韻 別子實相遇於平山客軒〉〈己卯禍起 余坐累 退居于高陽芒洞之村舍 隣村有邊秀才灝 致書慰以無聊 卽書簡尾以後〉〈遊神勒寺 次慕齋兄題尙均師小軸韻 軸有神勒江山圖 畵甚妙 并十淸軒金公碩序〉

28 〈過介峴金公碩舊居有感〉〈三月三日 寄茅洞朴大丘璨〉

29 《십청헌집》 권4;23b.

⑦ 지비천에서의 교유

김세필은 충주 지비천知非川에 낙향한 이후 후진들의 양성에만 힘썼다. 이 때 밀접하게 교유한 인물이 바로 박상과 김안국이다.

박상朴祥, 1474~1530은 과거에 급제한 후 병조좌랑·전라도사·사간원 헌납·담양부사 등을 역임하였다. 순창군수 김정金淨과 함께 폐비 단경왕후端敬王后 신씨愼氏의 복위를 주장하다가 중종의 노여움을 사서 오림역에 유배되었다. 1516년 방면된 후 순천부사·상주목사·충주목사 등을 지냈다.

박상은 충주 목사로 있으면서 김세필과 김안국에게 물심양면으로 많은 도움을 주었다. 김세필의 말년에 가장 절친했던 이를 꼽는다면 바로 이 두 사람이다. 다음 글에서 박상과의 친분을 가늠할 수 있다.

> 기묘사화 때 선생이 연경에서 돌아와 특진관에 충원되었다. 경연에 임할 때에 정암의 원통함을 간절히 진술하였다가 뭇 소인배들의 원한을 당하여 여러 해 동안 장배에 처해졌다. 그 후 사환되자 충주 땅의 지비천가에 집을 짓고 살면서 스스로 호를 지비옹이라 하였다. 이 때 눌재 박상이 목사로 있었는데 집을 새로 지어주었으며 왕래하면서 창화하였다.[30]

두 사람이 나누었던 시가 《눌재집》《십청헌집》에 비중 있게 실려 있다. 박상이 김세필에게 보낸 시는 10편이나 된다.[31] 반면, 김세필이 보낸 시는 20편이 된다.[32] 이는 김세필의 교유시 가운데 가장 많은 양이다.

---

30 《십청헌집》 권1;10b.

31 〈題金公碩新堂堂形工字〉〈贈金公碩以季子成親向溟州〉〈江祠見金同樞世弼書走筆代以詩〉〈金公碩投書云 京畿觀察使奉宥旨 更移陰州釋遣 明日還漢中 余復疊前韻 賀之〉〈金樞府世弼 演余江祠所寄二絕〉〈金公碩工字堂聯句〉〈工字堂酒席聯句〉〈金同樞世弼 結築知非川 因鏝人來附書 詩以答之〉〈再和金同樞世弼述田家雜語〉〈三和金同樞田家雜語〉

32 〈和朴昌世祥韻〉〈寄昌世行軒并小序〉〈和訥齋〉〈和訥齋二首〉〈又和訥齋〉〈奇訥齋四首〉〈和訥齋二首〉〈喜雨二絕 寄訥齋行軒〉〈訥齋見訪 席上賦一絕敍謝〉〈謹閱訥齋和章〉〈次訥齋四首〉

다음의 〈눌재견방 석상부일절서사訥齋見訪 席上賦一絶叙謝〉는 김세필이 말년에 박상과 어떠한 교분을 나눴는가를 시사한다.

春來屛跡蓬蒿宅	봄이 와도 오막집에 쭈그리고 앉았더니
車轍還尋掛席門	뜻밖에도 다정한 벗 나를 찾아 주었기에
不分淸樽開笑語	이 술 저 술 마시면서 담소를 나누다가
又將詩句坐黃昏	또다시 시구 찾아 황혼에 앉아 있네

〈권2;11b〉

이 시에서 박상이 김세필의 궁핍함을 알아서 제 때 찾아와 챙겨주고, 술과 시로써 심회를 위로하였음을 짐작할 수 있다. 박상과의 교유시 가운데 교분을 시사하는 시구만 발췌해 보이면 다음과 같다.

對面心無阻	얼굴을 대하면 마음에 막힘이 없고
含杯意自通[33]	술을 마시면 뜻이 스스로 통하네
朱幡累屈蓬蒿宅	귀한 발길 몇 번이나 누추한 곳 오셨던가
淡泊相着別有思[34]	대하는건 담담해도 생각만은 각별했네
宣舒通子蓬心久	유창한 그대를 닮고 싶은 마음 오래였고
文墨場中敢起思[35]	문묵을 일삼으려는 생각도 가졌다네
一年一度牛女	일년이면 한 차례씩 견우와 직녀처럼

〈贈訥齋十首〉〈道寬院川上 次訥齋韻〉〈奉邀訥齋〉〈次訥齋韻二首〉〈酬訥齋三首〉〈道寬院川上 次訥齋韻二首〉〈朴司藝以寬 承調赴闕 昌世在澤州 病風不出 書十韻 附李生枝榮 時學中 公碩同知釋之司成〉

33 〈工堂酒席聯句〉《십청헌집》 권1;12b.

34 〈又和訥齋〉《십청헌집》 권2;1b~2b.

35 〈又和訥齋〉《십청헌집》 권2;1b~2b.

不盡歡情又恨思[36] 기쁜 정 못 다한 채 또 헤어져 생각하네
牛女秋期歎缺遲 견우 직녀 만날 기약 왜 이리 더디던가
此時蕭瑟客增悲[37] 그 때의 쓸쓸함에 길손의 슬픔 더하여라

위의 시구에서 보듯이 박상과는 견우와 직녀처럼 서로 그리는 사이였으며, 얼굴만 대해도 서로의 뜻을 알 수 있었던 지기知己였다. "대하는 건 담담해도 생각만은 각별하였다"는 시구는 두 사람의 교분에 가장 적절한 표현이라 할 수 있다.

2) 승려들과의 교유

김세필은 유학자이면서도 말년에는 적잖이 승려들과 교유하였다. 《십청헌집》에 승려 경회敬懷 · 상균尙均 · 보원普願 · 설암雪庵 · 신욱信郁 · 의민義敏 · 의종義宗 · 조우祖雨 등과 교유한 시가 14편이나 전한다. 참고로 승려와의 교유시를 정리해 보이면 다음과 같다.

僧敬懷	山人敬懷山水軸序
僧尙均	題神勒寺均上人詩軸
僧法空	次月精寺僧法空詩軸韻詠寺蹟, 用別韻贈空師
僧普願	題普願上人詩軸中佔畢齋韻二首, 贈普願上人
僧三首	贈僧三首
僧雪庵	贈詩僧雪庵
僧信郁	次信郁上人詩軸韻
	次信郁上人詩軸韻
僧義敏	追和月精寺僧義敏詩軸
僧義宗	次龍門寺住持義宗詩軸韻
僧祖雨	次玄黙上人祖雨詩軸韻
	和老釋祖雨韻

36 〈又和訥齋〉《십청헌집》 권2;1b~2b.

37 〈道寬院川上 次訥齋韻〉《십청헌집》 권2;26a~26b.

김세필은 상균上均과 조우祖雨와는 각별한 사이였다. 〈제신륵사균상인시축題神勒寺均上人詩軸〉에서 시사하듯이 상균은 어린 시절에 학문을 같이하였던 친구였다. 장편이 시이므로 두 사람의 교분을 살피는데 필요한 시구만 적출해 보인다. 상균과는 도道가 다르지만 "함께 말을 나눠도 권태로움 느낄 수 없는與語不知倦" 그런 사이였다.

離違浹兩紀　서로 떨어져 있은 지 24년이 되었는데
鬢髮還滄浪　귀밑머리는 도리어 검은 빛 그대로네
屬玆守窮寂　이곳에 의탁하여 궁색하고 쓸쓸함을 지키나
舊分明於霜　옛 정분 따지기는 서릿발 보다 명백하네

〈권1;5b〉

위의 시구에서 보듯이 두 사람이 다시 만나게 된 것은 24년만이다. 각자의 도가 달랐기 때문에 교제를 끊을 수밖에 없었지만, 말년에야 풍류를 깨우치고서 교유하게 된 것이다.

息交復外交　교제를 끊었다가 다시 밖으로 사귀니
莫道人披猖　남이 창피 준다 말하지 마소
三笑見高致　삼소三笑의 높은 풍치를 보았으니
百世應傳芳　백세토록 응당 꽃다운 이름 전해지리라

〈권1;5b〉

이 시의 끝 부분에서는 상균사와 함께 속세를 벗어나 풍류를 즐기며 여생을 보내자고 당부하였다.

師乎勿遠擧　　대사여 멀리 가시지 말고
更此安禪床　　다시 이곳에 선상을 안치하여
携我東臺月　　나를 이끌어 동대에 올라 달구경하며
洗我塵土腸　　속세 때 묻은 나의 창자를 씻어주오

〈권1;5b〉

김안국의 〈신륵사상균사神勒寺尙均師~〉[38]에서 보듯이 김세필은 신륵사의 상균사가 지니고 있는 화첩과 시축에 시와 서를 써주었다. 이 시의 내용은 신륵사 결사도에 붙인 것으로 신륵사의 상균을 중국 백련사白蓮社의 혜원慧遠에 비유하고, 김세필, 김안국을 도잠陶潛과 육수정陸修靜에 비유하여 호계삼소虎溪三笑의 고사에 견주었다. 다음 시 〈재유신륵사再遊神勒寺~〉에서도 그 같은 교분을 살필 수 있다.

四載重逢未偶然　　사년 만의 다시 만남 우연이 아닐세
世間何事不由天　　세상일이 하늘뜻 아닌 것 있는가
東臺耽看儵魚樂　　동대에서 즐거이 노는 물고기 보느냐고
西岳都忘夕照懸　　서산에 비친 저녁놀 깜빡 잊었다오
文字十清聊一軸　　십청헌의 문자는 이 시축뿐으로
風流三笑邈千年　　아득한 옛날 삼소三笑의 풍류였다네
醉餘揮手還相別　　취한 뒤 손 저으며 서로 이별하고 나서
回首烟江甓塔前　　연기 낀 강가의 벽돌탑을 바라보네

〈권4;21b〉

38 *cf.*, 《십청헌집》 권4;21a~b.

조우祖雨스님과의 교분은 〈화로석조우운和老釋祖雨韻〉에서 가늠할 수 있다. 이 시의 제목 밑에 시를 짓게 된 연유를 다음과 같이 적었는데, 두 사람 역시 만년에 교분을 돈독하게 한 것 같다.

> 나의 집이 신륵사 남쪽 언덕에 있으므로 지난 가을에 대사가 신륵사에서 나의 집을 찾았다. 그런데 지금은 장흥사에 있으면서 시 세 수를 부쳐왔다.[39]

이 글에서 두 사람이 집을 방문하며 교유관계를 가졌을 정도로 친분이 있었음을 알 수 있다. 역시 이들의 교분도 도우道友 관계이다.

4. 맺음말

한 작가의 전기적 사실은 그의 작품을 이해하는데 필수적인 자료이다. 한시 작품의 이해에 있어선 특히 중요하다. 그런데, 김세필의 경우는 문헌자료의 국한된 기록 때문에 자칫 오류를 범할 수 있다. 대부분의 문헌자료에서 김세필은 도학정치를 펼친 도학자요, 기묘명현으로 기술되고 있으며, 그 같은 기록들은 김세필을 문인으로 평가하는데 저해 요소가 되고 있다. 그런 가운데, 다행히 그의 신도비명이나 시장諡狀에 문인으로서의 위상이 제시되고 있어, 그의 시문학을 연구하는 계기가 되고 있다.

김세필은 경주 김씨로, 태사공太師公 김인관金仁琯의 12대손이다. 그의 가계에서 현저하게 부각되는 인물은 고조부인 상촌桑村 김자수金自粹와 조부

---

39 〈和老釋祖雨韻〉《십청헌집》 권1;11b~12a.

공평공恭平公 김영유金永濡이다. 이 두 사람은 김세필의 학문과 사상을 형성하는데 가장 영향을 끼친 인물이기도 하다.

김세필은 성종 21년(1490) 임헌시에, 연산 1년(1495)에 사마시司馬試에 합격하였고, 다음해 대과大科에 합격하였다. 이후 여러 관직을 역임하였는데, 주로 홍문관·사헌부·승정원에서 여러 직임을 맡았다. 그가 맡았던 직임을 통해서도 그의 학문과 성품을 짐작할 수 있다. 그는 주로 중앙에서 활약하였지만, 전라도 관찰사·광주목사·황해도 관찰사 등 외직에 나아가 목민관으로서도 많은 치적을 남겼다.

그가 활동하던 연산·중종조는 사화로 인하여 사림이나 문인들 누구든 간에 험준한 생애를 감수해야 했다. 그는 갑자사화 때는 거제도에 유배되어 울분의 세월을 보냈다. 기묘사화 이후 조광조의 사사賜死가 부당함을 논하다가 유춘역에서 유배 생활을 보냈다. 두 차례의 유배 생활은 관료로써의 생애를 마감하는 계기가 되었다. 만년에는 중추부 지사中樞府 知事에 제수되었으나, 사은謝恩하고 지비천知非川에 머물면서 후진을 양성하였다. 거백옥蘧白玉의 고사에서 따온 지비옹知非翁이라는 자호는 그의 생애를 잘 말해주고 있다.

김세필의 교유관계는 특별한 의미를 지닌다. 그의 학문이나 사상의 형성과정에 있어서 가학家學 다음으로 영향을 준 것은 교유관계였다. 그와 교유관계를 유지하였던 인물은 같은 관직에 종사하거나 유배지에서 함께 생활하였던 인물이 중심이 된다. 특별한 관계를 가졌던 인물은 박상과 김안국이다. 그의 전기적 자료를 중심으로 교유관계를 시기별·활동별로 정리하면 다음과 같다.

시기	교유활동	주요 교유인물
1기 (1495~1504)	제년회	이장곤, 이현보, 홍언충, 박세평, 홍언국, 심의
	동년회	이유녕, 어득강, 박은, 문근, 이철균
	성종실록편찬	이우, 권민수, 이행, 박은, 성중엄, 홍언충
2기 (1504~1506)	거제도 유배	성중엄, 이행, 이여, 최숙생, 홍언충
3기 (1506~1519)	사가독서	이행, 김안국, 홍언충
	성리대전 진강관	김안국, 김정국, 이자, 홍언필, 김정, 신광한
4기 (1521~1533)	지비천 은거	박상, 김안국

김세필은 유학자이면서도 말년에는 적잖이 승려들과 교유하였다. 《십청헌집》에 승려 경회敬懷·상균尙均·보원普願·설암雪庵·신욱信郁·의민義敏·의종義宗·조우祖雨 등과 교유한 시가 14편이나 전한다. 이러한 시편을 통해 도학자로만 평가되고 있는 그의 다른 일면을 엿볼 수 있다.

《약천남구만학술세미나자료집》, 용인문학회, 2009

약천 남구만의 용인향토사적 위상

10

1. 머리말

약천 남구만南九萬, 1629~1711이 살았던 시기는 조선조 5백년 가운데 당쟁이 절정에 달했던 시기이다. 이 시기에 그는 여러 벼슬을 역임하고 영의정에까지 올랐다. 재임 기간 중 서인과 소론의 영수로서 경신대출척庚申大黜陟, 갑술옥사甲戌獄事 등을 거치며 많은 고초를 겪었다. 유배流配와 복직復職을 수없이 반복하였으며, 우거寓居한 곳도 한 두 곳이 아니다. 관직에서 물러난 만년에도 토전土田의 쟁송爭訟에 휘말려 거소를 옮겨 다니다가 세상을 마쳤다.

〈동창이 밝았느냐〉시조의 작자로 알려진 그가 파란만장한 삶을 보냈다고는 상상되지 않는다.[1] 시조의 정취와 삶이 엇갈리기 때문에 여러 가지 의혹이 제기되었다. 작자의 진위眞僞, 작품의 배경지역 등이 논쟁의 주 대상이다. 최근 동해시 심곡동 약천마을이 '시조마을'로 부각되고 있고,[2] 용인시 문화단체는 시조의 배경이 모현면 갈담1리(파담) '장사래'라고 제기하였다.[3] 학계에서는 〈동창이 밝았느냐〉시조의 작자에 대해선 확론을 보류한 상태이다.

용인은 약천 남구만의 고향이라고 할 수 있을 정도로 연고가 깊은 곳이다. 조선 초기부터 용인시 남사면 창리 화곡동에는 의령남씨 가문의 선영先塋이 있다. 약천 남구만 역시 빈번하게 방문한 곳이다. 모현면 파담은 약천이 중년이후 가장 오랫동안 살았던 곳이다. 그리고 모현면 초부리 하부곡은 지금까지 영면하는 곳이다.

---

1 모현면 초부리 약천 묘역 입구와 파담마을 별묘에 세운 시조비에 중대한 오류가 있다. 《청구영언》원전에 "여대 아니 니러ᄂᆞ냐"가 "상기 아니 잃었느냐"로 번역되었다. 분명 "아직 안 일어났느냐"가 맞을 법하다. 마땅히 고쳐야 할 부분이다.

2 강릉대의 장정룡 교수와 동해시 향토사가 이승철 등이 약천연구회를 조직하여 수년간 약천마을 가꾸기 사업을 추진하고 있다. 동해시에서도 적극 지원하여 시조체험관을 건립할 정도이다.

3 용인문화원 향토문화연구소 정양화 소장이 용인시민신문에 〈용인의 옛지명〉을 연재하면서 '장사래' 지명에 주목하여 견해를 밝혔다. 필자도 약천 남구만을 소개하는 글에서 그 같은 견해를 밝힌 바 있다.

본고에서는 이 같은 사실에 주목한다.[4] 기존의 연구 성과를 바탕으로 약천 남구만의 위상을 밝히고자 한다. 주제를 용인향토사에서의 위상에 국한하였지만 논의는 〈약천문학연구〉에까지 확대한다. 적어도 그의 시문을 연구하기 위해선 용인의 '파담琶潭'이 필수적이기 때문이다.

2. 약천 남구만의 가문과 생애

1) 용인의 대표적 가문인 의령남씨

의령남씨 가문이 용인에 연고를 갖게 된 것은 조선 개국공신 남은南誾의 묘역을 남사면 화곡에 조성하면서부터이다. 의령남씨 가문에서 용인에 처음 세거성씨를 형성한 계파는 남은을 파조로 모시는 강무공파剛武公派이다. 남은은 태조 이성계를 도와 조선을 개국한 1등공신이며, 1차 왕자의 난 때 태조의 뜻을 받들어 이방석李芳碩을 세자로 책봉하는 데 적극 간여하였다가 이방원李芳遠에게 살해당하였다. 아우 남지南贄도 함께 처형당했다. 남사면 창리 화동에 묻힌 후 신원되어 그 일대를 사패지로 받았다. 이 때 강무공剛武公이란 시호가 내려지고 좌의정에 추증되었다. 1421년(세종3) 태조의 묘정에 배향되었다. 이후 남사면 창리 화곡은 의령남씨의 세장지世葬地로 정착되고 동족촌을 형성하기에 이르렀다.

1차 왕자의 난 이후에는 충경공忠景公 남재南在의 후손들이 주로 의령남씨의 명성을 계승하였다. 충경공의 뒤를 장자 경문景文이 이었으며, 그 뒤를 장자 충간공忠簡公 지智가 이었다. 충간공은 5명의 아들을 두었는데, 그중

4 약천이 우거하였던 지역에 주목한 것은 용인의 파담이 가장 중시되는 곳이기 때문이다. 그리고 이곳에서 〈동창이 밝았느냐〉시조를 지었을 개연성이 있기 때문이다.

3자가 간성공杆城公 구俅이다. 모현면 갈담리에 동족촌을 형성한 후손들은 바로 간성공계의 사람들이다. 특히 약천 남구만의 가계에서 성세를 확인할 수 있다. 남식南烒, 1589~1650은 약천 남구만의 조부이다. 용안현감龍安縣監에 제수되었으나, 병자호란을 치른 후 벼슬할 뜻을 버리고 아버지와 함께 결성結城[5]에 내려가 농사를 지으며 봉양에 힘썼다. 그는 남일성南一星, 남이성南二星, 1625~1683 형제를 두었다. 남일성은 장악원주부掌樂院主簿, 진천현감振川縣監 등을 역임하였다. 약천의 부친이다.

모현면 갈담리 파담마을과 초부리 하부곡에 세거지를 형성한 계파는 약천의 후손들로 구성된 문충공파文忠公派이다. 약천이 은퇴 후 파담마을에 살았고, 사후 초부리 하부곡 뒷산에 묘소를 썼기 때문에 자연스럽게 세거지를 형성하게 된 것이다.

문충공파 가문에서 배출된 정치인, 문인은 열거할 수 없을 정도로 많다. 그 가운데 남계우南啓宇는 조선 고종 때 문인이면서도 화단畵壇에서 주목받던 인물이다. 그는 약천의 5대손이다. 1886년(고종23)에 종2품의 동지중추부사同知中樞府事를 제수 받았다. 나비를 특히 잘 그려 '남나비南胡蝶'라고 불리었다. 남계양南啓暘 역시 약천의 5대손이다. 일제통치시기에 모현면의 초대 면장이 되었다. 그 후 면장을 그만두고 집을 얻어 유신의숙維新義塾을 설립하고 4년제의 보통학교 교육을 실시하였다. 남정각南廷珏은 일제강점기 때 활동한 독립운동가로 1963년 건국훈장 독립장이 수여되었다. 남태원南台元, 남규원南圭元 등도 약천의 후손들로 대표적인 인물이다. 현재도 용인시의 기관장 가운데 문충공파 후손이 적지 않다.

5 지금의 충남 홍성군 결성면이다.

2) 약천 남구만의 생애

남구만은 자는 운로雲輅, 호는 약천藥泉, 혹은 미재美齋, 시호는 문충文忠이다. 개국공신 남재南在의 후손으로, 부친은 남일성南一星이며, 어머니는 권박權瞨의 딸이다. 남이성南二星은 숙부이다. 추담秋潭 오달제吳達濟가 고모부이며, 서계西溪 박세당朴世堂이 그의 자형姊兄이다. 이민서李民敍와는 사돈 간이다. 이민서의 딸이 아들 남학명南鶴鳴과 혼인하였으나 자식을 낳지 못하자, 이항복李恒福의 증손녀가 들어와 손자 남극관南克寬을 낳았다.

약천은 충주 탄금대 부근의 외가에서 1629년(인조7)에 태어났다. 태어날 때 오른손 손바닥에 북두칠성처럼 생긴 점이 있었다. 어려서는 결성結城에서 살다가 10여 세에 서울로 유학하여 김익희金益熙에게 배웠다. 김익희가 그를 사랑하여 그의 아들, 조카들과 같이 공부하도록 하였다. 약천은 이경여李景輿의 문하에도 출입하여 이민적李民迪의 형제와 절친하게 지냈다. 송준길宋浚吉의 문하에 들어가 수학한 바도 있다.

1651년(효종2) 진사시에 합격하고, 1656년(효종7) 별시문과에 을과로 급제해 가주서·전적·사서·문학을 거쳐 이듬해 정언이 되었다. 1659년 홍문록에 오르고 곧 교리에 임명되었다. 1660년(현종1) 이조정랑에 제수되었다. 이어 집의·응교·사인·승지·대사간·이조참의·대사성을 역임하였다. 1662년 영남에 어사로 나가 진휼 사업을 벌였다. 1668년 안변부사·전라도관찰사를 역임했다. 1671년(현종12) 함경도관찰사가 되었다. 이 때 북관北關의 지도를 제작하고 국방에도 힘썼다. 이조전랑으로 종척宗戚을 탄핵하다가 죄를 입어 벼슬에서 물러났다가 형조참의로 다시 조정에 들어갔다. 그러나 1674년에 현종이 서거하고 숙종이 등극하면서 남인이 득세하자 결성으로 물러가 있었다.

숙종 초기에 대사성·형조판서를 거쳐 1679년(숙종5) 좌윤左尹이 되었으며, 서울로 돌아왔다. 같은 해 윤휴尹鑴·허견許堅 등의 방자함을 탄핵하다가 남해南海로 유배되었다.

이듬해 경신대출척庚申大黜陟으로 남인이 실각하자 도승지·부제학·대사간 등을 역임했으며, 1680년과 1683년 두 차례 대제학에 올랐다. 병조판서가 되어 폐한 사군四郡의 재설치를 주장해 무창茂昌·자성慈城 2군을 설치했으며, 군정軍政의 어지러움을 많이 개선했다.

1684년 우의정, 이듬해 좌의정, 1687년 영의정에 올랐다. 이즈음 송시열宋時烈의 훈척비호를 공격하는 소장파를 주도해 소론少論의 영수로 지목되었다. 1689년 기사환국己巳換局으로 남인이 득세하자 강릉에 유배되었으나 이듬해 풀려났다. 1694년(숙종20) 갑술옥사甲戌獄事로 다시 영의정에 기용되고, 1696년 영중추부사가 되었다.

1701년(숙종27) 희빈 장씨禧嬪 張氏의 처벌에 대해 중형을 주장하는 노론의 주장에 맞서 경형輕刑을 주장하다가 오히려 삭탈관작削奪官爵에 문외출송門外出送의 벌을 받았다. 이듬해 아산牙山으로 유배되었다. 얼마 후 유배에서 풀려난 약천은 온양溫陽의 친척 집에 우거하였다. 다시 조정으로 들어가 봉조하奉朝賀를 지내고 1707년(숙종33) 관직에서 물러나 기로소耆老所에 들어갔다. 이후로는 주로 용인의 비파담에서 살았다.

1711년(숙종37) 광진廣津의 별서에서 83세의 나이로 세상을 마쳤다. 약천이 세상을 떠나자, 처음에는 양주楊州 불암산佛巖山 동쪽 화접동花蝶洞에 장사지냈다. 1721년(경종1) 지금의 묘소로 이장하고 부인과 합장하였다. 그 뒤 묘지 밑에 사당을 지었다.

약천은 조선 숙종조 당시 정치 운영의 중심인물로서 정치·경제·형정·군정·인재 등용·의례儀禮 등 국정 전반에 걸쳐 경륜을 폈을 뿐만 아니라 문장에 뛰어나 책문册文·반교문頒教文·묘지명 등을 많이 썼다. 또한, 국내외 기행문과 우리 역사에 대한 고증도 많이 남기고 있다. 시서화에도 뛰어났으며, 〈묵매도墨梅圖〉가 전한다. 시조 〈동창이 밝았느냐〉가 《청구영언》에 그의 작품으로 수록되어 있다.

숙종 묘정廟庭에 배향되었으며, 강릉의 신석서원申石書院, 종성鐘城의 종산서원鐘山書院, 무산茂山의 향사鄕祠 등에 제향되었다. 저서로 《약천집藥泉集》《주역참동계주 周易參同契註》가 전한다. 글씨로는 〈좌상남지비左相南智碑〉〈찬성장현광비贊成張顯光碑〉가 있으며, 개심사開心寺 · 양화루兩花樓 · 영송루迎送樓의 제액題額을 남겼다.

3) 약천 남구만의 우거

약천은 파란만장한 생애에 따라 거처도 수없이 옮겨가며 살았다. 홍천의 결성結城, 서울의 정릉貞陵 · 저동苧洞 · 사인동舍人洞 · 남산 공북정拱北亭 · 광나루廣津, 용인의 비파담, 온양溫陽, 광주의 탄현炭峴 · 낙생落生 · 율현栗峴 등 헤아릴 수 없을 정도이다. 주로 머물던 우거寓居는 결성의 절순헌折笋軒, 광나루의 별서, 비파담의 우산정사愚山精舍이다.

① 결성結城의 절순헌折笋軒

약천은 잦은 당쟁의 소용돌이에서 60년을 살았다. 그럼에도 불구하고 83세로 장수를 누렸다. 타고난 성품에 기인한 것일 수도 있지만, 도성 안팎에 별서를 마련하고, 틈틈이 정신적 안정을 취할 수 있었기 때문에 가능했을 것이다. 약천의 가문은 남재 이후 선대가 현달하지 못하였다. 그가 어릴 때 결성에서 성장한 것도 그 때문이다.

1639년(인조17) 조부 남식南烒이 벼슬에서 물러나 결성의 구산龜山에서 살았다. 남식은 아들 남일성을 위하여 용와리龍臥里 하씨河氏의 집을 매입하였다. 이 집이 바로 '용촌별서龍村別墅'이다. 나중에 절순헌折笋軒이라 이름 붙였다. 이래로 결성은 약천 집안의 새로운 고향이 되었다. 숙부 남이성이 〈용촌별서기龍村別墅記〉를 지었다고 하나 전하지 않는다. 다만 약천이 지은 〈절순헌기折笋軒記〉에 용촌별서의 모습이 잘 나타난다. 뜰에 대나무를 심어두었기에 여름이면 죽순을 베어 먹는 것이 별미였다. 겨울이면 창을 열어 햇살을 받아들이고, 여름이면 북쪽 문을 열어 먼 곳을 조망하기에 좋았다고 한다.

> 숭정 기묘년(1639, 인조17)에 선조고先祖考인 평강부군平康府君이 고을의 현감을 해임하고 돌아와 결성의 구산에서 한가롭게 지내셨다. 선고인 금성부군金城府君을 위하여 용와리龍臥里에 있는 하씨河氏의 집을 사니, 규모는 비록 질박하였으나 몸을 용납할 만하였다. 다시 두 칸의 대청을 동쪽 모퉁이에 지어서 겨울이면 남쪽 창문을 열어 햇볕을 맞이하고 여름이면 북쪽 문을 열어 멀리 바라보곤 하였다. 조고는 숙부인 판서공에게 명하여 용촌별서기龍村別墅記를 짓게 하였는데, 산천과 못과 포구의 아름다운 경치를 대단히 칭찬하였다.
>
> 선고가 뜰 앞에 대나무를 심었으나 미처 숲을 이루지 못하여 초여름에 나온 대순이 겨우 10여 개였다. 하루는 조고가 구산으로부터 이곳에 왕림하니, 선비先妣가 손수 그 대순을 꺾어서 점심 반찬을 장만해 올렸다. 조고는 흔쾌히 들고 훌륭한 맛을 극구 칭찬하면서 "이것은 일찍이 구산에서 맛보지 못한 것이다."라고 하였다. 이 때 나는 나이가 겨우 11세여서 비록 지각과 식견이 없었으나 선비가 반찬을 조리할 때 공경하고 삼가던 모습과 조고가 식사를 들며 가상히 여기고 기뻐하던 기색이 아직도 마음과 눈에 삼삼하게 남아 있다.
>
> 이제 육십갑자가 한 번 돌아서 유풍流風이 날로 멀어지고, 이 몸도 벼슬살이하느라 고향을 떠난 지가 오래되었다. 그리하여 이미 고향과 멀리 떨어져 있어 공경하는 마음을 펴지 못하였다. 게다가 어리던 이 자식이 이미 장성하고 또 노쇠하여 죽으려 하니, 길이 사모하는 애통함이 어찌 다함이 있겠는가. 더구나 지금 나이가 칠십이 되어서 일을 하직할 때가 되었으니,

더욱이 고향에 돌아가서 선인의 옛집을 지켜야 할 것이다.

세전洗腆의 봉양을 지금 비록 할 수가 없으나 선조의 옛집을 잘 지키는 일을 거의 실추시키지 말아야 할 것이요, 효도하고 공경하는 유풍을 이제 노쇠하여 제대로 이어갈 수 없으나 선조가 거처하던 곳을 생각하고 즐겨 드시던 것을 생각하여, 또한 행여 의귀하는 바가 있어야 할 것이니, 이로써 마음에 감동을 일으키고 후손들에게 가르침을 보여야 할 것이다.

이제 나는 조정에서 물러날 것을 청하였으나 오래도록 허락받지 못하였으므로 경기京畿의 근교에 우거하여 아직도 수구首丘의 소원을 이루지 못하였으니, 마음속에 기억하고 있는 구릉과 초목을 비록 한 번 바라보고 회포를 풀고자 하나 될 수가 없다. …(중략)…

헌軒이 이루어진 지 60년이 지난 이듬해 경진년(1700, 숙종 26) 모춘에 불초손남不肖孫男 대광보국숭록대부 영중추부사 구만은 삼가 쓰다.[6]

결성의 절순헌은 남식이 죽고, 약천이 관직생활로 서울 저동苧洞의 경저京邸에 살았기 때문에 황량해졌다. 벼슬을 하지 않은 남학명이 가끔 내려가 집을 돌보았다. 1670년에는 북쪽 창 너머에 대숲을 만들었다. 1675년 봄에는 절순헌에서 죽순을 맛보기도 하였다. 1693년 병을 요양하느라 이곳에 머물렀다. 이름이 따로 없던 정자에 대월정對月亭이라는 이름을 붙이고, 한동안 기거하였다. 1700년에는 절순헌을 수리하였다. 부친에게 〈절순헌기〉를 받아 걸었다. 이로써 결성은 16세기 후반부터 17세기 초반 약천과 그의 아들, 손자 그리고 박세당과 그의 아들 박태보 등이 시를 생산하는 중요한 무대가 되었다.

---

6 《약천집》 권25, 가승 〈절순헌기〉/132_ 398c.

② 광진별서廣津別墅

약천의 경저京邸는 처음 정릉貞陵 소동小洞에 있었다. 약천이 미재美齋라는 당호를 이곳에 걸었다. 아들 남학명과 누이의 아들 박태보 형제들이 함께 뛰어놀던 곳이다. 그 후 저동苧洞으로 경저를 옮겼다가 만년에는 동대문 바깥 사인동舍人洞에 살았다. 상당한 경제력을 가진 후에는 남산 아래 저택을 마련하였다. 16세기 한양에서 명원갑제名園甲第가 남산 기슭에 이어져 있었는데 성담년成聃年과 그의 아들 성제원成悌元의 집이 가장 빼어났다. 그 후 임석령林石齡이 이 땅을 사서 주인이 되었다가 다시 약천이 이를 구입하여 공북정拱北亭을 지었다. 약천은 공북정에 자주 거처하지 않았지만 아들 남학명, 족제 남계하南啓夏, 제자 최석정崔錫鼎, 이세구李世龜, 박태보朴泰輔 등이 자주 시회詩會를 가진 곳이다.

약천이 자주 찾던 안식처는 광나루廣津의 별서였다. 약천은 37세(1665, 현종6)에 부친상을 마치고 난 뒤, 1667년(현종8)에 광나루 아차산峨嵯山 약수암藥水巖 동북쪽 절벽 아래에 4칸의 초당을 지었다. 당시 망우현忘憂峴 근처와 광진廣津 주변에서 아차산에 이르기까지 빈산에는 긴 솔숲이 늘어서고 폭포가 흘러내렸는데, 주인이 없는 땅이었다. 이로부터 제자들이 그를 '약천선생藥泉先生'이라 일컫게 되었다.[7]

광나루 별서의 풍광은 다음 몇 편의 시에서도 상상할 수 있다. 먼저 약천이 박세당의 시운에 차운하여 지었다는 작품을 보인다. 모두 4편인데 두 번째에 해당하는 시이다.

玉流飛處是吾家　　강가에 푸른 산 한 띠처럼 멀리 있는데
玉流飛處是吾家　　깨끗한 폭포가 흐르는 곳이 나의 집이라오

7 남학명, 《회은집》 권4, 유사, 〈선고유사〉; 최규서, 《간재집》 권11, 묘표, 〈치사봉조하약천남공묘표〉.

自從佳客題詩後　　아름다운 손님 시를 쓰고 간 뒤로부터
新長松枝映戶斜[8]　새로 자란 소나무 가지 문에 비껴 있네

아들 남학명도 이곳 별서에서 머문 적이 있는데 〈광진별서의 반석에 쓰다廣津別墅題磐石〉는 시에서 이곳의 풍광을 다음과 같이 묘사하였다.

遙看汎汎波中舟　　멀리 물결 속에 둥실둥실 떠가는 배
近聽潺潺石上流　　가까이 졸졸 바위 위로 흐르는 물
精舍數椽依碧嶂　　정사 몇 칸을 푸른 산에 붙여 두었더니
春風啼鳥一山幽[9]　봄바람에 우는 새소리에 온 산이 조용하다

경술년(1670, 현종11)에 청주淸州로 부임하게 되어 광나루의 별서에서 영숙寧叔과 아우인 오도현吳道玄[10]을 작별하며 지은 시가 전한다.

暮山煙雨鎖殘秋　　저녁 산에 안개와 비 늦가을을 장식하니
添得潺潺石上流　　돌 위에 흐르는 시냇물 소리 더 세차구나
若使人生長不別　　만약 인생이 영원히 작별하지 않는다면
也應溪水去還留[11]　응당 시냇물도 가다 다시 멈추리라

을묘년(1675, 숙종1)에는 광나루 별서에 서재書齋를 새로 짓고 '세몽洗夢'이라 이름 지었다.

8 南九萬, 〈廣津別墅次西溪朴兄季肯世堂韻〉(《藥泉集》第一, 詩)
9 南鶴鳴, 〈廣津別墅題磐石〉《晦隱集》卷四.
10 영숙(寧叔)은 이관성(李觀成)의 자이며, 오도현은 약천의 고종사촌 아우이다.
11 南九萬, 〈將赴淸州廣津別墅別寧叔吳弟道玄〉(《藥泉集》第一, 詩)

藥泉東畔屋新成	약천의 동쪽 가에 집을 새로 이루니
石上寒流繞枕鳴	돌 위에 깨끗한 물소리 베개 가에 울리누나
莫道古人誇洗耳	옛사람 귀를 씻었다고 자랑하지 마오
何如洗得夢魂清[12]	어찌 꿈속의 혼 씻는 것만 하겠는가

요堯 임금이 은사隱士인 허유許由에게 천하를 물려주려 하자, 추악한 소리를 들었다 하여 영수潁水에서 귀를 씻었다 한다. 여기서는 이 고사를 인용하여 허유의 세이洗耳보다 자신의 세몽洗夢이 더 좋음을 말한 것이다.

약천의 바람과는 달리 세몽재에 머무는 기간에도 분주한 정사政事는 그를 한가롭게 그곳에 머물게 하지 않았다.

流年似水何曾住	유수처럼 흐르는 세월 어찌 멈추랴
浮世如雲不可期	세상일 뜬구름과 같아 기약할 수 없구나
休怪吾廬還作客	내 집에 나그네가 됨을 괴이하게 생각마소
乾坤逆旅早能知[13]	건곤이 인간의 역려임을 일찍 알았노라

이 시는 박세당의 시운을 차운하여 지은 4편 가운데 세 번째 작품이다. 정치의 꿈을 씻어버리겠다는 마음으로 세몽재를 지었지만, 위에서 보듯이 약천은 "내 집에 나그네"가 되어 떠돌고 있었다. 도처를 떠돌다 약천은 83세의 나이로 광나루의 별서에서 죽음을 맞이하였다.

12 南九萬, 〈名廣津新齋曰洗夢〉(《藥泉集》第一, 詩)

13 南九萬, 〈廣津別墅次西溪朴兄季肯世堂韻〉(《藥泉集》第一, 詩)

③ 비파담의 우산정사愚山精舍

용인의 비파담은 약천이 중년 이후 자주 내려와 머물던 곳이다. 약천의 선영은 5대조 때부터 양주楊州 수락산水落山에 있었다. 또 선조인 개국공신 남재南在의 묘는 태조로부터 하사받은 불암산 아래 화접花蝶에 있었다.[14] 그러나 약천은 이 두 곳을 마다하고 조부 남식南烒의 묘를 용인의 화곡花谷[15]에 정하였다. 이곳은 남은南誾을 비롯하여 누대의 선조가 안장된 선영이다. 이 때문에 약천은 자주 용인을 출입하였다. 고모부인 추담秋潭 오달제吳達濟, 1609~1637의 묘역이 모현면 오산리에 자리 잡은 것과도 무관하지 않다. 일가인 남선南銑, 1582~1654 역시 비파담에서 동쪽으로 3리 떨어진 용인 태화산太華山 부거곡芙蕖谷[16]에 심안와審安窩이라 편액한 집을 짓고 은거하면서 후학을 양성하고 있었다. 광나루의 별서와 남사면 화곡의 선영 중간쯤 되는 곳이 비파담이다. 약천이 비파담에 별서를 마련한 것은 이런 여건 때문이었던 것 같다. 대략 1680년 전후 무렵에 비파담에 별서를 마련했을 것으로 생각한다.[17]

약천이 벼슬에서 쫓겨나거나, 자신의 견해를 관철시키기 위하여 출근을 거부하고 내려와 있었던 곳이 바로 비파담의 별서였다. 약천은 비파담의 별서를 우산정사愚山精舍라 하였다. 그 곁에 함벽루涵碧樓, 청은재淸隱齋, 관란헌觀瀾軒 등 여러 건물들이 있었다. 우산정사의 정황은 임상원任相元이 지은 〈우산정사기愚山精舍記〉에 잘 나타나 있다. '우산愚山'은 유주柳州의 '우계愚溪'를 본따 이름 붙인 것이다.

14 마을 사람들은 줄동[注乙洞]이라 하였는데 훗날 약천의 아들 남학명이 마을 이름을 '사동(賜洞)'으로 바꾼 바 있다.

15 지금의 용인시 처인구 남사면 창리 화곡동이다.

16 지금의 용인시 처인구 모현면 초부리 부곡동(상부곡 · 하부곡)이다.

17 을묘년(1675, 숙종1)에는 광나루에 '세몽재(洗夢齋)'를 지었다는 사실과 병인년(1686, 숙종12)에 휴가를 받아 비파담에 왔다는 사실을 감안하여 추정한 결과이다. 좀 더 구체적인 검토가 필요하다.

> 태화산의 서쪽에 의지하여 평평한 구역과 깊은 못, 낚시바위, 버드나무 드리운 곳이 있으니, 바로 상국 남공의 거소이다. 세 기둥을 세운 집을 '청은'이라 하고, 누각 1칸이 있는데 '함벽'이라 하였다. 서쪽 귀퉁이에 있는 작은 집은 '관란'이라 하였다. 모두 합쳐서 이름하기를 '우산정사'라 하였다.[18]

약천은 강릉 유배지에서 돌아온 이후 주로 용인의 비파담에서 여생을 보냈다. 숙종의 만류로 결성에 낙향하지 못한 채, 광나무 별서에서 머물다가 수차례의 소장을 올려 겨우 비파담의 우산정사에서 머물도록 허락 받은 것이다.

83세로 세상을 마치기 직전에는 토전土田의 쟁송爭訟 문제로 비파담 주변의 여러 지역에 옮겨가며 살았다. 숙종 36년(1710년, 82세) 3월에 광주廣州 탄동炭洞 묘지 아래로 거처를 옮겼다가 8월에 비파담으로 돌아왔다. 10월에 토전土田을 쟁송하는 일로 인해 광주 낙생역樂生驛 마을로 거처를 옮겼다. 다음 해 1월에도 종얼宗孽 성평부수成平副守 이혼李渾이 용인의 백성과 토전을 쟁송하였다. 이 토전에 약천의 거처가 있었으므로 이달에 광주 율현栗縣으로 거처를 옮겼다. 이해 5월 2일에 광나루 별서에서 83세로 일생을 마쳤다. 양주楊州 사동賜洞: 花蝶洞 충경공忠景公 남재南在의 묘지 우측에 예장禮葬하였다. 1720년에 비로소 초부리 하부곡의 묘역에 부인과 합장하였다.

18 임상원, 〈남상공우산정사기〉, 《염헌집》 권28, 기/ 148_448d.

3. 약천 남구만의 은둔지 비파담

1) 비파담의 정취

비파담의 우산정사는 약천이 휴가를 받거나 정치적 갈등이 있을 때 머물렀던 곳이다. 다음 시는 병인년(1686, 숙종12)에 휴가를 얻어 비파담에 머물면서 지은 작품이다.[19]

寵辱悲歡未死翁	총욕과 비환을 모두 겪은 죽지 않은 늙은이
恒沙世事幾時終	항하사恒河沙와 같은 세상일 언제나 끝날꼬
琶潭一夕偷閒味	비파담에서 하루 저녁 한가로운 맛을 보았는데
慙愧明朝又洛中[20]	내일 아침 또 서울에 가는 것 부끄럽구려

이 시에서처럼 약천의 은둔隱遁과 출사出仕는 다반사였다. 숙종 15년(1689)에 기사환국己巳換局이 일어나 남인南人이 정권을 장악하면서, 판중추부사判中樞府事로 있던 약천은 4월에 삭탈관직削奪官職을 당하고 강릉江陵으로 중도부처中途付處[21]되었다. 이달에 인현왕후仁顯王后도 폐위되었다. 이듬해 4월 약천은 강릉에서 석방되어 비파담으로 돌아와 머물고 있었다. 이 당시에 지은 시가 여러 편 된다.

다음 시는 유배지에서 풀려나 파담으로 돌아와서 지은 작품이다. 제목을 〈유배지에서 풀려나 파담으로 돌아와서 우연히 읊다放還琶潭偶吟〉라고

19 이 시에는 "휴가를 받아 비파담에 오니, 산사(山寺)의 승려인 자심(自心)이란 자가 와서 말하기를, 스승인 성호(性浩)의 시축(詩軸) 가운데 내가 신축년 모춘(暮春)에 지은 것이 있다고 하였다. 나는 옛일을 생각하여 다시 그 운에 차운해서 돌아가 그 스승에게 보이고자 한다."고 하여 시 제목 대신 시를 짓게 된 동기를 설명해 놓았다.

20 《藥泉集》131_446d.

21 중도부처(中途付處): 유배형(流配刑)의 한 가지. 유배죄인(流配罪人)의 평소 정상을 참작하여 유배지로 가는 중간 지점의 한 곳을 지정하여 머물러 있게 하는 처분.

하였다. 경오년庚午年, 1690, 숙종16에 지은 것으로 2편의 시이다.

1

東遷關外隔年歸　대궐 밖 먼 동쪽에서 일년만에 돌아오니

五月琵潭花事非　오월의 파담에는 이미 꽃시절이 지났는데

最是多情倭躑躅　정이 가장 많아선지 왜철쭉만은

枝頭殘片尚依依[22]　가지 끝에 꽃잎이 아직도 남아 있구나

2

可惜階前海石榴　아까와라 계단 앞의 해석류는

草間埋沒似羈囚　풀 사이에 묻혀 갇힌 것 같은데

尚看根底藏生意　아직 뿌리 깊숙이 살아날 기운 있으니

雨後新枝一尺抽　비온 뒤 새 가지는 한 자나 자라겠지

이 시에서 가지 끝에 꽃잎이 남아 있는 왜철쭉이나, 아직 뿌리 깊숙이 살아날 기운이 있는 해석류는 약천 자신의 모습이다. 유배지에서 환갑을 지내고, 다음 해에 풀려나서 지은 시인데도 정치적 재도약을 다짐하는 의지가 담겨져 있다. 다음 시 역시 같은 시기에 지은 것으로 〈비파담에서 장난삼아 짓다潭上戲吟〉란 시이다.

水中岸上兩人歸　물속과 언덕 위에 두 사람이 돌아가는데

果孰爲吾果孰非　어느 것이 나이고 어느 것이 가짜인가

欲向清波問獨鳥　맑은 물결 위의 외로운 새에게 물으려 하니

---

22 南九萬, 〈放還琵潭偶吟庚午〉(《藥泉集》第二, 詩)

更驚雙點一時飛[23]　깜짝놀라 두 점이 한꺼번에 날아오르네.

이 시 제목의 '담상潭上'은 비파담을 지칭한다. 물새는 한 마리인데, 물새가 날아오르자 그림자가 물속에 비쳐 두 마리로 보이므로 말한 것이다. 물속과 언덕 위에 두 사람이란 것 역시 벼랑 위로 걸어가는 자신의 모습이 물속에 비친 것임을 알 수 있다. 자연에 몰입된 경지를 엿볼 수 있는 뛰어난 작품이다.

약천이 강릉 유배지에서 풀려나 파담의 우산정사에 머물던 시기에는 여러 친척과 지인知人들이 방문하여 위로하고 담소하였다. 문익점의 후손이 찾아왔을 때 "지금 또 부지런히 파담을 방문하였으므로 한 편을 지어 주었다今又勸訪琶潭. 以一篇題贈"는 글에서 당시의 정황을 가늠할 수 있다.[24] 다음은 족제族弟 남계하南啓夏가 찾아왔을 때 지은 시이다.

黃葉蕭蕭欲暮秋　노란 단풍잎 우수수 가을이 저물려 하는데
獨將愁鬓對淸流　홀로 시름겨운 백발로 맑은 물을 대하노라
逢君說盡平生事　그대를 만나 평소의 일 다 이야기하니
六十年來一轉頭[25]　육십년 동안의 일 한번 머리 돌려 회상하네

평소 비파담에는 자형姊兄이자 평생의 동지였던 박세당과 그 아들 박태보, 제자 최석정崔錫鼎이 자주 찾아 시를 주고받았다. 정치적인 견해를 함께 하였던 오도일吳道一 역시 비파담을 자주 찾았다. 특히 숙종 17년(1691)에

23 南九萬, 〈潭上戱吟〉(《藥泉集》第二, 詩)

24 〈文江城益漸始播木綿於吾東。有衣被之功。吾八世祖左相公按嶺。以文祭其墓。昨年余謫江陵。江城後裔來乞詩。病未能塞其請。今又勸訪琶潭。以一篇題贈〉

25 南九萬, 〈謝族弟隱几翁啓夏來訪〉(《藥泉集》第二, 詩)

는 성대한 시회가 열렸다. 이 때 지은 약천의 시는 전하지 않지만 이 시에 차운한 박세당[26] · 오도일[27] · 남용익南龍翼[28] · 최석정[29] · 최석항崔錫恒[30] 등의 한시가 전한다. 그 중 박세당의 시를 보인다. 〈남운로의 비파별서에 여러 공들이 지어 보낸 시가 있기에南雲路琵琶潭別墅諸公有寄詠者次其韻〉라는 시이다.

琵琶北注入牛川　비파담이 북으로 우천으로 드는데
新占園林據上邊　새로 원림을 차지한 것 그 위라네
晴後遊魚出深水　맑으면 노니는 물고기 깊은 물에서 나오고
雨中飛鷺破輕煙　비 오면 나는 해오라기 옅은 안개를 깨뜨리지
詩書晩有收功地　늘그막에 시서로 공을 이루시고
妖壽初還俟命天　애초부터 목숨이란 천명을 기다리시게
晞髮朝來對漁父　듬성한 머리칼로 아침에 어부를 대하면
豈渠今日獨超然[31]　어찌 그 사람만 초연한 것이 아니겠소

약천이 비파담에서 지은 시는 대체로 굴원屈原의 비애가 서려 있다.[32] 비파담은 약천이 휴가를 받거나 정치적 갈등이 있을 때 머물렀던 곳이기 때문이다. 마음이 늘 조정에 있기에 비파담의 아름다움은 약천의 어지럽혀진 마음을 평정하는 대상에서 머물고 있다.

강릉 유배 전후에 주변에서 야기된 사건은 약천에게 큰 충격이었다.

---

26 朴世堂, 〈南雲路琵潭別墅。諸公有寄詠者 次其韻〉《西溪集》134_064a.

27 吳道一, 〈用南壺谷韻。寄題藥泉相公琵潭別墅〉《西坡集》152_145c.

28 南龍翼, 〈次琵潭南相公新亭韻〉《壺谷集》131_079c.

29 崔錫鼎, 〈琵潭題詠〉《明谷集》153_502d.

30 崔錫恒, 〈巴潭別墅。次壺谷韵。奉藥泉相國求教〉《損窩遺稿》169_381c.

31 朴世堂, 〈南雲路琵琶潭別墅諸公有寄詠者次其韻〉.

32 이종묵, 〈남구만 집안과 용인 비파담〉, 《문헌과 해석》, 문헌과 해석사, 2003, 200쪽.

특히 약천이 강릉으로 귀양 갈 때 제자로서 송별시를 주었던[33] 생질 박태보朴泰輔가 인현왕후仁顯王后의 폐위를 반대하다 장사杖死하고 말았다. 이 때의 일을 약천의 아들 학명鶴鳴은 이렇게 적고 있다.

> 기사년(1689) 4월 강릉으로 유배를 가다가 26일 태화역에서 잠을 잤다. 꿈에 재상 정태화鄭太和, 재상 홍명하洪命夏와 함께 임금 앞에 있었는데 나라에 큰 일이 있어 경색이 몹시 비참했다. 깜짝 놀라 잠에서 깨어 이를 기록해 두었다. 유배지에 이르러 서울의 소식을 듣게 되었는데, 그 날이 바로 조카 박태보가 국문을 당한 날이었다. 또 5월 5일 꿈에 조카 박태보가 얼룩말을 타고 와서 절을 하는데, 마치 멀리 이별하는 안색이 있는 것 같았다. 후에 서울 소식을 듣게 되었는데, 그 날이 바로 박태보의 목숨이 다한 날이었다.[34]

윗글에는 비참한 정국과 박태보의 죽음이 약천의 꿈에 나타날 정도로 당시 매우 혼란스러웠던 정치 상황이 잘 나타나 있다.

약천이 광나루의 별서를 그대로 둔 채 용인의 비파담에 머문 이유는, 될 수 있으면 정계를 멀리하고자 하는 뜻에서였다. 약천이 치사致仕 후에도 결성에 낙향하여 눌러 있지 못하고 파담에 머문 것은 숙종 때문이었다. 《숙종실록》보궐 정오 25년(기묘, 1699) 7월 21일자의 기록에 〈영중추부사 남구만이 다시 나이가 찼다는 것으로 진소하다〉라는 글에서 그 같은 사실을 확인할 수 있다.

병자년 겨울에 임금이 병을 앓게 되자, 결성에서 부름을 받고 도성으로

33 《약천집》 권2, 시.

34 남학명, 《회은집》 권4, 유사, 〈선생유사〉.

들어왔는데, 임금이 사대賜對를 명하고 손을 잡아 머물기를 권면하였다. 이에 부득이 경저에 머문 것이 거의 1년이나 되었다. 또 다음해 나이가 찼다는 것으로 소장疏章을 올려 치사시켜 줄 것을 바라고, 드디어 용인 파담에 있는 별서로 돌아가니, 이 때에 이르러 은혜로운 소명召命을 거듭 내리고 근시近侍가 잇달아 내려왔었지만, 굳게 사양하고 나아가지 않았다. 남구만은 세 조정의 유로遺老로서 비록 시골에 가 있으면서도 시사가 날로 문란해지는 것을 걱정하였고, 종묘사직이 날로 위태로워지는 것을 마음 아파하였으니, 어찌 심력을 다하여 바로잡으려는 뜻이 없었겠는가? 임금의 전후 소명이 단지 겉치레인 허례일 뿐 성심으로 위임하는 뜻이 없었다. 그가 동강東岡의 언덕을 지키면서 끝내 이 세상에 대해 마음을 끊은 것이 당연하다.[35]

위에서 보듯이 숙종은 약천이 경저에 머물기를 권면하였다. 그래서 거의 1년을 경저에 머물렀던 것이다. 경진년(1700, 숙종26)에 약천이 지은 〈절순헌기折筍軒記〉에서도 그 같은 사실을 확인할 수 있다.

이제 나는 조정에서 물러날 것을 청하였으나 오래도록 허락받지 못하였으므로 경기京畿의 근교에 우거하여 아직도 수구首丘의 소원을 이루지 못하였으니, 마음속에 기억하고 있는 구릉과 초목을 비록 한 번 바라보고 회포를 풀고자 하나 될 수가 없다.[36]

약천은 숙종 33년(1707) 벼슬에서 완전히 물러난 후 비파담에서 살았다. 82세 되던 숙종 36년(1710) 2월에 상소를 올려 고향으로 돌아가 죽기를

35 《숙종실록》태백산사고본/영인본 39책 551쪽.

36 《약천집》 권25, 가승 〈절순헌기〉/ 132_398c.

청하였으나 허락되지 않는다. 그 다음 날 상소를 남기고 곧장 비파담으로 돌아왔다. 병으로 눕게 되자 임금이 어의御醫를 보내주었다. 석림사石林寺의 승려 묘찰妙察에게 지어준 다음 시는 당시의 정황을 잘 말해준다.[37]

溪菴飛錫到潭樓	냇가 암자에서 석장 짚고 파담에 이르렀기에
兩地風光問孰優	두 곳의 풍광 중 어느 곳이 나은가 묻노라
白石淸流雖可翫	하얀 돌에 깨끗한 물도 비록 볼 만하거니와
碧波靑嶂亦宜遊	흰 물결에 푸른 산 또한 유람하기 좋지 않은가
寧敎鶴斷兼鳧續	어찌 학의 다리 자르고 오리의 다리 이으랴
更擅蘭春與菊秋	다시 봄의 난초와 가을의 국화 독차지하였네
傳信尙書憑汝軸	너의 시축이 있어서 상서에게 소식을 전하노니
請吟詩句慰離愁[38]	청컨대 시구 읊어 헤어진 시름 달랬으면 하노라

이 시에서 약천은 파담의 풍광을 "흰 물결에 푸른 산 또한 유람하기 좋지 않은가"하며 만족하고 있다. 그러나 풍광을 즐기며 유유자작하는 여유로움이 없다. 단지 "시구 읊어 헤어진 시름 달랬으면"하는 바램뿐이다. 파담의 뛰어난 풍광에도 불구하고 약천의 시에 그려진 파담은 아름다움보다는 정쟁政爭의 와중에서 그늘진 모습으로 비쳐진다. 반면, 약천의 아들 남학명과 손자 남극관에 비쳐진 파담은 아름다운 풍광 그대로 나타난다. 정쟁을 직접 목도한 남학명은 아예 벼슬길에 나가지 않았다. 그리고 남학명은 중년 이후 비파담에서 40여 년간 살았다. 숙종 13년(1687) 2월 남학명은 최천서崔

37 약천은 이 시를 짓게 된 동기를 "석림사의 승려 묘찰(妙察)이 와서 서계(西溪) 박상서(朴尙書)의 뜻을 전하며 시축에 시를 지어 줄 것을 청하였다. 나는 현재 병들어 비파담에 누워 있으므로 생각나는 대로 불러주어 돌아가 서계에게 전하게 하는 바이다."고 하였다.

38 《약천집》 권2, 시.

天瑞 등의 벗들과 비파담을 유람하였다. 그리고 감회를 〈영절유력기泠節遊歷記〉에 적었다. 이 글에 비파담의 모습이 자세하게 나타나 있다.

> 저물녘에 비로소 비파담에 투숙하였다. 매를 어깨에 얹고 와서 꿩을 잡아 구워먹으니 굶주린 장이 위로가 되었다. 창을 열고 앉았다. 달빛이 강에 가득하지는 않지만 또한 물이 있어 누각을 비추어주었다. 가슴을 열고 맑은 공기를 마셨다. 산보를 하면서 다리 힘을 조절하였다. 동지 세 사람이 웃고 떠들며 여유를 부렸다. 넓고 텅 빈 물가가 정말 즐길 만하였다. 갑자기 고기집이 불이 반짝반짝하는 것이 보였다. 말소리가 수런대더니 삐거덕 다시 노 젓는 소리와 주고받는 뱃노래 소리가 들렸다. 아마 어린 종이 상류에 그물을 던지고 배를 타고 돌아오는 것이리라. 한 밤에 옷을 벗고 누웠더니 잠이 달고 꿈이 맑았다.
>
> 다음날 일찍 일어나니 기분이 상쾌하였다. 배에 올라 하인에게 그물을 올리게 하였더니 몇 마리 물고기 비늘이 반짝반짝 하였다. 아침 회로 하기에는 충분하였다. 조금 있다가 가랑비가 부슬부슬 강에 가득 뿌렸다. 술잔을 들어 권하니 매우 운치가 있었다. 강물 따라 오르내리노라니 절로 돌아가고 싶은 생각을 잊었다.
>
> 점심때 밥이 되었다는 기별을 받고 물가의 바위에서 내려왔다. 문숙을 돌아보면서 가운데 있는 누각을 가리키며 "함벽루涵碧樓일세. 옆으로 지어진 세 칸의 집은 청은재淸隱齋고, 서북쪽 귀퉁이에 있는 작은 집은 관란헌觀瀾軒일세. 다 합쳐 우산정사愚山精舍라 한다네." 문숙이 매우 기뻐하면서 "하루에 집을 지을 수 있다면 좋겠네. 여기서 조각배로 함께 놀고 싶구려." 하였다.
>
> 비가 그치지 않고 한식 제사가 내일 있어 지체할 수가 없었다. 도롱이를 쓰고 갔다. 말 위에서 나누는 말이 모두 속세를 벗어난 한담이었다. 거듭

거듭 수창을 하느라 일정이 고달픈 것도 잊었다. 몸이 어느새 화곡의 선영 아래에 이르렀다.[39]

비파담의 집은 5월이면 철쭉꽃과 석류꽃이 피어나는 아름다운 곳이었다. 제자 이인엽李仁燁은 비파담에 있는 약천의 별서가 인근에서 가장 아름답다고 하면서 "선생의 버들은 문 앞에 서있는데, 은자의 꽃은 언덕에 많이 심겨져 있구나先生柳向門前種, 隱者花多堤上栽"라 노래하여 버들과 국화를 사랑한 도연명陶淵明의 풍류에 비겼다.

남계우南啓宇는 비파담의 풍광과 정취에 매료되어 〈파담팔영琶潭八詠〉이란 시를 지었다. 이 시의 첫째 편에서는 비파담의 팔경을 형상화하였다. 파담청류琶潭淸流·화악청람華嶽晴嵐·계산만풍鷄山晩楓·응봉귀운鷹峯歸雲·사장설월沙場雪月·표암사양漂巖斜陽·부곡촌락芙谷村落·한평전야寒坪田野가 그것이다. 둘째 편에서는 비파담 주변의 전원적 정취를 형상화하였다. 소엽연돌掃葉煙突·반리단호攀籬斷壺·소구외독小廐畏犢·후정쇄견後庭曬繭·괴음타맥槐陰打麥·우중이앙雨中移秧·남무오엽南畝午饁·서사야용西舍夜舂이 그것이다. 이 〈파담팔영〉에서 주목되는 시구는 둘째 편의 '소엽연돌掃葉煙突' '소구외독小廐畏犢' '남무오엽南畝午饁'이다. 각 편의 정취는 약천의 시조로 알려진 〈동창이 밝았느냐〉를 연상케 한다. 해당하는 시구만 정리해 보인다.

소엽연돌掃葉煙突

山家已足消寒術　　산간엔 이미 추위 물리칠 방술이 족하니
何待迎春出土牛　　어느 때든 봄 오기를 기다려 소 몰고 나가리

39 南鶴明, 〈泠節遊歷記〉(《晦隱集》卷四).

소구외독小廏畏犢

未必飯牛忘爵祿	반드시 소먹이고자 벼슬과 녹을 잊은 것은 아니지만
不嫌佩犢樂田園	송아지 키우는 것도 싫지 않아 전원생활을 즐겼네

2) 비파담 주변의 유적

약촌 남구만이 살았던 비파담에는 적잖은 유적이 있어 주목되어 왔다. 모현면 갈담리 45번 국도를 끼고 양쪽에 파담과 부곡동 마을이 있다. 용인에서 광주 쪽으로 경안천慶安川을 거슬러 올라가다가 경안천 상류가 제법 넓어지는 곳이 비파담이다. 주변의 마을은 갈담리葛潭里이다. 갈담은 1914년 행정구역 개편에 따라 갈월葛月과 파담琵潭 마을을 병합하여 이름붙인 것이다. 파담은 지금의 갈담1리에 속한다. 현재 약천의 우산정사 터에 한옥을 짓고 사는 정운영鄭運永, 79세에 의하면,[40]

> 파담마을은 '비하수', '비야수'라고도 부른다. 이는 '비파소琵琶沼'에서 비롯된 명칭이라고 한다. 조선 숙종 때 영의정을 지낸 남구만선생이 벼슬에서 물러나 이곳에 낙향하여 개울가에 정자를 짓고 비파를 타며 유유자적하였다는데서 유래되었다. 마을 앞에 경안천의 흐름이 멈춰서 이루어진 큰못이 비파담이다.[41]

라고 한다. 비파담은 경안천 본류가 용인에서 내려와 모현면 초부리를 거치고 갈담리를 감돌아 왕산리로 내려간다. 정운영씨댁 마당 구석에는 약천의 집사람들이 사용했다고 전하는 돌절구石碓가 땅에 반쯤 매몰되어 있다. 그리

40 약천이 우거하였던 우산정사 터는 현재 모현면 갈담리 533번지 일대이다. 이 번지에 99칸의 고택과 정자터, 별묘 등이 있었다.

41 정양화, 〈지명유래〉, 《모현면지》, 용인문화원 향토문화연구소, 2006, 1263~66쪽.

고 약천이 건립한 함벽루 정자 터도 남아 있다. '정자모탱이' 등의 속지명도 전하고 있다. 이밖에 약천과 관련된 지명을 정리해 보이면 다음과 같다.[42]

남구만사당南九萬祠堂(사당) : 파담마을에 있는 남구만의 사당

물방아다랑치(논) : 파담마을에서 북쪽으로 경안천을 따라가며 물레방아가 있었던 곳에 있었던 논

별묘別廟(유적) : 파담에 있었던 남구만선생의 사당. 본래 남구만선생의 영정을 모신 사당이었으나 훼철되었다. 지금의 사당은 새로 건축한 것이다.

비아수(마을) : 갈월 서쪽에 있는 마을. 경안천가가 됨. 파담琶潭

아랫농바위(바위) : 파담마을 앞을 흐르는 경안천에 있는 바위. 지금은 매몰되었다.

아랫말(마을) : 파담마을 마을회관에서 남쪽으로 아래쪽에 위치한 마을

앞벌뜰(들) : 파담마을 앞쪽 남서쪽에 접해 있는 들

엉거미뜰(들) : 파담마을 북쪽편에 인접한 들. = 응검뜰

윗농바위(바위) : 파담마을 앞을 흐르는 경안천에 있는 바위. 지금은 매몰되었다.

윗말(마을) : 파담마을회관 위쪽 큰길로 나가는 위쪽에 있는 마을

장사래고개(고개) : 갈담리에 있는 긴 고개. 용인과 광주사이의 유일한 고개

장사래꼴(골) : 파담마을 장사래고개에 접해 있는 골

정자모탱이(마을) : 파담마을 건너말 맨끝 모퉁이를 말함. 옛날에 남구만선생이 낙향하여 이곳에 저택과 정자를 짓고 살았기 때문에 붙여진 명칭이다.

42 정양화, 〈지명유래〉, 위와 같은 곳.

파담마을에 전하는 유적으로는 별묘別廟를 들 수 있다. 지금의 사당은 최근에 건립한 것이다. 필자의 기억으로는 옛날의 사당은 정면 2칸 측면 1칸 정도로 허물어진 곡담에 있었다. 오랫동안 사당에서 향사를 지내지 않았었다. 약천의 종가에는 약천의 영정影幀 3점과 〈묵매도墨梅圖〉가 전해왔다. 강릉 유배지에서 풀려나 파담에 머물면서 그린 서첩이라고 한다. 약천이 시詩·서書·화畵 삼절을 갖춘 인물이었음을 실증하는 자료이다. 영정은 용인시 향토유적 제6호로 지정되어 있다. 영정은 관복官服 차림의 전신교의좌상全身交椅坐像과 유복儒服 차림의 전신상全身像과 반신상半身像 3점이다. 《연려실기술》에 "충청도 해미□□영당 임진년 봉안"이라는 기록이 있으나 이 영정은 실전된 것으로 확인되었다. 현존하는 것은 국립중앙박물관 소장본 1본과 용인의 가묘본 3본뿐이다. 대개의 영정이 7·8분면 상인데 반하여 약천의 영정은 정면필법正面筆法으로 안모顔貌를 그렸다는 점에서 높게 평가하고 있다.

초부리 하부곡 마을의 골목길을 에돌아 묘소 입구에 다다르면 〈동창이 밝았느냐~〉시조비와 약천 남구만의 신도비가 맞이한다. 본래는 신도비가 없었는데 의령남씨 문충공파 종중에서 1990년에 건립하였다. 화강석으로 된 거북 좌대龜趺에 용머리 갓螭首을 얹었으며, 비신은 오석烏石으로 만들었다. 국한문 혼용체로 4면에 비문을 새기고, 전면에 「朝鮮國大匡輔國崇祿大夫領議政兼領經筵弘文館藝文館春秋館觀象監事世子師 致仕奉朝賀 諡文忠 宜寧南公 諱 九萬神道碑銘 并序」라고 새겼다.

약천의 묘소는 용인시 향토유적 제5호로 지정되었다. 당시의 봉분은 원형이었으나, 1970대 후반 후손들이 묘역을 확장하면서 방형의 지대석 기단을 둘러 봉토했다. 앞에는 묘표와 망주석, 향로석 등이 배열되었다. 묘표의 가첨석 상단에 좌우로 해태를 조각했고, 첨두에는 각각 해태의 안면顔面을 조각하였다. 안면만 보면 해태로 보이는데, 등허리는 영락없이 용이다. 보는 시각에 따라 좌청룡, 우백호로도 볼 수 있다. 묘표의 개석을 이렇게 장식

한 것은 드문 사례이다.

약천 남구만의 묘역 좌측에는 손자 남극관南克寬, 1689~1714의 묘가 있다. 아들 남학명이 40여 년간 비파담을 지켰다면, 손자 남극관은 조부 약천보다 먼저 초부리 부곡동의 묘역을 지키고 있었던 셈이다. 남극관은 자가 백거伯居, 호가 사시자謝施子 혹은 몽예夢囈다. 벼슬길에 나아가지 않았다. 6년간 병치레를 하다가 26세의 젊은 나이에 죽었다. 그는 짧은 생애에도 책과 시를 좋아하였고, 죽기 전에 자신의 문집인 《몽예집夢囈集》을 엮었다. 《몽예집》에는 〈속동도악부續東都樂府〉 〈사시자謝施子〉등 주목할 만한 글이 실려 있다.

4. 맺음말

약천 남구만을 거론하면, 사람들은 흔히 〈동창이 밝았느냐〉라는 시조를 떠올린다. 그만큼 약천은 다른 문학작품보다 시조작가로 더 알려진 인물이다. 그럼에도 불구하고 이에 대한 구체적인 논의는 별반 없었다. 성당제가 《약천남구만문학연구》에서 약천의 〈번방곡翻方曲〉을 거론하면서 다룬 것이 고작이다.[43] 〈번방곡〉은 조선 초부터 민간에서 불리어지던 11곡의 시조를 한시漢詩로 번역한 작품이다. 여기에 〈동창이 밝았느냐〉의 한역시가 〈동창곡東窓曲〉이라는 이름으로 전한다.[44]

최해종崔海鍾은 《한국한문학사》에서 "그(남구만)의 시는 전원 취향이 있는데, 시조 또한 이와 같다其詩 有田園趣而 詩調亦如之"고 하면서 〈동창곡〉 1수

43 성당제, 《약천남구만문학연구》, 한국학술정보사, 2008.

44 "東方明否. 鸕鴣已鳴. 飯牛兒胡爲眠在房. 山外有田壟畝闊. 今猶不起何時耕" 《약천집》 권1, 시, 『번방곡』제5수.

만을 제시하였다.[45]

이가원李家源은 《한국한문학사》에서 악부樂府를 논하면서 작품 분석 없이 11수 가운데 3수만을 제시한 뒤, 〈동창곡〉의 원사原詞를 남구만의 작품으로 인정한 것은 잘못이라고 했다.[46] 이가원은 〈동창이 밝았느냐〉시조를 이명한李明漢, 1595~1645의 작품으로 제기하였다. 그러나 현재 《청구영언靑丘永言》에 남구만이 지은 것으로 되어 있고, 또한 이명한의 문집인 《백주집白洲集》에 이 작품이 실려 있지 않아, 사실 여부를 확인하기 어렵다.[47]

이 같은 정황 속에서 이승철은 〈동창이 밝았느냐〉시조를 남구만이 동해시 약천마을에 유배되던 당시에 지은 것이라고 주장하고 있다.[48] 반면, 정양화는 〈용인의 옛 땅이름〉을 『용인시민신문』에 연재하면서 모현면의 '장사래 고개' 지명과 연관하여 모현면 파담에서 지어졌을 것이라는 주장을 폈다.[49] 용인지역의 향토사를 연구하는 이들 모두 이에 동조하고 있는 편이다. 필자 역시 그 한 사람이었다.

그러나 본고를 작성하면서 보다 구체적인 논의가 있어야한다는 신중론에 이르렀다. 약천이 〈번방곡〉을 지은 연대는 1674년(현종15)으로 약천이 46세 때였다. 따라서 강릉 유배당시인 1689년(숙종15, 61세)에 〈동창이 밝았느냐〉시조를 지었다는 주장은 타당성이 전혀 없다. 그리고 약천이 파담에 우산정사를 지은 것은 1680년 전후일 것이다. 〈번방곡〉의 연대가 파담에 우거했던 시기보다 앞설 수 있다. 따라서 모현면 파담에서 지어졌을 것이라는 주장도 좀 더 신중을 기해야 한다.

---

45 崔海鍾, 《韓國漢文學史》下篇, 靑丘大學, 1958, 539쪽.

46 李家源, 《韓國漢文學史》, 普成文化社, 1989, 284쪽.

47 성당제, 《약천남구만문학연구》, 한국학술정보사, 2008, 124쪽.

48 이승철, 〈동해 약천마을과 약천 남구만의 시조 엿보기〉, 《강원민속학》20집, 71~72쪽.

49 정양화, 〈용인의 옛 땅이름_ 남구만의 "동창이 밝았느냐…" 배경은 다름 아닌 '장사래 고개'〉, 『용인시민신문』, 2004년 4월 9일자.

성당제는 〈번방곡〉을 분석하면서 "약천은 사람들이 가곡(시조)을 부르던 현장에서 노래를 직접 듣고 이를 한시화했다."[50]고 하였다. 〈동창곡〉의 원사인 〈동창이 밝았느냐〉도 이미 구전되던 시조였을 가능성이 짙다. 약천 남구만 = 〈동창이 밝았느냐〉식의 고착된 편견에서 벗어나야 진실을 볼 수 있을 것이다. 〈동창이 밝았느냐〉시조 한 편에서 약천 남구만의 문학을 가늠하기보다는 그가 만년에 오랫동안 머물었던 파담이 약천 남구만 문학의 산실임을 부각할 필요가 있다.

용인지역에 약천 남구만이 끼친 영향이 지대함에도 아무런 행사가 마련되지 못하였다는 사실은 부끄럽기 그지없다. 동해시의 향토사가들과 행정당국이 한마음으로 약천마을에 시조공원을 조성하고 시조체험관을 건립하겠다는 등의 열정이 부러운 것이 사실이다. 약천 남구만이 동해시 약천마을에서는 단지 1년간의 유배생활을 했던 곳임에도 불구하고, 그들이 펼쳐놓은 사업은 용인시와는 비교가 되지 않는다.

용인시에는 약천 남구만의 많은 유적이 현존한다. 특히 아직까지 파담팔영琶潭八詠의 정취를 기억하고 있는 파담마을의 촌로가 있지 않은가. 서둘러 복원하길 기대한다. 묘역과 영정이 문화재로 지정되었다고 해서 약천 남구만의 명성이 홍보되리라는 발상은 편협하다. 보다 적극적이고 거시적인 안목으로 파담의 정취를 되살려야 한다. 약천이 거처하였던 파담에 우산정사愚山精舍, 함벽루涵碧樓, 청은재淸隱齋, 관란헌觀瀾軒 등의 유적이 복원되어지길 촉구한다.

---

50 성당제, 《약천남구만문학연구》, 127쪽.

《용인향토문화특강자료집》, 용인향토문화연구회, 2006

여성 실학자 사주당이씨

11

1. 머리말

대다수의 조선시대 여인들은 '여필종부女必從夫' '삼종지도三從之道'로 대표되는 태생적 운명 앞에 자신을 희생하여야 했다. 최고의 덕목을 '현모양처賢母良妻'로 삼았던 그 시대 여인들이 뛰어난 능력을 사회적으로 펼칠 수 있는 기회를 갖기란 거의 불가능했다. 그런 가운데서도 이사주당李師朱堂은 성리학을 비롯하여 다양한 학문 영역의 책을 탐독하였으며, 《태교신기胎教新記》를 저술하여 여성 실학자로 인정되고 있다.

《태교신기》가 널리 알려진 것은 1930년대이지만, 사주당에 대해서 관심을 기울인 것은 최근이다. 1995년도에 경기도에서는 여성인물 발굴사업의 일환으로 사주당을 여성 실학인으로 선정하여 선양사업을 계획하고 있었다. 이해 12월에 필자가 후손의 안내로 사주당의 묘소를 확인하고 공개하였다.[1]

유희묘소와 마찬가지로 큰 바위에 축대격으로 깔고 앉은 이사주당의 묘소는 남편 유한규柳漢奎와 합장한 것이다. 상석床石에 '昭化辛巳十二月'이라는 기록이 있으나 이는 합장 시기와는 무관하다. 상석과 향로석을 새로 마련한 시기로 추정된다. 〈사주당이씨부인묘지명師朱堂李氏夫人墓誌銘〉에 "용인 관청동 당봉아래 장례하고 목천공木川公의 구柩를 옮겨 합폄하고 아들 경儆이 3년 상을 마치고 묘지명을 청하였다."는 기록이 있어 보다 구체적인 사실을 확인할 수 있다. 사주당이 세상을 떠나자 아들 유희가 부친의 시신을 옮겨 지금의 위치에 합장하였다는 것이다. 묘비가 없으며 상석 앞면에 '木川縣監柳公漢奎 師朱堂李氏之墓'라고 새겼다.

---

1 사주당 이씨의 묘소는 한국외대 용인캠퍼스에 접해 있는 모현면 왕산리 노고봉 7부 능선에 있다. 3부 능선에 있는 유희(柳僖) 묘소로부터 남동방향으로 약 800m지점이다. 1995년 12월 6일에 유희선생 7대 후손인 유기봉씨의 안내로 박용익씨(작고)와 필자가 확인하고 『성산신문』에 처음으로 공개하였다. 그리고 2000년 10월의 문화인물로 유희가 선정되면서 사주당도 자연 주목되었다.

사주당의 묘소가 발견되면서 그를 여성 실학인으로 선양하려는 사업이 구체화되었으며,[2] 신사임당에 버금가는 조선의 여성이자, 언문학자 유희 선생의 모친으로 부각되었다. 용인향토문화연구회에서는 사주당을 '용인의 큰 여성'으로 부각하고자 노력을 기울여 오고 있다. 이 같은 노력에도 불구하고 진작振作되지 못하는 이유는 자료의 한계에 있다. 사주당의 생애나 학문세계에 대해서 참고할 수 있는 자료는 《태교신기》부록에 실린 〈사주당이씨부인묘지명병서師朱堂李氏夫人墓誌銘并序〉와 자녀들의 〈발문跋文〉이 전부이다.

이 글에서는 사주당의 제한된 전기적 자료와 진주유씨 문중에 전하는 단편적 일화를 통해서나마 그의 생애와 학문세계를 고찰하고자 한다. 아울러 기존의 업적을 바탕으로 사주당의 대표적 저술인 《태교신기》의 내용과 특징 등을 살피고자 한다.

2. 사주당 이씨와 그의 아들 유희柳僖

1) 사주당 이씨의 생애

사주당 이씨(1739~1783)는 본관이 전주全州이며, 태종의 서자인 경영군敬寧君 조祧의 11대 손이다. 조부는 이함보李咸溥, 부친은 이창식李昌植인데, 모두 관직에 진출하지 못했으므로 잘 알려지지 않은 분들이다. 모친은 좌랑佐郎을 지낸 진주 강씨晋州姜氏 덕언德彦의 딸이다. 영조21년 기미년(1739년) 12월 5일 유시酉時에 청주 서면西面 지동촌池洞村에서 출생하였다. 사주당 외에도

---

2 사주당에 대해서는 KBS 〈시간여행 역사속으로〉(2003.4.07, 39회 방송), MBC 〈역사스페셜: 태교신기의 신비〉(2004.9.13~14), 〈시리즈〉경기 여성을 찾아서-(10)태교의 소중함을 가르친 사주당 [뉴시스 2004.2.1]에서도 방영되었다. 2006년 11월 9일에는 용인시 문화예술원 국제회의실에서 경기도향토사연구협의회 주관으로 〈조선후기 여성지식인 사주당이씨〉라는 심포지엄을 개최한 바 있다.

'희현당希賢堂'이라는 당호堂號가 또 있었는데 "어질기를 바란다"는 뜻이다. 사주당은 "주자朱子를 스승으로 삼는다"는 뜻으로 명명한 것이다. 훗날 숙인淑人의 작위爵位를 받았다.

사주당은 어려서부터 단정하였으며, 옛날의 열녀烈女처럼 되기를 바라는 마음으로 《소학小學》《가례家禮》《여사서女四書》를 길쌈하는 등잔불 밑에서도 거듭 외우고 익혔다고 한다. 부친은 독서에 탐닉하는 사주당을 보고, "옛날 고명한 선비들을 보면 그 어머니가 글에 뛰어나지 않은 분이 없었다."고 하면서 딸의 학문을 장려하였다. 사주당은 출가 전에 이미 사서삼경四書三經을 섭렵하여 미묘한 이치를 깨우치는 경지에 도달하였으며, 주변의 이씨 문중 선비들도 앞서는 자가 없었다고 한다.

또한 사주당은 효성이 지극하였다. 출가 전에는 부친을 위하여 고기를 먹지 않고, 솜옷도 입지 않았으며, 옛 제도를 지켜 행하고 행동마다 예훈禮訓을 따랐다. 이러한 행실이 충청도 전체에 널리 퍼져 감탄하여 칭송하지 않은 이가 없었다. 이 때 사주당의 나이 15세였다. 이미 경사經史에 능통하고 행실이 보통사람을 뛰어 넘는다는 소문이 유한규柳漢奎에게까지 전해졌다. 당시(1753년) 유한규는 36세였다. 이미 부인을 세 번이나 잃어 다시 장가갈 뜻이 없는 입장이었다.[3] 그러나 사주당의 행실이 훌륭함을 전해 듣고 "이 사람은 늙으신 내 어머니를 반드시 잘 모실 것이다."고 생각하여 청혼하였다.

유한규柳漢奎, 1718~1783는 1718년(숙종44) 10월 6일에 문벌가로 이름 높은 생원 유담柳後의 장남으로 태어났다. 27세 때인 1744년(영조20) 소과 진사에 합격하였다. 32세 1749년(영조25)부터 참봉으로 관직을 시작하여, 1755년(영조31)에 해형랑解刑郎, 1777년(정조1)에 복도부復藥簿, 62세 때인 1799년(정조

3 첫째 부인 해주오씨(海州吳氏)는 추담(秋潭) 오달제(吳達濟)의 증손녀인데 소생을 두지 못한 채 세상을 떠났다. 둘째 부인 평강전씨(平康全氏)는 남편인 목천현감이 임지에서 사망했다는 소식을 잘못 전해 듣고 남편의 뒤를 따르기 위해 자진했다. 셋째부인 선산김씨(善山金氏)도 아들 하나를 낳고 병으로 사망하였다.

3) 목천현감에 임명되었다. 유한규는 주역과 성리학은 물론 시문과 서예에도 능했으며, 역학曆學·산술학算術學·율려律呂·의학·바둑·궁술弓術 등 여러 분야에 뛰어났다.

사주당이 진주유씨 가문에 들어왔던 당시에는 시어머니가 연로하여 눈이 어둡고, 자주 격노하여서 곁에서 모시기에 여간 어렵지 않았다. 그럼에도 사주당은 기꺼이 순종하여 받들어 모셨다. 이를 지켜본 시댁의 친척과 마을 사람들이 "신부는 나이가 어린데도 힘드는 줄도 모르고 성낼 줄도 모른다."고 칭송하였다. 사주당은 본디 타고난 성품이 엄하고 삼가함을 근본으로 삼았으며, 예禮에 밝고 박식하여 주변 사람들이 감히 얕보지 못하였다. 여러 동서들이 문벌 있는 집안 출신이고, 시누이들도 집안이 모두 부귀하고, 또 모두 나이가 두 배 가까이 많았지만 사주당을 존경하고 귀중하게 여기기를 마치 큰손님을 대하는 것 같이 하였다고 한다.

남편 유한규는 사주당보다 21세 연상인데도 아내를 귀중하게 여기고 도道와 의義로써 대하였다. 서로의 감정을 시로 읊으시며, 심오한 학문까지도 담론하였다. 때로는 스승처럼, 때로는 지기知己처럼 친분이 각별하였다.

이처럼 생활이 어려운 가운데서도 친정에서 익힌 글을 출가 후에도 계속할 수 있게 되자 사주당은 자신의 아이들을 가르칠 만한 내용들을 모아 육아독본育兒讀本으로 한 권의 가어家語를 저술하였다. 남편 유한규가 책이름을 《교자집요敎子輯要》라 명명하고, 서序에 이르기를 "내훈內訓과 여범女範에 뒤떨어지지 않는다."고 격찬하였다. 이 책은 훗날 사주당의 대표적 저술인 《태교신기》의 밑바탕이 되었다.

사주당이 45세 되던 정조7년(1783)에 목천현감木川縣監으로 있던 남편 유한규가 66세로 세상을 떠났다. 장례는 남편의 고향인 용인 관청동觀靑洞[4]

4 지금의 용인시 처인구 모현면 왕산리 관창마을이다.

의 당봉鐺峯에 모셨다. 이후 어린 자녀들을 거느리고 남편의 묘소가 바라다 보이는 모현면 매산리로 이사 와서 살았다. 이 당시는 너무나 가난하여 필요한 의식주를 구할 수가 없었던 정도였다. 그러나 여러 자녀들까지 굶주려 고생해도 자녀들의 학업을 중단하지 않았다. 네 자녀를 기르는데, 아침저녁을 살필 겨를이 없었지만, 누구를 원망하거나 욕심 부리지 않았다. 인척들이 봉록俸祿을 나누어 보내 주는 것을 한결같이 사양하며, 남의 집에서 얻어 온 음식으로 봉양하는 것을 단호하게 거절하였다. 궁핍한 가운데서도 사주당 자신과 네 자식을 깨끗하게 다스리니 원근의 사람들도 신임을 하게 되었다. 심지어 내왕하며 장사하는 할머니까지도 물건 값을 이중으로 부르지 않았다고 한다.

사주당은 항상 부지런히 일하고 검소하게 살았기 때문에 가산을 점차 늘릴 수 있었다. 절약하여 남는 재물을 별도로 저축하고, 한 해의 계획을 세워 살림살이를 하고 남는 돈으로는 산 아래의 제전祭田을 사들였다. 나아가 오래되어 허물어진 조상의 묘역을 수리하고 후일에 쓸 제수용품도 미리 구비하였다. 모든 일을 맡아 처리함에 무리가 따랐지만 대부분의 일을 해내었다. 마침내 자녀들이 성장해서 출가하여 모두 자립하게 되었다.

아들 경儆, 1773~1834[5]은 태어나면서부터 총명한데다 넓게 상고詳考하여 경사經史를 연구하는데 많은 공을 세웠다. 조선후기 실학파에 속하는 유학자이자 음운학자音韻學者로서 《문통文通》《물명고物名攷》《언문지諺文志》 등 100여 권의 책을 저술하였다.[6] 큰따님은 병절랑秉節郎 이수묵李守默에게 출가하였다. 둘째 따님은 진사 이재녕李在寧에게 출가하였다. 셋째 따님은 박윤섭朴胤燮에게 출가하였다. 모두 부덕婦德이 뛰어나다고 칭송받았다. 훗날 《태교신기》

5 나중에 이름을 희(僖)로 고쳤다.

6 유희(柳僖)의 생애와 업적에 대해서는 김민수의 〈柳僖의 傳記 및 柑製 試券〉(《새국어생활》제10권 3호, 2000)을 참조.

가 간행되기에 이르자 아들 유희와 큰딸 둘째딸이 모친 사주당을 사모하는 애절한 글을 발문으로 남겼는데, 그 문장 역시 매우 뛰어나다.

일찍이 사주당이 친가親家를 위해서 순리에 따라 집안을 다스리고 후일을 수립하였는데도, 만년에 이르러 후사가 끊어지자 집안 어른들이 재빠르게 삼대三代의 신주를 땅에 묻어 버리는 것을 보았다. 사주당은 애끊는 마음으로 말하기를, "여생이 아직 죽지 못하고 친정의 사당이 헐리는 것을 보고 견디자니 이 역시 상喪을 당한 것과 같다."고 하였다. 소복素服을 입고 문중의 어른들을 두루 찾아 뵌 후에 괴로움을 가슴에 안고 앓았다. 이사주당의 행동거지와 마음 씀이 이처럼 경전에서 조금도 벗어나지 않았다.

평생 학문에 정진하고 실천하는 사주당의 처신에 많은 사람들이 흠모하고 찾아와 강학하였다. 사주당의 노년에는 도정都正 이창현李昌顯과 세마洗馬 강필효姜必孝, 상사上舍 이면눌李勉訥, 산림山林 이상연李亮淵 등 식견 있는 사람들이 마루에 올라와 큰절하면서 사주당에게 직접 가르침을 받는 것을 행운으로 여겼다고 한다.[7] 사주당의 학문 정도를 짐작하고도 남는다.

사주당은 효성이 지극한 아들 유희의 봉양을 받으면서 지내다가 1821년순조21, 辛未年 9월 22일己巳日에 한강 남쪽 서파西坡에서 세상을 마쳤다. 향년 83세이다. 사주당은 유언하기를, 친정어머니의 편지 한 축軸과 남편 목천공이 저술한 《성리답문性理答問》한 축, 자신이 등사謄寫한 《격몽요결擊蒙要訣》한 권을 입던 옷과 같이 관에 넣어 달라고 하였다.[8] 죽음에 이르러서도 부도婦道를 다했음을 이런 데서 알 수 있다. 다음 해인 3월 정묘일丁卯日에 용인의 관청동 당봉에 장례하고, 목천공의 묘를 이장해 합장하였다. 사주당의 묘지명을 지은 신작申綽은 사주당을 평하여 "평생 말하고 토론하던 것이 주자朱子를 본받아 기질이 본연本然의 성性에서 벗어나지 아니하고, 인심人心이 도심道心의

7 *cf.*, 신작, 〈사주당이씨부인묘지명병서〉《태교신기》 부록.

8 *cf.*, 신작, 〈사주당이씨부인묘지명병서〉《태교신기》 부록.

밖에 있지 않다고 주장하였는데 근거 정확하였다."고 하였다.

2) 사주당의 학문세계

사주당의 묘지명이나 단편적인 기록들은 제한적이긴 하지만 사주당의 학문세계를 가늠할 수 있는 자료가 된다. 우선, '사주당師朱堂'이란 호에서도 그가 추구한 학문세계의 지향성을 확인할 수 있다. 사주당은 성리학에 입각하여 의례儀禮를 모범적으로 실천하였고, 이를 삶의 중요한 가치로 받아들였다. 이상적인 규범에서 이탈하지 않도록 자신을 채찍질하였으며, 여군자女君子다운 풍모와 행실을 지향하였다.[9]

아들 유희의 〈태교신기 발문〉에 의하면 사주당은 출가하기 전부터 늘 경전을 읽었고, 평상시 스스로 독서에 전심전력하지 못하는 자신을 책망하였다고 한다.[10] 이 때문인지 사주당에 관한 기록들을 보면 독서에 대한 이야기가 빠지지 않고 등장한다. 사주당의 묘지명과 《태교신기》의 서문을 쓴 신작申綽은 "어려서부터 책을 좋아하여 경전의 뜻을 깊이 알았고 그 밖의 여러 책에도 다 통하였다."[11]고 기록하였다. 구체적으로 《소학小學》《가례家禮》《여사서女四書》등을 익히고, 정밀하게 연구했다고 밝히고 있다.[12] 사주당의 큰 딸은 "어머니는 경사에 박통하시고 여러 책을 두루 읽으셨을 뿐만 아니라 의서와 속설에 이르기까지 지식이 되는 것이라면 버리시는 일이 없었다."[13]고 술회하였다. 작은 딸 역시 "우리 어머니는 어려서부터 베 짜고 길쌈

---

9 정해은, 〈사주당 이씨의 생애와 교육관〉(《2006 경기여성재모명심포지엄 자료집: 조선후기 여성지식인 사주당이씨》, 경기도향토사연구협의회, 2006), 28쪽.

10 유경, 〈발문〉, 《태교신기》 부록.

11 신작, 〈태교신기서〉, 《태교신기》.

12 신작, 〈사주당이씨부인묘지명병서〉, 《태교신기》 부록.

13 장녀, 〈발문〉, 《태교신기》 부록.

하는 틈틈이 여가로 경사經史를 널리 읽어 두루 통하셨다."고 술회하였다.[14]

사주당이 책읽기에 몰두했다는 주변 사람들의 회고는 고인故人을 미화하기 위해 쓰는 의례적인 칭송이 아니다. 사주당이 평생 책을 가까이 접했다는 사실은 자손들에게 남긴 유언에서 친정어머니의 편지, 남편의 《성리문답》, 본인이 베낀 《격몽요결》을 함께 묻어달라고 하였다는 정황에서도 가늠할 수 있다. 사주당이 《태교신기》를 저술하면서 인용한 서적들을 보면 그가 독서한 범위와 학문의 깊이를 짐작할 수 있다.[15] 《태교신기》에는 다음 서적을 비롯해 약 20여종의 서적이 인용되었다.

> 論語, 中庸, 大學, 尙書, 詩經, 大戴禮, 女範, 禮記, 烈女傳劉向, 顔氏家訓顔之推, 賈氏新書, 壽世保元龔廷賢, 醫學入門, 醫學正傳, 得效方, 戰國策, 丹溪心法, 等

위에 열거한 서적을 분야별로 정리하면 사서삼경·의학서·역사서 등이다. 조선 후기의 여성들이 주로 《여범女範》《내훈內訓》과 같은 필독서 외에 문집류의 서적을 즐겨 읽은 것과는 대조적이다. 사주당의 작은 딸은 어머니에 대해 "대도大道에 뜻을 두어 이기성정理氣性情의 학문을 넓히시고 속된 책을 읽지 않으시며, 음영吟咏을 좋아하지 않으시니 시속時俗과 다름이 있으셨으며, 평소 저술 활동에 대하여 옛사람의 찌꺼기에 불과하다면서 마음에 두지 않았다."고 술회하였다.[16]

사주당은 오로지 유학儒學 경전經傳에 심취하였으며, 유학에서의 덕목

---

14 소녀, 〈발문〉, 《태교신기》 부록.

15 《태교신기》에는 인용서들이 직접 노출된 경우가 있고, 아들 유희가 주해를 달면서 전거를 찾아내 밝혔으므로 참고할 수 있다.

16 소녀, 〈발문〉, 《태교신기》 부록.

을 실천하기 위한 의례서儀禮書에 큰 관심을 보였다. 이 점은 사주당의 저술 활동에서도 그대로 드러난다. 사주당이 저술한 책은 적지 않았던 것 같다. 임종 무렵에 여자의 글은 세상에 도움이 되지 않는다고 하면서 《태교신기》를 제외하고 모든 저서를 불태우라고 유언한 데서 짐작할 수 있다.[17]

사주당은 자녀교육에 각별한 관심을 갖고 이 방면의 저술에 노력을 기울였다. 혼인하기 전에 이미 옛날의 열녀처럼 되기를 바라는 마음에서 《소학》《가례》《여사서》등을 틈틈이 외우고 익혀 마침내 《가어家語》를 만들었다.[18] 또 사주당의 며느리 안동권씨安東權氏가 지은 〈유희전기〉에도 사주당이 딸들을 위해 《가편여집》을 지었다는 기록이 있다.[19] 《가편여집》이 어떤 책인지 분명하지 않으나 딸들을 위해 지은 것으로 보아 여성 규범서로 여겨진다. 《태교신기》의 저본이 된 《교자집요》도 성현의 행실이 들어 있고, 끝 부분에 어린아이를 가르칠만한 금언 등을 첨가하였다. 《태교신기》도 사주당이 이 책을 집안 대대로 전해서 부녀자들의 거울이 되었으면 좋겠다는 희망을 피력했듯이 여성 교육서의 성격이 강하다.

조선후기 여성 지식인들의 학문적 경향을 전제할 때 사주당도 여성으로서의 제한된 범주에서 자녀와 여성 교육에 관심을 기울일 수밖에 없었다고 평가할 수 있다. 그러나 이 같은 평가는 사주당의 학문세계에서 한 부분을 부각한 것에 지나지 않는다. 적어도 '사주당師朱堂'을 자신의 호로 삼아 이기성정理氣性情의 성리서를 탐독하고 실천하였던 사주당은 여성 실학자實學者, 또는 여군자女君子로서 이해되어야 할 것이다. 실제로 사대부들이 사주당의 깊은 학문을 흠모하고 찾아와 강학하였다는 사실은 사주당이 유학자로서의 면모를 갖췄음을 시사한다. 경전을 통해 성인의 도리를 깊이 연구한 사

---

17 유근영, 〈발문〉, 《태교신기》 부록.

18 *cf.*, 신작, 〈사주당이씨부인묘지명병서〉(《태교신기》 부록).

19 김민수, 〈柳僖의 傳記 및 柑製 試券〉, 《새국어생활》 제10권 3호, 2000, 105쪽.

주당이기에 여성으로써 행하여야 할 이상적이면서도 모범적인 틀을 제시하고자 하였던 것이다. 다른 저술을 모두 버리고 《태교신기》만 전하라고 한 것도 이 같은 시각에서 이해된다.

사주당은 태교의 근본은 성인의 도리를 잘 알고자 함에 있다고 언급하였다.[20] 그리고 《태교신기》 도처에서 유학의 인성론人性論, 실천 덕목인 효孝 등을 강조하고 있다. 다음에서 보듯이 사주당은 태교를 하는 이유를 유학의 '효孝' 사상에서 비롯하고 있다.

> "자식 낳아 그 조상을 닮지 못하면 불효와 같다."고 하는 까닭에 군자는 가르침을 미리 하고자 한다. 《시경》에 이르기를 "효자 끊이지 아니하여 길이길이 너와 같은 효자를 주신다"하였다.[21]

위의 논지에 따르면 태교를 하는 이유는 조상을 닮은 효자를 낳기 위한 것이다. 사주당은 그 근거를 《시경》에서 인용하여 설명하였다. 사주당은 인성론적인 측면에서도 철저하게 유교적인 관점을 견지하고 있다. 인성이 하늘에 근본함과 기질이 부모로부터 타고난다는 생각은 유학자들의 기본적인 관점이다.

> 사람이 태어날 때의 성性은 하늘에 근본을 두며, 기질은 부모에게서 형성된다. 기질이 편벽되고 지나치면 점점 본성을 가리게 된다.[22]

민간에서 행하고 있는 산속産俗에 대해서도 비판적이다. 무불적巫佛的

---

20 《태교신기》 제10장.

21 《태교신기》 제3장 1절.

22 《태교신기》 제1장 1절.

인 관습에서 행해진 행위는 오히려 기氣를 거슬리고, 거슬린 기운이 점차 길한 바를 없앨 수 있다고 하였다.

> 요즈음 자식을 가진 임부의 집에서 소경과 무당을 불러 부적과 진언으로 빌며, 푸닥거리하고 부처를 섬겨 중과 승녀에게 시주를 하나니 그릇된 생각이 나면 거슬린 기운이 이에 응하고, 거슬린 기운이 형상을 이루게 되어 길한 것이 없게 된다.[23]

《태교신기》에서 문헌의 근거가 유교 경전에 국한되었다는 점도 사주당의 학문이 유교 철학적인 인식에서 비롯했음을 증빙한다.

3) 언문학자 유희

유희(1773~1837)는 1773년(영조49)에 지금의 용인시 처인구 모현면 매산리에서 태어났다. 본관은 진주晉州, 자字는 계중戒仲, 호號는 남악南岳·서파西陂·방편자方便子·관청농부觀靑農夫 등이었다. 원래의 이름은 경儆이었는데, 뒤늦게 희僖로 바꾸었다. 유희는 유한규와 사주당 사이에서 둘째 아들로 태어났다.

유희는 태어났을 때 신묘한 풍채가 뛰어났는데, 돌 무렵에 천연두를 앓아 모습은 초췌해지고 건강도 크게 해쳤다. 그럼에도 지식과 생각은 남달랐다. 일찌감치 한문을 깨우쳤는데 다섯 살 때 《성리대전性理大全》의 이치를 깨달을 정도였다. 중국의 역사서인 《사략史略》《통감通鑑》을 비롯하여 여러 경서經書를 섭렵하였으며, 두보杜甫의 시를 즐겨 읽었다. 여섯 살 때부터는 시를 짓기도 하였다. 11세 때 아버지를 여의고 나서는 모친 사주당의 영향을

23 《태교신기》 제7장 1절.

크게 입었다. 널리 알다시피 유희에게 학문적인 영향을 미친 사람은 어머니 사주당이다. 정인보鄭寅普는 〈태교신기음의서략胎敎新記音義序略〉에서 "선생은 일찍 선친인 목천군을 여의었으며 그의 학문은 숙인淑人으로부터 받은 것이다."[24]고 하였다. 유희가 《태교신기》를 10개의 장구로 나누고 이에 석釋·음音·의義를 달고서 언해諺解를 붙인 《태교신기장구대전胎敎新記章句大全》(1801년)을 저술한 것만 보아도 모친 사주당이 끼친 영향을 충분히 가늠할 수 있다.

사주당은 평소 유희에게 과거에 응시하지 말고, 적절한 곳을 골라 살면서 천진天眞을 지키라 하였다. 16세와 18세에 감시監試에 응하기도 했었지만 사주당의 가르침을 따라 고향 용인에 머물면서 학문 탐구에만 몰두하였다. 37세 이후 10년간은 충북 단양의 시골에서 머물렀다. 그리고 다시 용인으로 돌아와 1835년(영조49년) 65세로 세상을 떠나기까지 농사를 지으면서 일생동안 저술에만 힘썼다.

유희는 과거와 벼슬을 만류했던 어머니가 돌아가신 뒤에 둘째 누이의 권유로 과거에 응시하였다. 53세(1825년)에 사마시司馬試에 입격入格하였고, 57세(1829년)에 황감제시黃柑製試에도 급제하였다. 그러나 관직에는 나아가지 않았다. 고향에 머물면서 저술에만 몰두하여 100여 권의 저서를 남겼다. 100여 권의 저서 중에서 지금까지 알려진 저서는 80종 가까이에 이른다. 이들 저서를 살펴보면 《논어집주보설論語集註補說》《맹자고류정孟子考類訂》과 같이 유교 경전을 연구한 것들이 많은 비중을 차지한다. 특히 《춘추春秋》에 관한 책이 20여 권에 이른다. 《물명고物名考》《만물류萬物類》《시물명고詩物名考》 등의 박물학 관련 서적들이 있는가 하면, 《언문지諺文志》를 비롯한 《서자류書字類》《육서류설六書類說》 등의 문자론 관련 서적들이 있다. 《방편자구록方便子句錄》《방편자문록方便子文錄》 등의 시문집도 있으며, 이외에 역사·음

24 정인보, 〈태교신기음의서략〉(《태교신기》 부록).

악·수학·농학·기상학·의약학 등에 관한 저서들도 적지 않다. 이처럼 다양하고 많은 저술을 남기면서도 철저하게 이전의 잘못된 것을 고증하여 바로잡거나 보충하되, 우리의 것도 사례를 들면서 자신의 생각을 펼쳤다. 이런 점에서 보면, 유희는 중국의 정주학程朱學을 근본으로 삼되, 이용후생利用厚生의 철학적인 사유를 바탕으로 연구하고 실천한 실학자이며, 박물학자요, 언문학자이다.

3. 《태교신기》의 저술 배경 및 내용

1) 《태교신기》의 저술 배경

사주당은 자녀를 가르치는데 참고하기 위해 《교자집요敎子輯要》를 저술한 바가 있다.[25] 이 책은 옛날 현인들의 기거起居·음식·의서·임부姙婦의 금기 등을 수집하여 한 권으로 엮은 것이다. 책 말미에 아이들을 가르칠만한 구어句語를 붙이고 언문으로 해석하였다. 《교자집요》란 책이름은 남편이 직접 지어준 것이다. 훗날 자녀들이 장성하여 이 책이 소용없게 되자 방치하였는데, 우연히 막내딸의 옷상자에서 발견되었다. 사주당은 감회를 느끼며 자신의 체험을 다른 사람들에게도 널리 알리려는 생각을 갖게 되었다. 이에 《교자집요》에서 사소한 것은 버리고, 양태절목養胎節目만 취하여 명확하게 설명하고, 《소의少義》와 《내측內側》에 빠진 것을 보충하였다. 구체적으로 경전에서의 예법을 기본으로 삼고, 《열녀전烈女傳》《대대례기大戴禮記》에 나오는 태교 이야기와 《황제내경黃帝內經》등의 한의서에 나오는 태교 관련 내용을

25 《교자집요》의 저술 시기는 확실하지 않으나 여러 상황을 미루어 볼 때 대체로 1780년 전후로 추정된다.

참작하여 보충하였다. 그리고 세상 사람들이 태교에 대한 의혹을 일깨우는 데 힘쓰라는 바램에서 '태교신기'라 명명하였다. 〈태교신기장구대전胎教新記章句大全〉에 그 같은 경위가 자세히 서술되어 있다.

> 여범女範에 말하기를 "옛날 현명한 여인들은 잉태하면 반드시 태교를 하여 몸가짐을 삼갔다."고 하였다. 그리하여 여러 책을 살펴보았으나 태교의 방법을 상세하게 설명한 것이 없었다. 스스로 구하고자 생각해보니 대체로 알 수 있는 것들이었다. 내가 일찍이 서너 명의 아이들을 임신하여 양육하면서 체험한 바를 기록하여 한 권으로 엮었다. 모든 여인들에게 보이고자 하는데 이는 제멋대로 저술한 것을 가지고 사람들의 눈에 띠고자 함이 아니다. 내칙內則에서 빠진 것을 갖추었기에 이름하기를 '태교신기'라 하였다.[26]

위의 서문에서 사주당의 《태교신기》에 대한 남다른 자긍심과 사명의식을 가늠할 수 있다. 《태교신기》의 저술동기에 대해서는 아들 유희柳僖가 쓴 다음 발문에서도 자세히 알 수 있다.

> 어머님께서 이미 부족하고 못난 나와 네 자매를 낳아 기르시고 난 뒤에 그 책이 고기를 잡고 난 통발처럼 방치되다가 20여 년이 지나서 넷째 누이의 상자 속에서 나왔다. 어머님께서 그 책을 보시고 탄식하시면서 다음과 같이 말씀하셨다.
> "이 책은 스스로 반성하기를 요구하는 것이지, 처음부터 후세에 전하려는 것이 아니었는데, 이미 뜻하지 않게 너의 손에 이르게 되었으니 훼손하

26 신작, 〈태교신기서〉, 《태교신기》.

여 버릴 수 없게 되었구나. …(중략)… 태교가 옛날에는 있었으나 지금은 없어진지가 이미 몇 천년이 되었으니, 부인들이 어찌 스스로 생각하여 태교를 행하겠는가? 오늘날 사람들이 태교를 하지 않아서 타고나는 재질이 옛 사람들에 미치지 못하는 것이지, 세상 사람들의 기질이 변화한 것은 아니다.

나는 스스로 여자이기 때문에 독서에 치중할 수 없음을 한탄하였고, 더욱이 선인들의 뜻을 저버릴까 두려웠는데, 일찍이 시험 삼아 태교를 너희들 네 자녀에게 해보았더니, 결과적으로 너희들의 형체와 기질이 크게 어그러짐이 없었다. 이 책을 집안에 전함이 어찌 크게 도움이 되지 않겠는가."[27]

사주당이 《태교신기》를 완성한 때는 그가 62세 되던 1800년(정조24)이다. 이 책이 완성된 후 1년 동안 아들 유희가 장章과 절節로 글귀를 나누고, 주석註釋을 붙였으며, 또한 음의音義를 언문諺文으로 해석하였다. 사주당이 진갑을 맞는 해에 《태교신기》를 완성하고, 아들 유희를 낳으신 생일날에 언해諺解를 마치게 되었는데, 모두들 기이하게 생각했다. 1801년(순조1)에 유희가 재편집하고 언해한 책이 오늘날 우리에게 알려진 《태교신기》이다.

《태교신기》는 책이 완성된 후 서서히 주변에 알려지기 시작하였다. 오늘날 현전하지 않지만 빙허각 이씨가 지은 글 가운데 〈태교신기발胎教新記跋〉이 있는 것으로 보아[28] 빙허각이 외숙모가 지은 《태교신기》를 보았음이 틀림없다. 또 《규합총서》(1809)에도 태교에 관한 내용이 비교적 상세하게 있어 빙허각이 《태교신기》에서 학문적 영향을 받았음을 짐작할 수 있다. 근대적 여성교육운동이 일던 1908년에도 기호흥학회월보畿湖興學會月報에 《태교신

27 유경, 〈발문〉, 《태교신기》 부록.

28 *cf.*, 〈동아일보〉 1939년 1월 31일자.

기》가 7회에 걸쳐 연재되기도 하였다.[29]

《태교신기》가 간행되어 정식으로 보급된 것은 1937년 1월이다. 유희의 현손인 유근영柳近永이 석판본으로 《태교신기언해》를 간행하였다.[30] 이 책의 구성은 크게 세 부분으로 되어 있다. 1부는 사주당이 한문으로 지은 원문原文을 유희가 장절章節을 나누고, 거기에 상세한 주를 붙인 것이다. 2부는 사주당의 묘지명墓誌銘 및 여러 사람이 쓴 발문跋文들이 수록되었다. 3부는 유희가 원문에 한글로 음音과 토씨를 단 후, 한 칸 내려서 본문을 언해諺解한 내용이다.

참고로 《태교신기》의 간행과정과 수록 내용을 정리해 보이면 다음과 같다.

〈태교신기〉의 간행 과정

1800년(정조24)	사주당, 〈태교신기〉 완성
1801년(순조1년) 3월	유희, 〈태교신기장구대전〉 저술, 발문 작성
1810년 季秋	첫째딸(李守默의 妻), 발문 작성 둘째 딸(李在寧의 妻), 발문 작성.
1821년	申綽, 序文과 〈사주당이씨부인묘지명〉 작성
1936년 12월	鄭寅普, 〈胎教新記音義序略〉 작성 權相圭·柳近永 발문 작성
1937년 1월	李忠鎬·權斗植 발문 작성. 柳近永, 〈태교신기언해〉 석판본 간행.

29 박용옥, 〈한국에 있어서의 전통적 여성관-이사주당과 《태교신기》를 중심으로〉, 《이화사학연구》 16, 1985, 4쪽.

30 이 판본은 현재 국립중앙도서관에 소장되어 있다.

2) 《태교신기》의 내용

《태교신기》는 10장 35절의 태교 이론과 서발문, 묘지명 등으로 구성되어 있다. 사주당이 처음 저술한 한문본 《태교신기》에는 장절의 구분이 없었다. 아들 유희가 언해를 하면서 구분한 것이다.

제1장에서는 태교의 이치를 설명하고 있다. 자식의 기질과 질병은 부모에게서 연유함을 밝히고, 태교의 필요성, 원리, 부부간의 예절, 아버지 태교의 중요성, 태중 어머니의 마음과 몸가짐, 부모 태교의 중요성을 언급하였다. 주목되는 사항은 부모 모두의 태교를 강조하고 있다는 점이다.

제2장에서는 태교의 중요성, 수태受胎시 환경의 중요성을 예를 들어 설명하면서 태교의 효과를 밝히고 있다.

제3장에서는 수태시 태교를 행한 선인과 행하지 않은 선인의 사례를 들어 태교를 힘쓰지 않으면 금수禽獸보다 못함을 역설하였다.

제4장에서는 태교의 방법을 상세하게 설명하고 있다. 《태교신기》의 핵심부라 할 수 있다. 1절에서 태교는 온 집안사람들이 함께 해야 함을 강조하고 있다.

제5장에서는 태교의 요점인 삼감愼과 태교의 이치, 태교를 권하는 말을 수록하였다.

제6장에서는 태교를 행하지 않았을 때 생기는 해악害惡을 설명하였다.

제7장에서는 미신과 시술邪術을 경계하여 태아에 유익하도록 하고, 남을 미워하거나 투기하는 짓을 삼가야 함을 강조하고 있다.

제8장은 제2장의 내용을 반복하고 보충한 것이다. 태아를 잘 길러야 하는 이유와 당시 사람들이 태교하지 않음을 개탄하는 내용이다.

제9장은 옛 선인들이 행한 태교의 실례를 들고 있다. 《열녀전》에 나오는 중국 문왕文王의 모친 태임太任의 태교와 《대대례기》에 나오는 성왕成王의 모친 읍강邑姜의 태교를 소개하고 있다.

제10장에서는 태교의 근본을 역설하고, 부모의 태교를 위한 교육내용을 설명하였다.

《태교신기》의 구성과 내용

章	節	항목	내용
序	申綽, 鄭寅普		
1장	6절	'敎'자를 말함(只言敎字)	태교의 이치
2장	2절	'胎'자를 말함(只言胎字)	부친의 태교 및 태교의 효과
3장	3절	태교를 논함(備論胎敎)	임부의 언어, 행동 등 심신관리사항
4장	14절	태교방법(胎敎之法)	여러 가지 태교의 방법
5장	3절	태교에 관한 잡론(襍論胎敎)	태교를 실천해야 할 이유와 태교에 관한 여러 가지 이야기
6장	1절	태교를 행하지 않았을 때의 해악 (極言不行胎敎之害)	태교를 행하지 않았을 때의 해악을 다 말함
7장	2절	사람들에게 사술에 현혹되는 것을 경계하면 태아에 유익함 (戒人之以媚神拘忌 爲有益於胎)	사람들에게 사술에 현혹되는 것을 경계하면 태아에 유익함이 있다는 것을 강조
8장	2절	반복 인용하여 태교의 이치를 증명하여서 2장의 뜻을 거듭 밝힘 (雜引以胎敎之理 神明第二章之意)	부친과 모친의 태교 강조
9장	1절	옛사람들이 행한 사례 (引古人已行之事 以實一篇之旨)	중국 문왕의 모친 태임(太任)의 태교 소개 및 선인(先人)의 태교사례 제시
10장	1절	태교의 근본을 거듭 말함 (推言胎敎之本)	태교의 근본을 거듭 강조
跋	柳僖, 師朱堂의 長女·次女, 權相圭, 李忠鎬, 權斗植, 柳近永		

3) 《태교신기》의 특징

① 사주당 체험의 기록

《태교신기》는 사주당의 체험을 바탕으로 하고 직접 살핀 바를 징험하여 저술한 것이다. 체험하고 징험한 결과를 정리한 기록이기에 후대 사람들의 각별한 관심을 이끌 수 있는 것이다. 다음에서 보듯이 사주당 스스로 네 차례에 걸쳐 태교를 시험해 보았다고 하였다.

일찍이 태교를 시험해보기 대개 네 차례인데 과연 너희들의 생김새나 기상이 크게 어그러지지 않았으니, 이 책이 집안에 전해짐이 어찌 도움이 아니 되랴.[31]

유희를 비롯하여 두 딸의 발문에서는 사주당의 태교가 징험된 바 크다고 하였다.

경(유희)이 갓 타고났을 때 태교하기를 이렇듯 진지하게 하셨으니, 경이 어질 적에는 남다른 점이 없지 않았지만, 아버지를 여읜 뒤로 오히려 낭패하고, 뒤엎어진 채 내리 오늘 날에 이른 것이다.[32]

慈闈 l 우리 四男女의 시험하샤 耳目口鼻의 未成함이 없사니 이가 그 效驗이라 내 말이 엇디 私私하리오.(맏딸의 발문)

不肖 等 몃 男妹가 임의 無事長成하야 早夭 惡疾者 l 업고 至於舍弟儆은 乳哺로 븟허 出類한 才性이 잇고 不肖三兄弟도 역시 舅家에 得罪랄 免하니 엇지 우리 慈闈1 胎에 삼가신 恩德이 아닌줄 알니오.(둘째딸의 발문)

정인보는 〈태교신기음의서략〉에서 태교신기는 사주당 자신이 직접 체험한 것을 바탕으로 하고 직접 살핀 바를 징험한 것이기에 다른 저술과 다르다고 하였다.

숙인이 이 책을 만들 때 자신이 체험한 것을 바탕으로 하고 직접 살핀 바

31 유경, 〈발문〉, 《태교신기》 부록.

32 유경, 〈발문〉, 《태교신기》 부록.

를 징험한 것이다. 실實과 허虛를 이치에 의거하여 그 말을 베풀었음이 다르다.[33]

② 수신修身으로서의 교범

일반적으로 태교에서는 부모의 유전자나 기질 이외에 후천적인 교육을 강조하고 있다. 《열녀전》에서도 태교를 하여 낳은 아이는 모습이 반듯할 뿐만 아니라, "(어머니가) 선하게 느끼면 아이도 선하게 되고, 나쁘게 느끼면 아이도 악하게 된다. 사람이 태어나 부모를 닮는 것은 모두 그 어머니가 밖에서 느끼는 것이 태아에게 전해진 까닭이다."고 하면서 인성이나 재주 또한 뛰어나다고 하였다. 사주당 역시 사람의 기질은 동일해 성인聖人과 범인凡人이 이미 정해지지 않았고, 누구든지 가르쳐서 이끌면 성인이 될 수 있다고 생각하였다.

> 오늘날 사람들이 태교를 하지 않아서 타고나는 재질이 옛 사람들에 미치지 못하는 것이지, 세상 사람들의 기질이 변화한 것은 아니다.[34]

《태교신기》에는 태아 때부터 인간의 기질을 선하게 이끌고 교육하는 것이 무엇보다도 중요하다는 요지를 담고 있다. 그러므로 자식이 재능 없고 지각이 밝지 못함은 아버지와 어머니의 허물이지 결코 스승에게 그 허물을 돌려서는 안 된다고 주장하였다.[35]

사주당이 태교의 요점으로 강조한 것은 공경恭敬과 삼감謹, 그리고 정심正心이었다. 즉 태교의 요점은 마음을 바르게 하여 늘 삼가는 데 있다고 하

33 정인보, 〈태교신기음의서략〉, 《태교신기》 부록.

34 유경, 〈발문〉, 《태교신기》 부록.

35 《태교신기》제1장 6절.

였다.

> 자식은 피로 말미암아 이루어지고, 피는 마음으로 인하여 움직인다. 그 마음이 바르지 못하면 자식의 이루어짐도 바르지 못하다. 임신부의 도리는 공경으로서 마음을 앉히어 방심하지 않는 것이다. …(중략)… 잠깐이라도 공경한 마음을 잊으면 이미 피가 그릇되기 쉬우나니 이것이 임신부가 마음에 둘 바이다.[36]

> 태교를 알지 못하면 사람의 어머니로서 부족하니 반드시 마음을 바르게 가질 것이다. 바른 마음 갖는 법은 보고 듣는 것을 삼가고, 앉고 서는 것을 삼가며, 잠자고 먹는 것을 삼가되 잡스럽지 않으면 무던하고, 잡되지 아니한 공이 넉넉하고 능히 마음을 바로할 수 있으니, 그것은 삼감에 있을 따름이다.[37]

사주당은 태교에서 무엇보다도 공경스러운 '마음' 즉 '존심存心'을 강조하였다. 사주당이 주창한 태교는 《열녀전》을 비롯하여 기존의 논의에 뿌리를 두고 있으나 거기에 담긴 사상은 새로운 것이었다. 사주당은 《태교신기》에서 태교에 철학적 가치를 부여하면서 태교라는 단일한 주제를 통해 인성의 형성과 가르침에 대한 이야기를 담아냈다. 조선시대에 통용되던 태교는 《열녀전》의 태임太任을 모델로 삼아 생활 속에서 의식주 등을 삼가는 데 중점을 두었다. 이런 측면에서 《태교신기》는 지금껏 논의되던 태교와는 확실히 다른 지점에 서있다.[38]

---

36 《태교신기》제4장 5절.

37 《태교신기》제5장 1절.

38 정해은, 〈사주당 이씨의 생애와 교육관〉, 37쪽.

사주당이 주장하는 태교란 생활 속에서 의식주 등을 삼가는 데에서 한 걸음 더 나아가, 유학자들이 중시한 '삼감謹·愼'의 경지에까지 확대하고 있다.[39]

> 어찌 열 달의 수고를 꺼려 자식을 못나게 하고 자신도 소인의 어머니가 되려하는가. 어찌 열 달 공부를 힘써 행하여 자식을 어질게 하고, 자신도 군자의 어머니가 되려하지 않는가. 이 두 가지는 태교가 꼭 필요한 까닭이다. 옛 성인이 또한 어찌 보통 사람과 크게 다른 사람이겠는가. 이 두 가지를 버리거나 취했을 따름이다. 《대학》에 말하기를 "마음으로 정성을 다해 구하면 비록 맞지 않아도 멀지 않을 것이다."하였으나, 자식 기르는 방법을 배운 연후에 시집가는 사람은 있지 않다.[40]

이러한 사주당의 발언은 자식 기르는 방법이 따로 있는 것이 아니라, 공경한 마음으로 태교에 임하면 곧 가르침에 근접할 수 있다는 의미로 읽을 수 있다. 사주당은 천하의 모든 일이 힘써 행하면 다 이룰 수 있다는 논리를 피력하면서 태교에 힘쓸 것을 권면하였다.

> 천하의 모든 일이 힘써 행하면 다 이룰 수 있고, 그만두려하면 그릇되니, 어찌 힘껏 행해서 이루지 못할 것이 있으며, 어찌 스스로 포기하는데 그릇되지 않는 것이 있으리요. …(중략)… 훌륭하고 슬기로운 자도 쉬운 일이 없는 것이다.[41]

---

39 유학자들도 수신의 덕목으로 '愼'(삼감)을 제일로 중시하였다. 대표적인 사례로 김집(金集)은 자신의 호를 신독재(愼獨齋)라 하였다.

40 《태교신기》제5장 2절.

41 《태교신기》제5장 3절.

《태교신기》는 분명 태교에 관한 독창적 개성을 담고 있으며, 기존의 논의를 한 단계 진전시킨 새로운 사유에서 정리한 저술이다. 사주당에 의해 태교는 하나의 철학으로서 재탄생했으며, 여성들도 수신해야 할 존재로 탈바꿈하게 되었다. 사주당이 이 책에서 태교의 필요성에 대해 많은 지면을 할애한 점도 태교에 대한 인식의 전환이나 보급을 의도했다고 생각된다.[42]

③ 온 집안이 함께하는 태교

《태교신기》에서 가장 주목되는 부분은 제1장 2절의 아버지의 태교이다.[43] 사주당은 "군자의 가르침은 태교에서 가장 먼저 이루어지고 그 책임은 부인에게 있다."[44]고 했듯이 태교에서 여성의 역할을 중시하였다. 그럼에도 기존의 논의에서처럼 여성의 일방적 역할만을 주장하지 않고 남편의 역할을 강조하였다. 사주당은 아이를 갖고자 하는 아버지의 도리를 강조하여 욕망의 억제와 근신謹身을 환기시켰다. 구체적인 사례를 들면, 부부란 서로 공경과 예로써 대하고, 집안의 은밀한 곳에서도 서로 입에 담지 못할 말을 해서는 안 된다. 부인이 거처하는 안방이 아니거나, 몸에 병이 있거나 상중이거나 기후가 나쁘거나 음양이 고르지 않거든 동침하지 않도록 하였다.[45] 태교에서 임신부의 열 달간 노력보다도 아이를 갖고자 하는 아버지의 하루 마음가짐이 더욱 중요하다고 하였다.

> 아버지가 낳아주시고 어머니가 길러주심은 스승의 가르침과 한가지이다.
> 의술을 잘하는 자는 아직 병들지 아니하였을 때 치료를 하고, 잘 가르치

---

42 정해은, 〈사주당 이씨의 생애와 교육관〉, 37쪽.

43 거의 모든 연구자들이 《태교신기》의 특징으로 제1장 2절에 제시한 아버지의 태교를 가장 중시하고 있다.

44 《태교신기》제10장.

45 《태교신기》제1장 2절.

는 자는 아직 태어나기 전에 가르친다. 그런 까닭에 스승의 십년 가르침이 어머니가 잉태하여 열 달 기름만 같지 못하고, 어머니가 열 달 길러주심은 아버지가 하루 낳아주신 것만 같지 못하다.[46]

사주당이 주창한 태교의 또 다른 특징은, 온 집안이 함께 하기를 권유하였다는 점이다. 임신부의 마음이 평정을 잃지 않도록 가족들은 분한 일, 흉한 일, 놀랄만한 일들을 듣지 않고 알리지 않도록 당부하였다. 임신부가 성내면 아이의 피가 병들고, 두려워하면 아이의 정신이 병들고, 임신부가 놀래면 아이가 나쁜 병을 앓기 때문이다.

태胎를 기르는 사람은 어머니 자신 한 사람만이 아니라 온 가족 모두 이다. 항상 거동을 조심하여야 한다. 감히 분한 일을 듣게 해서는 안 된다. 화내기 때문이다. 흉사를 듣게 해서는 안 된다. 두려워하기 때문이다. 난처한 일을 듣게 해서는 안 된다. 근심하기 때문이다. 급한 일을 듣게 해서는 안 된다. 놀라기 때문이다. 화내면 태아로 하여금 피가 멍들게 하고, 두려워하면 태아로 하여금 정신이 병들게 하고, 근심하게 되면 태아로 하여금 기氣에 병들게 하고, 놀래면 태아로 하여금 간질병이 들게 한다.[47]

사주당은 임신부를 대하는 방법은 임신부로 하여금 희로애락이 절도를 넘지 못하도록 돕는 것이라고 하였다. 그래서 임신부 곁에는 늘 선善한 사람을 두어 그 거동을 돕고 올바르고 기쁜 일만 접하도록 하여 사벽邪僻한 마음이 생겨나지 않는 환경을 조성해야 한다고 강조하였다.

46 《태교신기》제1장 2절.

47 《태교신기》제4장 1절.

그런 까닭에 임신부를 대하는 도리는 희로애락이 절도를 넘지 못하도록 하는 것이다. 임신부 곁에는 항상 선善한 사람을 두어 그 거동을 돕고 올바르고, 그 마음을 기쁘게 하며, 본받을 말과 마땅히 해야 할 일을 귀에 끊임없이 들려준 연후에야 게으르고 사벽邪僻한 마음이 생겨나지 않을 것이다.[48]

많은 사람들이 태교를 여성의 임무로 한정시킨 데 비해 사주당은 이처럼 태교의 개념을 온 가족에까지 확장시켜 놓았다.

사주당은 《태교신기》제4장에서 임신부의 행동거지를 하나하나 구체적으로 제시하여 궁극적으로 태교를 실천할 수 있도록 하였다. 태胎라는 것은 성품의 근본이라고 강조했던 사주당이 여성들에게 요구한 것 역시 어진 성품이며 이것은 생활의 실천 속에서 구현될 수 있다고 생각하였다. 사주당은 어머니와 뱃속 자식은 혈맥이 이어져있으므로 어머니의 행동거지가 그대로 아이의 성품이 되며, 어머니가 보고 듣는 것이 아이의 기질氣質이 되고, 어머니가 먹는 음식이 자식의 살이 되므로 어머니가 될 사람도 늘 삼가해야 한다고 강조하였다.

뱃속의 자식과 어머니는 혈맥이 붙어 이어져 있어서 숨이 들고 나면서 움직이므로 기뻐하며 성내는 것이 자식의 성품이 되며, 보고 듣는 것이 자식의 기운이 되며, 마시며 먹는 것이 자식의 살이 되나니, 어머니 된 자가 어찌 삼가지 않으리오.[49]

사주당이 태교를 실천하기 위한 행실의 준거로 삼은 것은 《열녀전》

48 《태교신기》제4장 2절.

49 《태교신기》제4장 14절.

이다. 보고 듣기, 말하기, 거처하기, 일상 노동 곧 누에치기·바느질·식사준비 등의 일, 기거동작, 길 다니기, 잠자기, 음식 섭취 등을 할 때 삼가도록 하였는데, 그 내용은 《열녀전》보다 훨씬 구체적이고 과학적이다. 권상규權相圭가 〈태교신기발문〉에서 "이 책이 《소학》 첫 편의 취지에 근본하였으나 말씀이 자세하고 절실하여 그보다 더함이 있다."[50]고 한 것도 이러한 맥락에서 이해할 수 있다.

4. 맺음말

사주당이 살았던 18세기에는 주목을 받았던 여류 인사가 적지 않다. 여류 한시작가로 신부용당申芙蓉堂, 김삼의당金三宜堂, 남정일헌南貞一軒, 서영수합徐令壽閤, 홍유한당洪幽閑堂, 숙선옹주淑善翁主, 김운초金雲楚, 박죽서朴竹西, 김금원金錦園 등이 명성을 떨쳤으며, 임윤지당任允摯堂, 강정일당姜靜一堂, 황정정당黃情靜堂은 여성 철학가로 언급된다. 이사주당李師朱堂과 이빙허각李憑虛閣은 여성 실학자로 주목되는 인물이다.[51] 이사주당과 이빙허각은 외숙모와 시조카 사이다. 두 사람이 함께 여성 실학자로 평가되고 있음이 주목된다. 이빙허각이 지은 글 가운데 〈태교신기발胎敎新記跋〉이 있는 것으로 보아 사주당의 영향을 받았음이 분명하다.[52]

사주당은 이기理氣·성정性情에 깊은 관심을 기울였으며, 성리학적인

50 권상규, 〈발문〉, 《태교신기》 부록.

51 김미란, 〈조선후기 여성지식인의 출현과 저서들〉(《2006 경기여성재모명심포지엄 자료집: 조선후기 여성지식인 사주당이씨》, 11쪽.

52 정해은, 앞의 논문, 30쪽.

사유를 바탕으로 《교자집요》《가편여집》《태교신기》등 주로 자녀교육에 관련한 저술을 남겼다. 임종 시 《격몽요결》을 관에 넣어달라고 유언하였다는 사실에서도 그가 자녀교육에 남다른 애착을 가졌음을 확인할 수 있다. 자신의 자녀를 가르치기 위한 방편에서 주변 사람들을 깨우치기 위한 방편으로 확대하며 집대성한 것이 《태교신기》이다. 태교법을 소개한 단편적인 기록은 많지만, 《태교신기》처럼 태교를 집중적으로 다룬 저술은 처음이다. 태교서胎敎書의 효시인 셈이다.

사주당의 《태교신기》가 태교서의 효시라는 평가 외에 더욱 각광을 받고 있는 이유가 있다. 사주당은 조선시대의 한 여성이기 이전에 한 사람의 선각자로서 인간에 대한 깊이와 애정을 갖고 있었다는 사실이다. 남편인 유한규는 22세나 연상이며, 세 번이나 아내를 잃었고, 치매를 앓고 있는 어머니를 모시고 있었기 때문에 결혼은 생각도 못하고 있었다. 그러한 시댁에 들어가 시집살림을 꾸리면서도 독서와 학문 탐구에 게을리하지 않았다. 남편은 아내와 함께 학문을 토론하였으며, 아내의 저술에 《교자집요》라는 제호를 달아주었다. 훗날 이 책을 보완하여 《태교신기》를 완성하자 아들 유희는 언해와 주석을 달아 보충하였다. 딸들은 어머니의 책에 발문을 써서 감회를 기록하였다. 《태교신기》는 사주당의 가족 모두가 참여하여 엮은 책이다. "태교는 온 집안이 함께 해야 한다."는 주장에 더욱 실감을 느끼는 것은 이 때문이다.

《태교신기》는 사주당의 성리학적 식견과 사유를 바탕으로 자신의 체험을 정리한 저술이다. 태교의 중요성을 인식하고 기존의 태교 관념과 의식을 보다 구체적으로 기술하고 있으며, 태교의 이론과 실제를 체계적으로 정립하였다는 점에서 의의가 있다. 사주당은 유희를 포함해 1남 3녀에 대해 태교부터 시작해 가르침도 남달랐다. 그런 까닭에 아들 유희는 네 살 때 한자를 깨우치고 일곱 살 때는 지식인들도 보기 어려운 《성리대전》을 통독했다. 딸 셋도 모두 혼인해 유복한 생활을 했으며, 어머니의 영향을 받아 학문

을 배우고 익히는데 정진했다.[53]

사주당은 《태교신기》에서 스승의 가르침 이전에 부모의 가르침을 더 중시하였고, 아이가 출생하기 이전의 교육이 더욱 중요함을 역설하였다. 어머니의 태교보다 아버지의 태교가 더 소중함을 주창하였다. 태교를 임신부의 '근신謹身'정도로 인식하였던 관습을 깨고 유학자들의 실천덕목인 '공경恭敬' '정심正心' '삼감謹'을 태교의 기본 사상으로 이끌어냈다. 그리고 태교를 성인聖人의 도리를 깨우치는 처음이라고 하였다. 사주당의 이러한 생각은 당시의 상식으로는 매우 파격적인 것이었다.

사주당은 경기 남부지역인 용인에 거주하면서 실학의 융성기에 성호학파의 영향을 많이 받았기 때문에 여성 실학자로 인정하기도 한다. 만약 사주당이 다른 지역에 거주했더라면 보다 선진적인 사고를 갖지 못했을 수도 있다. 어쩌면 《태교신기》와 같은 명저도 나오지 않았을지 모른다. 사주당이 거처하였던 시댁은 용인시 모현면 매산리 일대였다. 이곳은 기호학파의 산실로 여겨지는 충렬서원에 근접한 곳이다. 충렬서원은 포은 정몽주선생의 위패를 모신 서원으로 월사月沙 이정구李廷龜를 비롯해 명문가들이 원장을 역임하였다.[54] 조선후기 실학자로 주목되는 김육金堉, 양명학의 태두인 정제두鄭齊斗, 그리고 기호학파의 맹주인 이재李縡 등이 충렬서원의 원장을 역임하였다. 도암 이재는 용인의 대표적인 학자로 오원吳瑗·임성주任聖周·김원행金元行·송명흠宋明欽 등 많은 학자를 길러내어 훗날 북학사상北學思想 형성의 토대가 되었다. 모현면 매산리에서 출생한 유희는 강화 출신 정동유鄭東愈, 1744~1808의 문인이다. 정동유는 강화 출신인 정제두鄭齊斗의 양명학을 연구한

53 사주당의 며느리 안동권씨(安東權氏)는 남편인 유희의 일대기를 한글로 정리하였다. 안동권씨가 〈유희의 전기〉를 남긴 것도 우연이라 할 수 없다. 사주당의 선각적인 사유가 세 명의 딸과 며느리에게도 깊은 영향을 끼쳤던 것이다.

54 홍순석, 〈포은선생이 용인에 끼친 영향〉(《향토문화연구의 이론과 실제》, 한국문화사, 2009), 160~164쪽.

이공려李匡呂의 문인이다. 유희의 부탁으로 〈태교신기서문〉 〈사주당이씨부인묘지명〉을 써 준 신작申綽도 강화출신으로 정동유와 많은 토론을 거쳤고, 정약용丁若鏞도 만나 토론을 한 바 있다.[55]

이 같은 문화적 환경이 사주당의 학문세계에 적잖은 영향을 끼쳤을 것으로 본다. 아들 유희가 관계에 진출하지 않고, 평생 당시의 유학·박물학·문자학 연구에 몰두한 것도 주변의 학문 성향에 크게 영향을 받았던 때문으로 보인다.

55 다산 정약용은 용인시 포곡읍 전대리의 나주정씨 동원공파의 직계 후손이다. 사주당이 거처하던 모현과 인접한 지역임도 주목할 필요가 있다.

3부 부록

용인시 문화재 일람

지정번호	문화재 명칭	소재지
보물 9호	서봉사 현오국사비	수지구 신봉동 산111
보물 941호	송인신 영정	기흥구 경기도박물관
보물 1096호	쇄미록	모현면 오산리
보물 1173호	남은유서 분재기(부 남재왕지)	모현면 갈담리 245
보물 1174호	이중로영정	기흥구 경기도박물관
보물 1175호	청원군심대호성공신교서	기흥구 경기도박물관
보물 1177호	오명항 영정병함, 양무공신교서	기흥구 마북동 245
보물 1178호	유수 영정병함	모현면 일산리 276
보물 1406호	이십삼상대회도 및 김종한교지	기흥구 경기도박물관
사적 329호	서리 고려백자요지	이동면 서리 산23-1
도유형문화재 007호	심곡서원	수지구 상현동 203-2
도유형문화재 009호	충렬서원	모현면 능원리 118-1
도유형문화재 076호	채제공선생뢰문비	처인구 역북동 산3-12
도유형문화재 120호	문수산마애보살상	원삼면 문촌리 산25
도유형문화재 169호	현수제승범수	기흥구 경기도박물관
도유형문화재 191호	이인엽영정	기흥구 경기도박물관
도유형문화재 192호	요지연도	기흥구 경기도박물관
도유형문화재 194호	용인어비리삼층석탑	이동면 어비리 산99-2
도무형문화재 030호	악기장	기흥구 보라동 271-4
도무형문화재 112호	옥로주	백암면 박곡리 169
도기념물 1호	정몽주선생묘	모현면 능원리 산3
도기념물 3호	심대장군묘	남사면 완장리 산119-1
도기념물 17호	채제공선생묘	처인구 역북동 산5
도기념물 18호	민영환선생묘	기흥구 마북동 산36
도기념물 22호	모현 지석묘	모현면 왕산리 498
도기념물 25호	이종무장군묘	수지구 고기동 산79
도기념물 31호	유형원선생묘	백암면 석천리 산28-1
도기념물 44호	처인성	남사면 아곡리 43
도기념물 104호	오윤겸선생묘	모현면 오산리 산54
도기념물 106호	문정공조광조묘 및 신도비	수지구 상현동 산55-1
도기념물 171호	저헌 이석형묘 및 신도비	기흥구 경기도박물관
도민속자료 10호	음애이자 고택	기흥구 지곡동 297-2

지정번호	문화재 명칭	소재지
도문화재자료 23호	양지향교	양지면 양지리 3791
도문화재자료 42호	공세리오층석탑	기흥구 공세동 246
도문화재자료 44호	미평리 약사여래입상	원삼면 미평리 66-4
도문화재자료 49호	주북리 지석묘	양지면 주북리 82-5
도문화재자료 61호	창리 선돌	남사면 창리 487-1
도문화재자료 62호	목신리 석조여래입상	원삼면 목신리 7
도문화재자료 65호	분청사기도요지	백암면 고안리 산53-2
도문화재자료 68호	맹리 지석묘	원삼면 맹리 234
도문화재자료 91호	정옥형, 정응두신도비	양지면 제일리 산37-1
도문화재자료 92호	문간공김세필묘역일원	수지구 죽전동 산23번지
도문화재자료 96호	이주국장군고택	원삼면 문촌리 414-4
도문화재자료 111호	용덕사석조여립입상	이동면 묵리 산57
도문화재자료 120호	최유경묘역	기흥구 공세동 산1-1
용인향토유적 01호	용인향교	기흥구 언남동
용인향토유적 03호	오달제선생묘 및 대낭장비	모현면 오산리 산45-14
용인향토유적 04호	이주국장군묘 및 신도비	원삼면 문촌리 산35-1
용인향토유적 05호	남구만선생묘	모현면 초부리 산1-5
용인향토유적 06호	남구만초상	모현면 갈담리 552
용인향토유적 07호	조중회묘	원삼면 학일리 산49-1
용인향토유적 09호	풍창부부인조씨묘	기흥구 상하동 산46-32
용인향토유적 12호	오명항선생묘	모현면 오산리 산5
용인향토유적 13호	정몽주초상	모현면 능원리 118-1
용인향토유적 14호	오도일초상	모현면 오산리 39
용인향토유적 15호	유순정초상	모현면 일산리 276
용인향토유적 16호	유홍초상	모현면 일산리 276
용인향토유적 18호	연안부부인전씨묘	기흥구 마북동 산2-4
용인향토유적 19호	두창리 삼층석탑	원삼면 두창리 1447-2
용인향토유적 21호	이일장군묘	모현면 매산리 산108-1
용인향토유적 22호	사암리 선돌군	원삼면 사암리 753-2
용인향토유적 23호	가창리 부도	백암면 가창리 산56-2
용인향토유적 24호	허계초상	원삼면 맹리
용인향토유적 25호	허적초상	원삼면 맹리
용인향토유적 26호	충렬서원중수록	모현면 능원리 118-1
용인향토유적 27호	충렬서원선생안	모현면 능원리 118-1
용인향토유적 31호	진화묘	남사면 원암리 산38

지정번호	문화재 명칭	소재지
용인향토유적 32호	이애, 경신공주묘	포곡읍 신원리 산40-11
용인향토유적 34호	오희문묘	모현면 오산리 산5
용인향토유적 35호	이재묘	이동면 천리 산58
용인향토유적 36호	양천허씨노비분재기	원삼면 맹리 294
용인향토유적 37호	홍계희묘	모현면 일산리 산2-1
용인향토유적 39호	두창리 선돌	원삼면 두창리 1444
용인향토유적 40호	황림묘	수지구 고기동 산14
용인향토유적 41호	유복립정려각	양지면 송문리 452-4
용인향토유적 42호	운학동돌무지	처인구 운학동 141
용인향토유적 43호	운학동돌방무덤	처인구 운학동 산11-1
용인향토유적 44호	운학동무지군	처인구 운학동 산11-1
용인향토유적 45호	서리 상반백자요지	이동면 서리 산163
용인향토유적 46호	이경증신도비 및 묘	기흥구 영덕동 산68-16
용인향토유적 47호	정윤복, 정호선묘 및 신도비	포곡읍 전대리 산21-3
용인향토유적 48호	남양홍씨시정공파무관묘역	기흥구 중동 산16
용인향토유적 49호	이한응열사묘	이동면 덕성리 산70-1
용인향토유적 50호	사은정	기흥구 지곡동
용인향토유적 51호	이완묘 및 정려각	수지구 고기동
용인향토유적 52호	마북리석불입상 및 석탑	기흥구 마북동
용인향토유적 53호	약천선생별묘	모현면 갈담리
용인향토유적 54호	의령남씨문중고문서(일괄 9건)	모현면 갈담리
용인향토유적 55호	목신리 보살상	원삼면 목신리
용인향토유적 56호	이숙기묘	남사면 아곡리
용인향토유적 57호	이백지묘	포곡읍 가실리 산12-3
용인향토유적 58호	치성광여래도, 신중도	백암면 근곡리 331-5
용인향토유적 59호	유복립묘	양지면 송문리 산16
용인향토유적 60호	이중인묘	기흥구 영덕동 산8
용인향토유적 61호	소조독존나한상	처인구 김량장동 산33-25

저자소개

처인재 주인 홍순석은 용인 토박이다.
용인에서 평생 배우고, 가르치며,
죽어서도 용인에 살 것이다.

처인재 주인 홍순석은 용인 토박이다. 어려서는 서당을 다니며 천자문에서 소학까지 수학하였다. 그것이 단국대, 성균관대에서 한문학을 전공하게 된 인연이 되었다. 용인지역문화 연구에 관심을 갖기 시작한 것은 1979년 태성고등학교 국어교사 재임 시부터이다. 1989년 강남대 교수로 부임하면서부터는 용인·포천·이천·안성 등 경기 지역의 향토문화에 관심을 기울여 왔다. 연구 성과물이 지역과 연관되는 것도 이 때문이다. 본래 한국문학 전공자인데 향토사가, 전통문화 연구가로 더 알려져 있다. 그동안 《성현 문학 연구》《양사언 문학 연구》《박은 시문학 연구》《김세필의 생애와 시》《한국 고전문학의 이해》《우리전통문화의 만남》《이천의 옛 노래》《향토사연구의 이론과 실제》 등 40여 권의 책을 냈다. 지만지의 고전천줄씨리즈 가운데, 《읍취헌유고》《봉래시집》《부휴자담론》《허백당집》《용재총화》를 국역하였다. 짬이 나면 글 쓰는 일도 즐긴다. 《탄 자와 걷는 자》는 잡글을 모은 것이다.

용인향토문화 관련 활동 및 사업

제2회 용인문화상 수상(문화부문,1992)
용인군수감사패(1983), 고령박씨대종회감사패(1984), 용인문화원장감사패(1985), 성산신문사감사패(1994), 용인연합신문사공로패(1996), 용인신문사공로패(2001), 경주김씨십청헌공파종회감사패(2002)

주요활동

1984.12~98.03	용인군 향토문화연구 및 용인군지 편집위원
1985.06~94.03	용인문화원 향토문화연구위원
1991.12	제1회 용인문화상 심사위원
1993.03	성산신문사 편집위원
1995.03~현재	용인시 지명위원회 위원
1995.10	용인근대화100년자료집 책임편집위원
1996.01	용인시 상징물제정 심의위원
1998.08	용인시 구조조정위원회 위원
2000.09~01.05	용인의제21 기획연구위원, 운영위원장
2001.05~07.05	(사)용인향토문화연구회 회장
2001.12~현재	용인항일독립기념사업회 부이사장
2002.03~현재	용인문협, 용인문학회 회원
2006.06~현재	용인문화원 이사
2006.09~08.	디지털용인향토문화대전 편찬위원회 위원장
2007.09~현재	포은학회 부회장

주요사업

읍취헌 박은시비 건립(1985년, 양지면 식금리)
십청헌 김세필시비 건립(2002년, 수지구 죽전동)

향토지 집필 및 기획

《용인군지》《용인시사》《디지탈향토문화대전》《모현면지》《포곡면지》《원삼면지》《백암면지》《이동면지》《수여지(용인읍지)》

용인향토문화 관련 연구업적

- 단행본 -

《용인군읍지》, 용인향토문예진흥회, 1982.
《내고장민요》, 용인향토문화연구회, 1983.
《내고장의 얼》, 용인문화원, 1984.
《내고장 옛이야기》, 용인문화원, 1985.
《박은의 생애와 시》, 일지사, 1986.
《용인금석문자료집(상)》, 용인향토문화연구회, 1990.
《용인향토사료관유물도록》(공편), 용인시, 1996.
《용인시문화재총람》(공편), 용인시, 1997.
《김세필의 생애와 시》, 경주김씨십청헌공파종회, 2002.
《모현사람들의 삶과 이야기》, 강남대 인문과학연구소, 2003.

- 논문 -

〈용인향토문화연구서설〉, 《용인향토문화연구》1집, 용인향토문화연구회, 1988.
〈용인지방 민요의 개관〉, 《용인향토문화연구》2집, 용인향토문화연구회, 1992.
〈십청헌 김세필의 전기적 고찰〉, 《용인향토문화연구》4집, 용인향토문화연구회, 2002.
〈모현면지역의 마을신앙〉, 《용인향토문화연구》5집, 용인향토문화연구회, 2003.
〈포은정몽주선생이 용인지역에 끼친 영향〉, 《인문과학연구》12집, 강남대 인문과학연구소, 2004.
〈용인지역 문화환경과 지역축제〉, 《용인학연구》1집, 용인발전연구센터, 2006.
〈용인향토지 편찬의 문제점과 개선방안〉, 《용인향토문화연구》7집, 용인향토문화연구회, 2006.
〈여성실학자 사주당이씨〉, 《용인향토문화특강자료집》, 용인향토문화연구회, 2006.
〈용인지역의 세거성씨와 고문헌〉, 《용인학연구》2집, 용인발전연구센타, 2007.
〈이동면의 마을지킴이〉, 《이동면지》, 용인향토문화연구소, 2007.
〈용인할미성대동굿의 향토사적 위상〉, 《용인향토문화연구》9집, 용인향토문화연구회, 2008.
〈용인지역 논맴소리의 특징〉, 《화경고전연구학술세미나자료집》, 화경고전문화연구회, 2008.
〈'생거진천사거용인'전래담의 연원과 의미망〉, 《용인향토문화연구》9집, 용인향토문화연구회, 2008.
〈용인지역 묘제墓祭의 연구〉, 《비교민속학》39집, 비교민속학회, 2009.
〈용인시 역사와 문화의 이해〉, 《09공직자핵심가치공유를 위한 직급별 맞춤형교육》, 용인시, 2009.
〈약천 남구만선생과 비파담〉, 《약천남구만학술세미나자료집》, 용인문학회, 2009.

용인학 관련 참고문헌

- 지지(地誌) -

편찬위원회, 《향토문화와 전통》, 용인군, 1982.

홍순석, 《용인군읍지》, 용인향토문화연구회, 1987.

편찬위원회, 《용인군지》, 용인군, 1990.

편찬위원회, 《용인시사》(8권), 용인시, 2006.

용인문화원향토문화연구소, 《구성면지》·《기흥읍지》·《양지면지》·《수지읍지》·《모현면지》·《포곡면지》·《원삼면지》·《백암면지》·《이동면지》·《남사면지》·《수여지》, 1998~2009.

- 역사 -

용인시사편찬위원회, 《고려시대의 용인》, 용인시, 1998.

고대민족문화연구원, 《용인의 역사지리》, 용인시, 2000.

이인영, 《내고장 용인 의병항쟁 및 독립운동사》, 용인문화원, 1989.

최몽룡, 《龍仁市의 文化遺蹟》, 용인시, 1996.

이인영, 《내고장 용인 문화유산총람》, 용인문화원, 1997.

한신대박물관, 《용인의 도요지》, 용인시, 1999.

충북대중원문화연구소, 《용인의 옛성터》, 용인시, 1999.

중앙승가대, 《용인의 옛절터》, 용인시, 1999.

한국역사민속학회, 《용인의 마을의례》, 용인시, 2000.

용인대전통문화연구소, 《용인의 분묘문화》, 용인시, 2001.

불교문화유산발굴단, 《용인의 불교유적》, 용인시, 2001.

토지박물관, 《용인시의 역사와 문화유적》, 용인시, 2003.

경기도박물관, 《용인 할미산성》, 용인시, 2004.

홍순석 외, 《경기 동부지역의 고문헌》, 강남대 인문과학연구소, 2008.

- 지리 -

이인영·김성환, 《내고장 지명, 지지》, 용인문화원, 2001.

우상표, 《용인의 자연마을》, 용인문화원, 2000.

이제학, 《용인의 산수이야기》, 홍문동, 1996.

우상표, 《용인자연마을 기행》(1~2), 용인시민신문사, 2006.

이제학, 《아름다운 용인의 산하》, 용인문화원, 2009.

용인시계탐사반, 《삶터따라 사백리》, 용인시민신문사, 2008.

- 인물 -

홍순석, 《내고장의얼 -인물》, 용인문화원, 1984.

이인영, 《내고장 용인 인물총람》, 용인문화원, 1995.

- 민속 -
하주성, 《내고장 민속》, 용인문화원, 1987.
편집부, 《경기민속지(1-개관편)》,《경기민속지(2-신앙편)》,《경기민속지(3-세시풍속, 놀이예술편)》,
《경기민속지(4-생업기술, 공예편)》,《경기민속지(5-일생의례편)》,《경기민속지(6-의식주편)》,
《경기민속지(7-구비전승편)》,《경기민속지(8-개인생활사편)》, 경기도박물관, 1998-2000.
한국역사민속학회, 《용인의 마을의례》, 용인시, 2000.
하주성, 《경기도의 굿》, 경기문화재단, 1999.
김지욱, 《경기도의 마을신앙과 제당》, 전국문화원연합회 경기도지회, 2002.

- 구비문학 -
홍순석·이인영, 《내고장민요》, 용인향토문화연구회, 1983.
조희웅, 《韓國口碑文學大系》(1-9:京畿道 龍仁郡篇), 한국정신문화연구원, 1984.
홍순석, 《내고장 옛이야기》, 용인문화원, 1985.
용인시, 《鄕土文化와 傳說》, 용인시, 1999.
박종수·강영모, 《내고장 용인의 구비전승》(동부·북부·남부·서부·중부 지역), 용인문화원, 1996-2000.
이소라, 《경기도 논맴소리》(1-4), 전국문화원연합회 경기도지회, 2002~2005.
편집부, 《경기도의 향토민요》(상하), 경기문화재단, 2006.

- 금석문 -
박용익·홍순석, 《용인금석문자료집》(상), 용인향토문화연구회, 1990.
이인영·김성환, 《내고장 용인금석총람》, 용인문화원, 2000.

- 도록 -
용인시, 《용인향토사료관유물도록》, 용인시, 1996.
성산신문, 《사진으로 보는 용인근대화100년》, 성산신문사, 1995.
용인시, 《용인향토사료관유물도록》, 용인시, 1996.
용인시, 《용인시문화재총람》, 용인시, 1997.
박용익·홍순석, 《용인금석탁본전》(도록2), 용인향지모, 2003.

- 논문집 -
용인향토문화연구회, 《용인향토문화연구》(1집:1986~10집:2009), 용인향토문화연구회, 1986.

- 인터넷자료 -
용인시(http://www.yonginsi.net)
용인문화원(http://www.ycc50.org)
디지털용인향토문화대전(http://yongingrandcuiture.net)
처인재(http://cheinjae.com)

용인, 용인사람들

용인학

1판 1쇄 발행 2010년 02월 27일
1판 2쇄 발행 2010년 06월 25일

지은이 홍순석
펴낸이 서채윤
펴낸곳 채륜
표지·본문디자인 Design窓 (66605700@hanmail.net)

등록 2007년 6월 25일(제25100-2007-000025호)
주소 서울 광진구 군자동 229
대표전화 02-6080-8778 | **팩스** 02-6080-0707
E-mail chaeryunbook@naver.com

책값은 뒤표지에 있습니다.
ISBN 978-89-93799-14-9 93380